Julia Finkernagel

Reisefieber

Julia Finkernagel

Reisefieber

Finger auf
den Globus legen, dann
die Welt entdecken
und sich selbst
gleich mit

KNESEBECK

Inhalt

Prolog 7

Am Anfang steht … eventuell ein falsches Bild 9

Teil 1: Finger auf den Globus 16

Das passende Reiseziel finden

… und dann einfach los!? 17

Ab in die Wüste: heiß und trocken 20

Auf in den Regenwald: heiß und feucht 28

Eispartie: winterliche bis polareske Ziele 38

Trekking: Das ursprünglichste Reisen geht zu Fuß 48

Pilgern für Anfänger 60

Zugige Trips: unterwegs auf Schienen 64

Zelten: die große Freiheit an der Ameisenstraße 73

Schwanken im Zeichen der Schiffsschraube 85

Die Schraube dreht sich auch in warmem Wasser 97

Raus aus dem Hamsterrad und rein ins Sabbatjahr! 105

Teil 2: Essenziell oder Gedöns? 114

Packlisten und praktische Tipps vor der Abreise

Wo fange ich bloß an? Schritt für Schritt den Krempelberg erklimmen 115

Deine beste Freundin vor dem Start: die clevere Packliste 116

Der Arzt an Bord, das bin ich 145

Ausgefuchste Tipps und Life-Hacks aus der Reisetrickkiste 156

Sich anständig vorbereiten heißt das Ziel würdigen 166

Teil 3: … und dich selbst gleich mit 170

Unaufgeregtes Reise-Coaching zum Mitnehmen

Reise beherzt und entdecke dich selbst 171

Muss ich mir den Stress überhaupt antun? 175

Ja, aber … Das liebe Hadern 180

Ängste zähmen – Ängste nutzen (ja, das geht!) ... 188

Angst ist gut. Vertrauen ist besser. 199

Riesenangst vor Mini-Tierchen 201

Serendipität auf Reisen 213

Ich rege mich auf! – Worüber eigentlich? 230

Das Wundermittel, wenn's mal nicht so klasse läuft: Reframing für den Hausgebrauch 238

Kleines Notköfferchen für Heimweh 243

Jetzt wird's gefühlig: Abschiedsschmerz 247

Teil 4: In fremden Welten 250

Rezeptbox fürs freundliche Unterwegssein

Wie funktioniert das hier eigentlich? 251

Nonverbale Kommunikation 252

Was wir manchmal unbewusst kommunizieren ... 255

Ein paar Benimmregeln auf die Schnelle 258

Fettnäpfchen-Treten ist menschlich 268

Unterwegs als Botschaftspersonal 270

Und jetzt kommst du! 270

Anhang: Extras, Sonstiges und Emotionales 272

Niemand wird zurückgelassen! Ein Glossar 273

Dank 277

Prolog

Nehmen wir mal an …

… du* stehst mit einer Flasche Rotwein (oder einer Auswahl Teebeutel) und einer Packung Nüsschen, Keksen oder sonstigem Gaumenkitzel bei mir vor der Tür, weil du eine Reise vorhast und findest, ich sei da jetzt aus irgendeinem Grund die richtige Ansprechpartnerin. Weil ich selber gerne reise und schon viel von der Welt gesehen habe, schlaue Tipps habe und ein super Motivator bin. Es gibt in deinem Kopf vielleicht noch gar kein konkretes Reiseziel, nur diese diffuse Idee. Und du bist dir nicht sicher, wo du den Faden aufnehmen möchtest. Oder aber du hast bereits einen spitzenmäßigen Plan gestrickt und warst bis gestern so richtig im Reisefieber, doch über Nacht hast du kalte Füße bekommen. Schwupps: Vorfreude weg. Plötzlich kannst du dir das alles gar nicht mehr so richtig vorstellen oder fragst dich, ob du dich auch wirklich trauen wirst … Jedenfalls fehlt da jetzt *irgendwas*. Ein Plan, etwas Mut, Vertrauen, Vorfreude. Eine Liste, was alles mitmuss, ein liebevoller Arschtritt. Und aus irgendeinem Grund hast du das Gefühl, *ich* könnte da weiterhelfen.

Kannste kriegen!

---

* Ich sage »du«, weil ich finde, dass man sich unter Reisenden duzt. Es ist nicht respektlos gemeint und soll keine Freundschaft aufnötigen, wo (noch) keine gewachsen ist. Es erscheint mir einfach natürlich, und ich lasse mich auch von Herzen gerne zurückduzen. Der zweite Grund ist, dass ich meine »Gegenübers« alle gut kannte, als ich vor vielen Jahren (in einem anderen Leben!) meine ersten Reiseberichte geschrieben habe, nicht ansatzweise ahnend, was das für meinen persönlichen Entwicklungsweg schon bald bedeuten würde – nämlich das Ende meiner ersten Karriere und den Anfang einer zweiten Laufbahn als Reisereportage-Film-und-Fernseh-Dokumentationsautorin. Es schwingt also auch ein bisschen fröhliche Nostalgie mit, wenn ich »dir«, »euer« oder »Freunde der Wandersohle« sage.

Und du kannst dir sicher sein: In achtundneunzig Prozent der Fälle werde ich dich hereinbitten, mich wie blöde mit dir freuen und dir voller Begeisterung A-L-L-E-S aufs Ohr drücken, was du da und dort un-be-dingt machen musst, wen du grüßen darfst, was *mir* in dem Land Wundersames, Verrücktes und Berührendes widerfahren ist, warum das da so fantastisch war. Und, weil ich ein ehrlicher Mensch bin: was nicht so richtig groovy war und wie du es anders machen könntest. Und, weil ich ein praktischer Mensch bin: was ich an deiner Stelle mitnehmen würde. Call me übergriffig – ich bin a) vom eher fürsorglichen Typ und b) nun mal sehr leicht zu begeistern, das kommt in solchen Fällen meistens ungebremst raus. Ich bin das personifizierte Reisefieber! Das Epizentrum der Urlaubsvorfreude. Deine freundliche Packliste in Hörfassung.

In diesem Sinne: Herzlichen Glückwunsch, der erste Schritt ist getan! Dieses Buch soll dein Auftakt zu einer wunderbaren Reise werden. Vielleicht nicht unbedingt im Kosmonautenanzug, möglicherweise auch nicht zu Fuß bis zum Ende des Regenbogens, aber mindestens mal in diese Richtung. Auf die Fußmatte neben die Schuhe lege ich dir einen ganzen Schwung Reiseerfahrungen und Erkenntnisse zum Miterleben und Nachempfinden, die dir genug Inspiration und Motivation für eine *eigene* Reise ins vermeintlich Unbekannte sein mögen.

Verbringen wir also ein paar unterhaltsame Stunden zusammen auf dem Sofa mit Ideen, Träumen, Reisegeschichten, Tipps und Plänen. Wenn wir uns danach wieder voneinander verabschieden, wird deine Vorfreude gestiegen und dein Vertrauen in das Gelingen der bevorstehenden Reise gestiegen sein. Versprochen.

Am Anfang steht …
eventuell ein falsches Bild

Aus irgendeinem mir unerklärlichen Grund ist der Eindruck entstanden, ich sei ein abgebrühter Reiseprofi. Eine ausgebuffte Outdoorheldin, nervenstark und wettergegerbt. Aber das stimmt nicht. Ich kann versichern: Falls überhaupt, sieht das von außen anders aus, als es sich von innen anfühlt. Möglicherweise kommt dieses Bild von meiner langjährigen Filmtätigkeit für diese eher unkonventionelle Reisesendung namens *Ostwärts* oder von meinen Besuchen in der ein oder anderen Talksendung mit Anekdoten aus Osteuropa und schlauen Tipps im Gepäck.

Offen gesagt fühle ich mich kein bisschen outdooresk gestählt. Ich gerate vor jeder Abreise in … ja, in den *totalen* Endstress. Ich lege Gepäckhäufchen, packe ein, packe um, packe aus. Frage mich, was ich diesmal Wichtiges vergessen könnte, wie sich die Temperaturen vor Ort womöglich entwickeln werden, ob ich die richtige Ausrüstung dabeihabe, ob dies oder das nicht doch eine Nummer zu übertrieben ist. Ich hadere, zweifle, zerdenke und will alles richtig machen. Schlechtes Rezept. Dabei müsste ich nach all meinen Reisen wissen, dass das Kölsche Grundgesetz noch immer gegriffen hat: Et es, wie et es, et kütt, wie et kütt, un et hätt noch immer jot jejange. (Es ist, wie es ist, es kommt, wie es kommt, und bisher ist es immer gut gegangen.)

Unabhängig von meiner Innensicht kann ich für mich in Anspruch nehmen, dass ich weitreichende Selbstversuche unternommen habe und mein Erfahrungskonto in punkto Reisen ganz fett auf Haben steht. Neulich rief mich eine aufgeregte Freundin an und bat dringend um Rat, weil sie in ZEHN Monaten in die Antarktis zu reisen gedenke und daher unbedingt – dringlich und wichtig – mit mir sprechen müsse. Vordergründig ging es um Gesundheits- und sonstige Risiken. Bei genauem Hinhören waren diverse Ängste verschiedener Schattierungen in den Fragen nach Ausrüstung (Kälte), Umgang mit Krisen (unbekannte Reisegruppe), Landschaftsstrukturen (Höhenangst?) und generell Unvorhersehbarem verpackt. Kurz davor hatte mich eine andere Freundin um Tipps gebeten, was sie auf eine Postschiffkreuzfahrt nach Norwegen einpacken müsse. Ich wüsste das doch bestimmt.

Die Wahrheit ist: Weder war ich bereits am Südpol, noch habe ich jemals eine Kreuzfahrt unternommen. Doch mit Reisen ins Unbekannte, in die Kälte und auf dem Wasser kenne ich mich aus. Hier kommt also von Herzen mein gesammeltes Wissen in Form von Listen, Anekdoten und Besser-nicht-machen-Tipps. Damit lassen sich Reisefieber, kalte Füße oder klappernde Zähne vor einer großen Reise prima auf ein annehmbares Maß verkleinern.

Spulen wir mal ganz weit zur ersten größeren Reise in meinem Leben zurück (abgesehen von den Besuchen bei Omas und Opa). Dann sehen wir mich mit meinen Eltern und meiner älteren Schwester an einem verregneten Strand in Katwijk. Es gibt ein Foto von mir, wie ich in Gummistiefeln und Regenjacke die Niederlande zusammenbrülle. Offenbar hatte mich jemand oder etwas aus meiner noch kleinen, gut einjährigen *Komfortzone* geholt. Das Wetter? Die Mama, der Papa, die Schwester? Hunger? Das Laufen-müssen-und-nicht-in-den-Kinderwagen-dürfen? Die Gesamtsituation? Dem Foto nach zu urteilen ging es mir außerordentlich elend – ich war ein armes, armes Kind, und das arme, arme Kind fand: Reisen ist ganz großer Mist.

Macht ihr bitte in Zukunft ohne mich.

Doch ich wurde nicht erhört und meine Komfortzone kontinuierlich weiter ausgereizt: Mit sechs war ich mit Oma Grete im Schwarzwald zur Kur. Drei Wochen ohne Mama (sie hatte gerade Tochter Nummer drei bekommen), in denen nichts so schmeckte wie zu Hause, obwohl das Küchenpersonal sich äußerste Mühe gab, Gerichte für den schluchzenden Zwerg zu fabrizieren, die nicht zum Drama im Speisesaal führen würden. Ich habe sie mit meinem Weltschmerz so weit gebracht, dass ich mir was wünschen durfte. Ich sagte: »Apfelpfannekuchen.« Und dachte: »Wie bei der Mama.« Meine Mutter kann Äpfel freihändig über der Pfanne mit der brutzelnden Masse in Scheiben schneiden und in einem fächerförmigen Muster in den noch flüssigen Teig gleiten lassen, während er von unten bereits bräunt. Ich stand als Kind oft bewundernd (und ungeduldig) neben dem Herd. Sobald die Apfelschnitze angebacken waren, wurde der Pfannkuchen (meine Berliner Kollegen höre ich bis hierhin »Eierkuchen!« rufen) noch kurz gewendet, um auch die oben liegenden Apfelfächer zu bräunen, bevor das Kunstwerk wieder richtig herum auf den Teller glitt. Zimt und Zucker drauf, glücklich war das Kind. Meine tiefe Verzweiflung, als im Schwarzwald der so genannte »Apfelpfannkuchen« (beidseitig Teig und die Äpfel quasi unsichtbar, das geht wirklich überhaupt nicht) an unserem Tisch ankam, war – glaubt man den Berichten meiner Oma – weder zu übersehen noch zu überhören.

Mit zwölf beziehungsweise dreizehn wurden meine Schwester und ich von unseren wohlmeinenden Eltern in den ersten Sprachurlaub geschickt. (»Sprachen kann euch keiner mehr nehmen.«) Mit dem FLUGZEUG! ALLEINE!! Mein Vater hatte uns eingebläut, was wir in Heathrow *zu irgendeinem Mann in brauner Uniform* sagen sollten: »Would you mind taking us to the bus to Bournemouth?« Meine Schwester, obwohl ein Jahr älter als ich und mit dem Englischen bereits vertraut, fand, das sollte doch lieber ich machen.

Dienstbeflissen steuerte ich auf einen braunlivrierten Mann zu und trug artig den auswendig gelernten Satz vor. Die Antwort warf mich völlig aus der Bahn: »NO! Not at all!«

Jetzt war guter Rat teuer, denn für mich war klar: Der macht das nicht. Offenbar hatte der freundliche Brite aber ein Herz mit uns. Er lachte (was mich noch ein bisschen mehr verunsicherte – irgendwas konnte mit dem nicht stimmen) und machte eine einladende Geste zum Mitkommen. Ratlos und gehörig eingeschüchtert folgten wir dem Fremden über den gesamten Londoner Flughafen bis zu einer Bushaltestelle, wo es tatsächlich einen Bus nach Bournemouth gab. Erst da konnten meine Schwester und ich aufatmen, und später habe ich erfahren, was ich ihn da überhaupt gefragt hatte: »Würde es Ihnen etwas *ausmachen,* uns zu dem Bus nach Bournemouth zu bringen?« – »Nein, natürlich nicht!« (lies: »Macht mir gar nichts, im Gegenteil, dafür werde ich bezahlt, ihr goldigen verunsicherten Mädchen am Rande der Pubertät. Seid ihr nicht eigentlich viel zu jung, um allein zu reisen? Wo sind eure Eltern? NICHT DABEI? Ihr Deutschen habt eindeutig ’ne Macke, jetzt ist es amtlich.« All das hätte er sagen können. Wir hätten es nicht verstanden.)

Was ist da passiert? (Fragt der Coach mit wissender Miene und rückt sich die Brille zurecht. »Schauen wir uns mal die Metaebene an, wenn sich das gerade stimmig anfühlt …«) Mein Vater hatte dafür gesorgt, dass seine Kinder, zugegebenermaßen recht früh, ihre *Komfortzone* verlassen sollten. Hat uns aus dem Nest gestoßen, damit wir fliegen lernen. (Mit British Airways.) Das mag man aus erzieherischer (und vor allem heutiger) Sicht fragwürdig finden, hat aber dazu geführt, dass wir eine *recht frühe* positive Referenzerfahrung gemacht haben. HAT UNS DOCH NICHT GESCHADET! (Hätte nie gedacht, dass ich *den* Augenroller mal selber raushaue. Ebenso wie den hier: Wir sind ja nicht daran gestorben!) Im Gegenteil: Wir sind a) gemeinsam und b) unversehrt am Zielort unserer Sprachferien angekommen, und unser Selbstvertrauen ist ein kleines Stück gewachsen. (Was uns im späteren Reiseverlauf unseres Lebens zugutekommen sollte.) Wie wir das dann vor Ort in Südengland fanden und wie mein Pfannekuchenseelchen auf Egg Pie und Fish Sausage reagiert hat, lasse ich aus dramaturgischen Gründen jetzt außer Acht.

Mir hat es jedenfalls Sicherheit gegeben, dass meine große Schwester dabei war. Ihr hat es Sicherheit gegeben, dass ihre kleine Schwester mit der vorwitzigen Klappe das schon regeln wird. Eindeutige Win-win-Situation.

Und so sammeln wir alle auf jeder Reise Referenzerfahrungen. Am liebsten natürlich die guten und schönen. Die ohne großen Erklärungsbedarf unser positives Grundgefühl stärken. Von denen zehren wir noch lange danach, wenn's mal nicht so gut läuft oder der Februarblues in der Luft liegt. Aber eben auch die unschönen, die – vermeintlich – negativen. Ich sage deshalb *vermeintlich*, weil man ja gerade durch negative Erfahrungen viel lernen und an ihnen besonders gut wachsen kann. Langfristig betrachtet sind also auch das gute Referenzerfahrungen, selbst wenn sie sich nicht unmittelbar so anfühlen.

Je nach Glas-halb-voll- oder Glas-halb-leer-Gemüt wird die eine oder der andere jetzt vielleicht einwenden: »Ach so, ja? Dass mir mein Brustbeutel mit Pass, Tickets und Bargeld geklaut wurde, soll also gut sein. Ein Scheiß ist daran gut!«

Und ich lege dann bedächtig meine Fingerspitzen aneinander und entgegne wissend: »Aber das ist doch eine ganz wundervolle, wertvolle Erfahrung. Du bist hier und kannst dich so lange, wie du magst, darüber aufregen. Und das zeigt als Allererstes mal, dass du a) wieder zurückgekehrt bist und es b) offenbar auch überlebt hast. Wie wir damals. Ist das nicht auch schön?«

Okay. Wir sind uns einig, dass es Referenzerfahrungen aka *Ganz Großer Mist* gibt, die niemandem jemals zu wünschen sind und deshalb hier auch nicht bagatellisiert werden sollen. Dazu gehört jede Form von Kriminalität und Gewalterfahrungen. Dennoch denke ich mittlerweile in vielen Situationen (spätestens jedoch kurz danach): »Was passiert hier *in Wahrheit*? Was kann ich gerade lernen (unter Umständen schmerzlich)? Wovor bewahrt es mich vielleicht? Gibt es eine darin eingewickelte Botschaft?«

In den allermeisten Fällen helfen eine Prise Humor und das Wissen: Wenn ich *das* zu Hause erzähle, ist das Unterhaltung vom Feinsten! Meine Doku-Reihe *Ostwärts* lebt seit 2008 abgesehen von den Reisegeschichten und meinen Begegnungen mit Einheimischen nach der Devise »If it's wrong, it's right for television«. Was schiefläuft, ist im Fernsehen der Knaller. Keine Panne wird rausgeschnitten – da lernen andere von oder haben was zu lachen.

Gleichzeitig trägt alles, was ich an Schwierigkeiten überwinden »darf« und was sich auf der Reise-Erlebnis-Skala im untersten Abschnitt *unangenehm* bis *schlimm* tummelt, normalerweise dazu bei, dass ich mich bereits in dem Moment besser fühle, sobald ich die Situation durchlebt und überstanden habe. Vom Tellerrand betrachtet kann ich also selbst dieses als positive Erfahrung verbuchen. Jedes Mal, wenn ich aus meiner Komfortzone geschubst werde oder mich freiwillig nach draußen begebe, können mir solche Dinge passieren. Das heißt in der Konsequenz: Ich kann gar nicht *nicht* wachsen! Zu dieser kühnen Betrachtungsweise möchte ich in diesem Buch ermutigen.

Dazu gibt's ein bisschen Selbstcoaching an der Strecke. Denn so floskolesk es klingen mag: Jede Reise ist auch eine Reise zu mir. Für dich: zu dir. Also stellen wir uns unerschrocken und wagemutig dieser Wahrheit. Stellen wir uns … uns selbst.

Mein Appell: Mach deine Reise! Mach sie auf jeden Fall! Nimm etwas mit, das dir Sicherheit gibt (große Schwester, genug Butterbrote, Schnuffeltuch). Nimm dir für den Anfang etwas vor, das sich leicht, vertraut und garantiert gut anfühlt (z. B. die erste Nacht in einem sorgfältig recherchierten, vorreservierten Hotel). Erst für danach planst du etwas, was Kribbeln verursacht und das dich zwischen Vorfreude und Angst hin- und herwabern lässt: den Fernwanderweg, die Über-Nacht-Bustour, die Rucksackreise ins Irgendwo, die erste Reise ganz alleine, den ersten Urlaub ohne »*Pauschal-*« im Namen.

Und dann: fasst du dir ein Herz, schiebst das Kinn ein Stück hoch, die Mundwinkel Richtung Ohren … UND LOS GEHT DIE WILDE FAHRT!

Teil 1

Finger auf den Globus

Das passende Reiseziel finden

Wüste, Dschungel, Steppe, Eis –
dein Rucksack ist bereit fürs alles.
Bist du es auch?

... und dann einfach los!?

Sekündchen noch fürs Kleingedruckte

Reisefieber ist ja zum Glück ansteckend. Also fast immer. Denn Reiseempfehlungen sind natürlich außerordentlich subjektiv, und meine schon erst recht. Können auch mal grandios danebengehen. Zum Beispiel schwärme ich einem befreundeten Paar von Thailand vor. So wie vielen anderen Freunden auch. Allen, die es hören wollen. (Und einigen, die es nicht hören wollen.) Wie wunderbar es dort ist, wie freundlich und meist fröhlich ich die Menschen erlebt habe, wie unglaublich köstlich es an jeder Straßenecke schmeckt. Die satte, grüne Natur. Der Spirit, der über diesem ganzen wunderbaren Land liegt. Was ich vergesse zu erwähnen, ist, wie sehr ich dort – im Frühjahr, zu Beginn der Regenzeit – geschwitzt habe. Thailand ist ein tropisches Land, und es gibt dort normalerweise – natürlich immer etwas saisonabhängig – zwei Zeiträume im Jahr, in denen es sehr, sehr feucht ist. Wir reden von 195 Prozent Luftfeuchtigkeit. Ja, ich weiß, das geht nicht. Trotzdem fühlen sich unter solchen Bedingungen siebenunddreißig Grad ein klitzekleines bisschen heißer an als bei trockener Luft. Ich behelfe mir mit der thailändischen Deovariante des Puderns (dazu später mehr), mit luftiger Baumwolle oder dünnem Leinen auf der Haut (wird zwar auch nass, riecht aber besser und klebt einfach angenehmer als Polyester), mit einem Fächer oder irgendetwas anderem zum Wedeln in der einen und einer Anderthalbliterflasche Wasser in der anderen Hand. Wenn es mal gar nicht geht, mache ich eine kurze Taxifahrt, da wird man schlagartig auf achtzehn Grad schockgefrostet. (Dann aber bitte nur mit Halstuch, ist ja klar. Aber das kommt alles noch.) Tragischerweise geht mir durch die Lappen, meinen Freunden auch das mitzugeben.

Stattdessen konzentriere ich meine Tipps auf schöne Regionen und eine mögliche Route, erwähne offenbar aber den Monsun nicht explizit. Einfach nicht dran gedacht. Thailand, Monsun. Ist doch klar. Und steht in jedem Reiseführer. Die beiden fahren also als relativ frischgebackenes Ehepaar in einem April nach Südostasien, in Vorfreude auf einen sehr verliebten Urlaub unter Palmen. Dort angekommen passiert Folgendes: Die Flugzeugtür geht auf, meine Freundin schreitet die Gangway hinunter, bekommt Schnappatmung, bleibt unten stehen, dreht sich zu ihrem Mann um und postuliert, hier bleibe sie keine zwei Tage. Am liebsten will sie sofort wieder zurück ins Flugzeug, so sehr schlagen ihr die schlappen neunzig Prozent Luftfeuchtigkeit aufs Gemüt. Kein Traumstrand, kein badewannenwarmes, türkisblaues Wasser und kein Kokosnuss-Cocktail in der Hängematte können daran etwas ändern. Natürlich ist das bitter und tut mir irre leid, als ich später davon erfahre.

Merke auf: Nachdem du vielleicht blind den Finger auf den Globus gelegt (oder auf eine überschwänglich positive Reiseempfehlung gehört) hast und der *Reisezeitraum* bereits feststeht, gehe a) in dich und schaue b) in die Klimatabelle deiner Wetter-App zur gewissenhaften Beantwortung folgender Fragen: Was sagt die Wetterstatistik über den angepeilten Reiseort? Wie heiß (oder kalt) wird es vermutlich sein, wenn ich ankomme? Trockenzeit? Regenzeit? Monsun, ja oder nein? Was und wie viel bin ich in der Lage, körperlich wegzustecken? Kann ich mich dran gewöhnen (hierfür gibt es Tricks und Techniken), oder macht es mich für die gesamte Dauer des Aufenthalts so verzweifelt oder aggro, dass mir die Reise dadurch verleidet wird? Spare ich dann nicht lieber das Geld und schaue mir das Land stattdessen vom Sofa aus an, mit Musik unterlegt, mit Eins-a-Luftaufnahmen und ein paar Bekloppten, die stellvertretend für mich wegölen?

Jede und jeder von uns hat andere Unwohltrigger. Je besser ich diese kenne, umso besser kann ich mich drauf einstellen oder gegensteuern. Natürlich geht das über die klimatischen Bedingungen hinaus, aber die sollte man mal als Erstes abchecken, wenn das Ziel an sich reizvoll klingt. Meine Freundin (sie ist es zum Glück immer noch), die im Leben keine zehn Pferde mehr nach Thailand bewegen werden, hat es (im Gegensatz zu mir) in der Wüste großartig gefunden, drei Wochen sengende Sonne, liebend gern. Denn *heiß* macht ihr ü-ber-haupt nichts aus, bloß *trocken* muss es bitte sein.

Also lasse ich mich in diesem Teil zu verschiedenen Reisezonen aus und grabe tief in meiner persönlichen Erfahrungsschatzkiste. Darin finden sich also *meine* Erfahrungen in bestimmten Regionen, die mal mit großem Genuss, mal mit körperlichem Ungemach und ab und zu auch mit gewissen Fettnäpfchen einhergegangen sind. Die Auswahl der Länder, die ich bereist habe, ist dabei absolut willkürlich gewählt, und meine Tipps kommen ohne den Anspruch auf Allgemeingültigkeit daher. Vielleicht helfen dir diese Geschichten aber dabei, herauszufinden, welches Reiseziel *für dich* unbedingt (oder so gar nicht) infrage kommt, und machen dir Lust, mit der eigenen Reiseplanung und -recherche loszulegen. Dann freue ich mich und sage: Happy to share!

Ab in die Wüste: heiß und trocken

Wer finnische Sauna kann, schafft das hier locker

Honigfarbene Hügel, endlose Leere, sandige Luft. Ab und zu ein robustes Pflänzchen, das sich allen Naturgesetzen zum Trotz hier nicht wegtrocknen lässt. Am Horizont hier und da karstige Berge, manchmal aber auch einfach: noch mehr Wüste. Was die verschiedenen Wüstenlandschaften, ob Sand oder Karst, für mich eint: Ich finde sie spektakulär gewaltig, märchenhaft, imposant, aber oft auch ein bisschen beängstigend. (Mich treibt mein Leben lang die Sorge um, verdursten zu können, vielleicht ist es das.) Daher empfinde ich die Wüste als malerische Passage, aber nicht wirklich als Langzeitziel, wo man *hin*fährt und Wochen verbringt. Man fährt *durch*, weil man woanders hinmöchte. An den Aralsee, ans Rote Meer, in die Wüstenstadt Shibam im Jemen, in Richtung Innere Mongolei. Gerne mit der Betonung auf *Fahren* im Gegensatz zu Kamelreiten, Sandsurfen oder Laufen. Die Wüste hat also für mich gleichzeitig etwas sehr Faszinierendes und etwas sehr Bedrohliches. OBACHT steht im Kleingedruckten auf der Rückseite jedes unschuldigen Sandkorns. Nicht zu heiß genießen! Dabei ist die Wüste ja eigentlich bloß das in Groß, was ich in der Kindheit als fantastischen Spielort kennengelernt habe: eins a Sandkiste oder noch besser, Strand! Deshalb: Die Wüste kann, sollte, muss unbedingt mal besucht werden. Doch wenn's nach mir geht, nicht so lange.

2013 darf ich einen Kurzspielfilm in der Wüste drehen – ein Entwicklungshilfedrama in Afghanistan, das wir aus budget- und politischen Gründen nicht vor Ort filmen können und wollen. Wir finden eine abschließbare Wüste in Andalusien, für die wir gegen eine satte Tagesmiete an einer Tankstelle den Schlüssel für das einzige Zufahrtstor bekommen. Ich schicke die Bilder der Wüste von Tabernas an zwei enge Freunde, die im Rahmen der Entwicklungszusammenarbeit viele Jahre im Norden Afghanistans gelebt haben, und sie geben grünes Licht: Ja, geht als Afghanistan durch. Hier in der Gegend wurden die so genannten Spaghetti-Western wie »Für eine Handvoll Dollar« oder auch Bully Herbigs »Schuh des Manitu« gedreht. Da reihe ich mich gerne ein. Unser Drehteam, das – bis auf einen durchgeknallten Spanier und ein halbes Dorf voller einheimischer Komparsen – aus Deutschland anreist, ist erst konsterniert, dann euphorisch wegen des Wetters: Nach drei Wochen Regen (ausgerechnet in der Wüste von Andalusien, und das im Mai – blöderweise ist damit auch die Wüste aufgeblüht, in der wir afghanische Kargheit darstellen wollen, aber das nur nebenbei) kommt pünktlich zum Drehstart die Sonne heraus. Endlich ist Sommer, und fast alle freuen sich, in kurzen Hosen und Tanktops arbeiten zu können. Der besonders sonnenhungrige (und dazu unvorsichtige) Teil unseres Drehteams mutet allerdings nach ein paar Stunden in der prallen Sonne nicht nur geistig stark ermattet (Sonnenstich?), sondern auch lobsteresk an. Plötzlich werden die drei Burkas, die wir für den Dreh organisiert haben, sehr attraktiv, und jeder schlüpft mal rein. Ah, Schatten!

Schnell ist klar, dass wir die langen Drehtage in der Wüste nur dann unversehrt überstehen, wenn wir langärmlig, langhosig und behutet, also im Prinzip komplett vermummt, arbeiten. Für Sonnenstichausfälle ist keine Zeit. Fortan sehen nicht nur die Schauspieler afghanisch aus, sondern auch wir anderen zwanzig hinter der Kamera. Ich lerne, wie sinnvoll es ist, sich als hellhäutiges Wesen in der prallen Sonne vollständig zu bedecken, und möchte das allen langsam oder nur punktuell bräunenden Personen (Menschen mit Sommersprossen) unbedingt ans Herz legen. Die Beduinen machen das nicht aus modischen Gründen. Die machen das, weil sie schlau sind.

Ich sag's noch mal: Der Wüstenplanet ist nicht mein bevorzugtes Habitat. Beim bloßen Wort *Sahara* denke ich sofort an den Film »Der Englische Patient«. Sandhügel, wohin man blickt (tolle Luftaufnahme!), Propellerflugzeug, Absturz. Schlimmer Durst, Delirium, tot. Danke, aus.

Trotzdem muss ich nach dem Selbsttest zugeben, dass sich dreiundfünfzig Grad bei Trockenheit nicht halb so schlimm anfühlen wie fünfunddreißig im Regenwald. Das lerne ich, als ich mal meinen Urlaub für eine Korallenrettungs-Safari im Roten Meer verwende. Ja gut, das ist jetzt noch nicht ganz Wüste, aber direkt daneben. Wir sind gefühlte zwölf Stunden am Tag unter Wasser und säubern Korallenriffe von *Dornenkronen*. Mit Metallhaken aus einer Bäckerei der nahegelegenen Stadt sammeln wir diese gottvermaledeite Seestern-Spezies ab, verfrachten sie noch unter Wasser in ebenfalls im Umkreis zusammengeschnorrte Bäckereisäcke und vergraben sie abends an Land in der Wüste. Damit sie sich bloß nicht vermehren und auf keinen Fall irgendwie zurück ins Wasser gelangen. Und ein bisschen zur Strafe. Dornenkronen sind die dunkle Seite des freundlichen Kinderbuch-Seesterns: unsympathische, giftige, an Land grauenvoll stinkende Geschöpfe mit unterschiedlich vielen Armen und bösen, bösen Dornen, die man keinesfalls berühren möchte, weil man sonst viele Tage etwas davon hat, gerne auch mal eine Entzündung. Und als ob das nicht schlimm genug ist, ernähren sich diese unseligen Wesen auch noch vom lebenden Teil der Korallen und fressen in Windeseile ganze Riffe weiß. Es gibt regelrechte Epidemien, und wenn niemand eingreift, dauert es Jahrzehnte, bis sich die Korallen davon erholen. Bereits 1999 ist auch eine Korallenbleiche durch Erderwärmung zu erkennen, die am Problem der Dornenkronen-Epidemie mittlerweile rechts vorbeigezogen ist. Der Seestern-Fiesling ist also nicht die einzige Arschgeige auf dem Planeten. Der Mensch ist auch nicht ganz ohne. (Riecht aber besser und vermehrt sich nicht ganz so brutal schnell, muss demnach auch nicht in der Wüste entsorgt werden.)

Möglicherweise ist der abendliche Ausflug in die Wüste mit den vollen Säcken, aus denen die Dornen herausstechen und wie die Pest stinken, deshalb so eindrücklich für mich. Das Gefühl, jetzt gerade etwas Gutes zu tun und damit zu einer noch so kleinen Verbesserung des Allgemeinzustands der Welt beizutragen, ist jedenfalls in meinem Zellgedächtnis an die absurde Hitze der abendlichen Wüste gekoppelt. Die dreiundfünfzig Grad messen wir nämlich NACH Einbruch der Dunkelheit (im Hellen sind wir ja die ganze Zeit unter Wasser). Das ist ein bisschen, wie wenn man sich unter einen Ganzkörper-Handtrockner stellt. Sehr heiß eben. Aber auch schön *trocken*. Jeder kennt das Gefühl, wenn unter dem Wandgebläse das letzte Molekül Feuchtigkeit von der Haut gewichen ist und sich alles so geschmeidig anfühlt. (Kurz bevor man sich dringend wieder die Hände eincremen möchte.) So ist Wüste auch. Zumindest abends in Ägypten, bevor man wieder aufs nasse Boot tapst.

Warum erzähle ich das (außer um mich noch mal jung und wild zu fühlen und hier auf den Putz zu hauen)? Weil die klimatischen Bedingungen einen unmittelbaren Einfluss auf eines jeden Wohlbefinden haben. Und weil es sehr wohl Möglichkeiten gibt, Einfluss auf diesen Einfluss zu nehmen, sprich, sich für die klimatischen Bedingungen zu wappnen.

Dazu braucht es eine gewisse Vorbereitung. Recherche ist alles, in Büchern, im Internet, bei Leuten, die schon mal da waren. Meine Zeugenaussage: Gletschersonnenbrille, Sonnenschutzfaktor hundertdreißig und sieben Liter Wasser, darunter mach ich es nicht. Ach ja, und Komplettverhüllung. Und Creme. Ich sag's noch mal streng: Der Sonnenschutz besteht hier nicht »nur« aus LSF 50 auf der Haut und dann schön im kurzärmeligen Top aufs Kamel, sondern aus *Stoff*. Stoff auf dem Kopf, bis tief ins Gesicht, im Nacken, auf den Armen, in Hosenform an den Beinen. Die Sonnencreme ist nur die Ergänzung! An Wasser würde ich mit meiner Verdurstungs-Paranoia tatsächlich so viel mitnehmen, dass auch eine eintägige Verzögerung wegen Panne oder Sandsturm nicht gleich zum Verdursten führt. Wär ja irgendwie schade, wenn ihr wie Ralph Fiennes (Englischer Patient!) als Trockenobst zurückkommt. Feuchtigkeit fürs Gesicht ist übrigens auch top. Ein Feuchtigkeits-Serum aus der Drogerie tut's da schon (aber nicht statt Sonnencreme, sondern dazu). Für diesen Fall (und nur für den) leiste ich mir aber sogar die kleine Umweltsauerei einer Wassersprühflasche fürs Gesicht, wie die Top-Models.

Bei einem *Ostwärts*-Dreh an der Seidenstraße habe ich tatsächlich einmal nur kurzärmlige Oberteile mit. Total unprofessionell, wenn man wochenlang den ganzen Tag drehen und draußen sein möchte, und das in Kirgistan, Tadschikistan und Usbekistan. Pure Gedankenlosigkeit, ist mir einfach so passiert. Meine einheimische Reisebegleiterin Guldana, eine bildhübsche, katzenhafte, leicht bräunende Kirgisin, hat natürlich langärmlige Hemden mit, die ist ja schlau. Leider ist sie aber auch um einiges zierlicher als ich, kann mir also nichts leihen. So müssen wir auf einem Basar etwas finden, was an einer Europäerin nicht wie zu heiß gewaschen oder rausgewachsen aussieht und auch sonst optisch akzeptabel ist – ich bin ja vor der Kamera. Ich finde ein quergestreiftes Blusenhemd, das ist zumindest annehmbar. Sonnenschutz sticht Modebewusstsein. Langärmlige Oberteile vergesse ich jedenfalls nie wieder.

Und noch ein anderes ernstes Wort zum Thema Wüste. Wer da hinmöchte, dem halte ich den erhobenen Zeigefinger ins Gesicht: *Bitte* das Reise-Unternehmen gut angucken und ein paar Bewertungen und/oder Berichte lesen. Bei einem Trip in Karakalpakistan gibt es mir viel Vertrauen, dass unser Fahrer die Tour nicht alleine machen will, sondern sich mit einem anderen Fahrer und dessen Touristengruppe zusammenschließt. Man weiß nie, was passieren wird, und es ist einfach sicherer, ein zweites Fahrzeug, ein zweites Satellitentelefon und einen zweiten Ortskundigen, der auch die Landessprache spricht, dabeizuhaben. In der Wüste gilt eine andere Risiko-Perspektive, hier greift die Abwägung zwischen Wahrscheinlichkeit und Ausprägung einer Gefahr. Die Wahrscheinlichkeit, dass etwas passieren kann (alle Reifen platzen kurz nacheinander), ist zwar gering, aber nicht ausgeschlossen. Und die Ausprägung, *wenn* es passiert, kann unter Umständen gleich so groß sein, dass sie Leben kosten mag. Sind wir uns einig: Das Risiko wollen die wenigsten eingehen. Ich liebe den Spruch »Better safe than sorry«, der auf Deutsch nur so mittelgeschmeidig klingt: Vorsicht ist besser als Nachsicht.

In der Mongolei gehe ich unserem Gastgeber und Fahrer vor der Abfahrt in die Steppe und die Wüste Gobi total auf die Nerven. Weil ich wirklich sichergehen will, dass wir volle Trinkwasser- und Benzinkanister dabeihaben. Die Augen rollt er und seufzt: »JA, JULIA.« Es ist mir unangenehm, aber ich bin in der Vorbereitung von einem befreundeten Kameramann so angespitzt worden, darauf zu achten, dass ich wirklich ein bisschen Schiss bekommen habe. Was passiert? Wir haben sage und schreibe VIER Pannen an einem Tag, inklusive plattem Reifen, dazu einen leeren Tank UND einen fast leeren Ersatzkanister (der Fahrer hat doch glatt geschwindelt, damit ich die Klappe halte). Für die *Ostwärts*-Folge ist das natürlich grandios, viel Drama vor der Kamera (ich habe einen Freund, der mir bis heute nicht glauben will, dass da nix fingiert war), aber für mein Nervenkostüm und unser aller Gesundheit ist das eher mäßig. Hätte uns die Panne eine halbe Stunde früher ereilt, wären wir noch irgendwo in der Gobi gewesen, weit entfernt von einer echten Straße – und das hätte böse ausgehen können. Man muss nicht übervorsichtig, man darf aber vernünftig sein, und wenn man ein gutes Bauchgefühl beim Tourveranstalter hat, ist das schon mal Gold wert. Mit dem Augenrollen, falls man sicherheitshalber doch noch mal nachfragt, muss man dann selbst klarkommen. Es gibt eben nur eins von beiden: vom anderen für seine Unkompliziertheit geliebt werden oder für sich einstehen. Wer sich selbst genug liebt, kann auf diese Form von Anerkennung verzichten und trotzdem charmant bleiben.

Oft hilft ja schon die richtige Formulierung, um demjenigen, der alles vorbereitet hat, nicht auf die Füße zu treten. Ich mache das mittlerweile so: »Darf ich mal was fragen, auch wenn dir das vielleicht auf den Keks gehen wird?« oder »Darf ich für meinen Seelenfrieden vor der Abfahrt noch was fragen? Haben wir XY dabei?« Wenn ja, gut. Wenn nein: nachfragen, warum nicht. Klaren Kopf behalten. Nicht einlullen lassen von »Ich mach das hier seit fünfundachtzig Jahren.« Darauf könnte man entgegnen: »Dann hörst du die Frage ja sicher nicht zum ersten Mal.« Wenn dann wieder keine vernünftige Antwort kommt – »JA, wir haben XY dabei« – noch mal freundlich nachhaken. Nicht einschüchtern lassen. ES IST EINE BERECHTIGTE FRAGE. Wenn die Antwort lautet: »Brauchen wir nicht«, auch nachhaken. Interessiert bleiben. Neugierig nachfragen, warum nicht. Jeglichen Anflug von Ironie runterschlucken. So ergibt sich hoffentlich ein Gespräch auf Augenhöhe, das Vertrauen wächst (beiderseits), und vielleicht gibt es ja tatsächlich einen guten Grund (wir tanken da und da, wir fahren im Konvoi und es hat immer nur einer ein Ersatz-XY dabei etc.).

Wenn vom Gegenüber jedoch keine Augenhöhe zugelassen wird – ich merke das daran, dass jemand mit mir redet wie mit einem Kind –, dann wird's spannend. Dann betrete ich das Trainingscamp »Wertschätzende Kommunikation mit Alphatierchen«: Tief einatmen. Langsam ausatmen. Auf meine innere Stimme hören. Mich selber liebhaben. Jetzt ist nicht der Zeitpunkt für

Selfbashing. Nein, ich bin nicht doof, nein, ich bin nicht übervorsichtig. Ich sorge hier gerade für mich. Und das bitte im Gebetsmühlenmodus.

Nur Bekloppte oder Leute, die eine Fernsehreportagereihe mit Chaos-Charakter machen, überhören ab und zu ihr Bauchgefühl. Letztere aber auch nur, weil sie tief unten im Rucksack ein Satellitentelefon vom Sender haben …

So. Du hast dir bei Tee und Rotwein nun geduldig meine Geschichten zur Wüste angehört. Du willst immer noch dahin? Dann brülle ich dir beim Gehen noch hinterher: Jawollja! Viel Spaß! Mit einem gesunden Grundvertrauen in das Leben *und* ein paar Sicherheitsmaßnahmen wird das groovy!

Auf in den Regenwald: heiß und feucht

Wer finnische Sauna *mit Aufguss* kann, schafft auch das hier

Gerade ist es hell geworden. Der Urwald dampft. Dichte Luft transportiert alle Naturgeräusche wie ein Verstärker zu mir. Um mich herum herrscht so etwas wie tosende Stille. Hoch oben über dem Urwald in einer Baumkrone sitzend, bin ich tief bewegt.

Außer mir ist noch kein Mensch wach. Dafür alle möglichen Waldbewohner: zwitschernde Vögel, sägende Zikaden und in der Ferne ein paar singende Gibbonaffen. Oder bilde ich mir die ein? Ich schleiche mich ans Geländer und bleibe ganz still. Die Atmosphäre, das Orchester des Waldes, die vielen Tierstimmen, das schräge Licht über dem Morgennebel, es ist fast zu viel. Ganz schlimm zum Heulen schön ist das hier. Jeden Moment müssen Mogli und Balu um die Ecke gehüpft kommen.

Ich bin in Südostasien. Während meiner großen Selbstfindungs-Weltreise schreibe ich die ersten Reiseberichte, die mich schon bald zu *Ostwärts* bringen werden. Es ist das Jahr 2007 – die historische Ära ohne Smartphones, Facebook, Instagram und sonstigem Social-Media-Gedöns neigt sich ihrem Ende zu. In Deutschland vernetzt sich die Liga der Hypermodernen (lies Studenten) noch über *studiVZ*, während sich in einem Internet-Café in Laos eine Rucksacktouristin mit vorgezogener Midlife-Crisis bereits als vermeintlich erste Deutsche auf einer eigenwilligen Plattform namens *Facebook* anmeldet: moi! Doch zuvor (als auslösendes Ereignis) begebe ich mich im Norden dieses Landes am anderen Ende der Welt auf einen haarsträubenden Trip namens »Gibbon Experience«.

Dabei habe ich gar kein Ticket. Man muss sich schon Wochen vorher online anmelden, wenn man bei diesem abgefahrenen dreitägigen Dschungelabenteuer dabei sein möchte. Man zahlt auch vorab und kriegt nichts zurück, wenn man nicht auftaucht. Auf meine kurzfristige Anfrage mailt der Veranstalter zurück: Komm einfach, es passiert immer mal, dass Gäste in letzter Minute absagen oder nicht erscheinen. Also fahre ich mit dem Nachtbus von Chiang Mai ins *Golden Triangle*, wo Thailand, Laos und Myanmar aufeinandertreffen und wo auch Südchina und Vietnam quasi um die Ecke sind. Goldenes Dreieck klingt definitiv sexyer als *Dreiländereck*. Der Name kommt nicht von ungefähr – hier wird seit fünf Jahrtausenden Schlafmohn angebaut. Schlafmohn gleich Opium, Opium gleich Heroin und andere Derivate, gleich Drogenhandel, gleich dicke Asche im Sinne von Gold. Früher als tatsächliches Zahlungsmittel, heute im übertragenen Sinne. Ich mache ein Foto an dem Punkt, wo der Ruak in den Mekong fließt und die entstandene Landzunge praktischerweise wie ein Dreieck aussieht. Das ist gut für den Tourismus. Anschließend setze ich mit einem langen hölzernen Taxiboot von Thailand nach Laos über und schlage am nächsten Morgen mit meinem großen Rucksack im Büro des Dschungelausflugsveranstalters auf.

Es passiert, was häufig passiert, wenn man nur erst mal den Zustand »unheimlich entspannt und frei von Erwartungen« erreicht hat: Ich habe Glück! Eine Stunde später sitze ich mit einem Tagesrucksack, einem *Geschirr*, das ich nachher noch erklären werde, einem Paar Handschuhe (die *zufälligerweise* im Laden neben dem Veranstalterbüro verkauft werden) und sieben anderen Aufgeregten in einem Pick-up, der uns über holprige Pisten zum Rand des *Bokeo Naturreservats* bringt. Auf jeder Tour werden acht Gäste mit einem oder zwei lokalen Dschungelführern in die Wildnis losgelassen. Wir sind vier Frauen und vier Männer aus sechs Nationen und sitzen uns mit eingezogenen Köpfen gegenüber. Obligatorische Vorstellungsrunde – alle zwischen neunzehn und neunundzwanzig. Bis auf eine, die ist, ups, sechsunddreißig. Was uns alle eint: Wir sind Rucksackreisende, die mehrere Monate durch Südostasien touren und damit ihr Großes Buch des Lebens füllen. (Nein, nicht bei Facebook oder Instagram, einfach nur so, für uns.)

Reichlich durchgeschaukelt treffen wir am Rand des Naturreservats unseren Guide, der aus einem Bergdorf im Innern des Dschungels gekommen ist, um seine neuen Gäste abzuholen. Er heißt Nom und sieht aus wie vierzehn, aber wahrscheinlich ist er doppelt so alt. Ich bin generell keine Leuchte im Schätzen des Alters von anderen (es interessiert mich wohl nicht genug), und bei asiatischen Gesichtern fällt es mir noch mal so schwer. Letztlich ist es auch wurscht. Wir vertrauen uns Nom an, er strahlt vergnügte Laune und große laotische Freundlichkeit aus. Und Ortskundigkeit. Also folgen wir ihm im Gänsemarsch auf einem winzigen Trampelpfad in den Regenwald. Ab jetzt geht es bis zur Abholung am dritten Tag nur noch zu Fuß (oj) und am Drahtseil (ojojoj) durch die freie Wildbahn.

Der Treck durch den Wald ist irre anstrengend. Dagegen war Nepal (wo ich auch mal sehr lange gelaufen bin, siehe Kapitel übers Trekking) ein SONNTAGSSPAZIERGANG, denke ich. Ich schleppe mein Eigengewicht, das sich bei großer Hitze doppelt so schwer anfühlt, eine Anderthalbliterflasche Wasser, das Sicherheitsgeschirr und einen winzigen Tagesrucksack, der den Namen nicht verdient, weil er eigentlich bloß eine diagonale Schulterumhängetasche ist. Die sieht zwar beknackt aus, ist aber sehr praktisch und wiegt so gut wie nichts. War ein Werbegeschenk der Deutschen Post für irgendeinen Triathlon, an dem ich *natürlich nicht* teilgenommen habe. Sieht jetzt aber so aus, und das ist auch gut so. Ich muss meine außerordentliche Coolness unter den jungen Hüpfern hier behaupten, da ist mir jedes Mittel recht. (Vielleicht habt ihr ja

Extremsport-Freunde, von denen ihr so was mal abgreifen könnt.) Ein kleines, leichtes, schließbares Tragebehältnis ist nicht nur hier Gold wert – auch für Überlandfahrten im Nachtbus oder Zug, wenn das große Gepäck irgendwo anders mit zig weiteren Reiserucksäcken gestapelt liegt und man sich mit dem Wichtigsten am Körper wohler fühlt. Dort hinein kommen alle brustbeutelwürdigen Wertsachen wie Pass, Geld, Kreditkarte, Kopfhörer, Walkman. (Das war ein Test. Wenn ich *Walkman* sage, meine ich *Handy*.) Dazu ein Buch, eine Trinkflasche und circa sieben Snacks.

Weil ich in Laos die XXL-Wasserflasche mitgenommen habe, balanciere ich diese beim Gehen mit einer Hand auf der Schulter. Für diesen Treck habe ich noch einen aufs Wesentliche reduzierten Waschbeutel mit Zahnbürste, -pasta (es gibt noch keine Zahnputztabletten), Seife, Deo, Pflaster und Ohrstöpseln per Karabiner an meine Schultertasche geflanscht. Außerdem sind einmal Ersatzsocken, Schlüppi, T-Shirt und – ganz wichtig – eine Lampe dabei. Weil ich noch kein so gewiefter Reisevogel bin, ist es eine oldschool *Taschen*lampe. Wer schlau ist, nimmt natürlich eine *Stirn*lampe mit. Der Vorteil im Vergleich zur Taschenlampe: eine Hand mehr zur Verfügung. Alternativ renkt man sich den Kiefer aus oder ruiniert sich die Schneidezähne beim Einklemmen. Man spricht auch wesentlich deutlicher als mit Tachenganke chwichen gen Chähnen. Batteriebetriebene (Taschen- oder Stirn-)Lampe ist überall dort Pflicht, wo nicht standardmäßig Strom liegt (Dschungel, Zelt, Wüste) oder wo der Strom ausfallen beziehungsweise abgestellt werden könnte (Boot, Städte wie Beirut oder Sanaa – wobei die gerade nicht als Reiseziel infrage kommen dürften …). Was ich auch noch dabeihabe: Sonnenschutz (in den Formen Creme und Kopftuch), Mückenspray, Wasserreinigungstabletten (haste die, haste Seelenfrieden – ich habe sie aber ehrlicherweise noch nie gebraucht), eine kleine Mülltüte (falls sich mir im Wald ein Kaugummipapier oder Zigarettenstummel in den Weg stellt), ein winziges

Erste-Hilfe-Set (mehr dazu im Kapitel *Arzt an Bord*) und ein paar Scheine für Trinkgeld (und – wie es in meiner Familie heißt – »damit dich kein Hund anpinkelt«).

Das Tippeln durch den Dschungel ist ein einziger, fantastischer Grünflash. Überall um uns herum rankt satte, pralle Natur, alles ist irgendwie saftig und feucht. Es fällt mir gar nicht so leicht, zu entscheiden, ob ich lieber selig in die Baumwipfel hinauf-, oder vorsichtshalber auf meine Füße hinabschauen will. Der Weg ist voller Wurzeln und etwas glitschig, besonders als wir auf einem Baumstamm einen Wasserlauf überqueren. Wir helfen uns gegenseitig und fühlen uns *mogli*. Trotz meines reduzierten Gepäcks bin ich a) die Letzte und b) die Röteste, als wir nach gefühlten achtzehn Stunden Powerwalk (in Wahrheit sind es maximal zwei) in einer Art Dschungelküche mit Dorfanschluss ankommen. Bei gereichtem Obst und Brot lege ich mein coolstes Pokerface auf – bloß dem jungen Gemüse hier nicht zeigen, dass ich jetzt gut und gerne für ein Stündchen ins Sauerstoffzelt könnte. Ein Bärenjunges, das offenbar von den Dschungelbewohnern adoptiert wurde, identifiziert mich als *Mutter* der Expedition und möchte daher von mir gestillt werden. Es geht dabei recht rigide vor, und ich bin froh um meinen wattierten BH. Als der schwarze Teddy realisiert, dass ich mit meiner unfreiwilligen Mutterrolle nicht einverstanden bin und er nicht das bekommen wird, was er sich offenbar vorgestellt hat, beißt er mich in den Arm. Im Dschungel bleibt einem nichts erspart, aber ich bleibe unverletzt, und das Foto ist natürlich legendär. So etwas müsste man *irgendwo ganz vielen zeigen* können, denke ich damals …

Warum den Trip hier alle machen wollen? Wegen der Gibbonaffen, die man im Dschungel sehen und hören können soll, möchte ich sagen. Doch um ehrlich zu sein, gibt es noch einen anderen

Grund, nämlich sich selbst wie ein Äffchen zu fühlen. Und zu gebärden. Nach dem nächsten schweißtreibenden Anstieg (die ham se doch nich alle) wartet auf einem der vielen Hügel das eigentliche Highlight: Von einem Trittbrett führt ein Drahtseil hinunter ins Grüne. Nom erklärt uns, was zu tun ist: »Wie in eine Windel« steigt jeder von uns in sein Gurtzeug. Auf Bauchhöhe hängen zwei Seile daran: eins mit einer Transportrolle und einem Stück Fahrradreifen *zum Bremsen* und eins mit Karabiner zur zusätzlichen Sicherung (um nicht aus Regenwald-Wipfelhöhe abzustürzen). Wir sollen möglichst geradeaus fliegen und uns nicht drehen, ruft Nom dem Ersten von uns noch hinterher. Nacheinander wagen alle die Fahrt ins Grüne. Dann bin ich dran. Ich klinke mich ein, prüfe die Sicherung, hole tief Luft und: springe! Zzzzzzzsssssst sause ich, wie ein Äffchen baumelnd, vorbei an hohen Baumkronen, über ein Tal hinweg zum nächsten Hügel, übertöne die Vögel und Zikaden mit meinem Glücksgeschrei (obwohl das eigentlich runtergeschluckt werden soll, um das *Wildlife* nicht zu stören), und es sprudelt Glück gemischt mit Adrenalin aus mir heraus wie aus einer geschüttelten Champagnerflasche. Ich lande auf einem Holzplateau, wo die anderen Begeisterten mir zujubeln. Ist das irre! Und wir machen das Ganze noch ein paar Mal. Nicht alle Ziplines enden in Bodennähe – manche münden auch auf einer weiteren Plattform hoch oben im Geäst. Das ist dann noch abenteuerlicher. Man landet auf einem runden Holzbrett, klinkt sich in ein um den Stamm gespanntes Seil und klettert um diesen herum auf die Seite des Baumes, von wo die nächste Zipline abgeht. In die klinkt man sich in Windeseile ein und springt wieder los, denn es darf hier keinen Stau geben, die Plattform ist klein. Manchmal ist die Landefläche am anderen Ende des Seils unsichtbar, und es lässt sich überhaupt nicht abschätzen, wie lang die Strecke wohl sein wird (die längste misst angeblich knapp sechshundert Meter). Einmal habe ich nicht genug Schwung, bleibe auf der Strecke hängen und baumle in schwindelnder Höhe über dem Regenwald. Ojojoj, ist das hoch! Diese Bäume sind im wahrsten Sinne des Wortes Wolkenkratzer. Wenn sie Hochhäuser wären, wäre das hier die Skyline von New York. Und das schwingt auch ganz schön. GANZ SCHÖN! Ich bin glücklicherweise höhenangstfrei und kann das genießen. Allerdings muss ich mich dann aus eigener Kraft bis zum Ende des Seils hangeln (dafür die Handschuhe), und das geht ganz schön auf die Arme. Davon abgesehen ist diese Art, den Dschungel zu erfahren, so atemberaubend, dass ich nichts als bloße glucksende Begeisterung empfinde. Dafür bin ich gerne den ganzen Tag bergauf gelatscht! Ich schicke ein kurzes Stoßgebet zu meinem Tagesrucksack – alle Reißverschlüsse bleiben zu.

Ich bin froh, dass ich mich trotz meines biblischen Alters (SECHSUNDDREISSIG) nicht davon habe abhalten lassen, diesen bekloppten Trip hier im Speziellen und den ganzen mehrmonatigen Rucksacktrip im Allgemeinen zu machen. Ich würde ihn heute, mit Upsundfünfzig, wieder genauso machen. Meine Erfahrung ist nämlich, dass dieses ganze Altersgeschiss in dem Moment hinfällig wird, wo man den Rucksack an- und vermeintliche Einschränkungen im Kopf ablegt. Niemand wird dich ansehen und alt finden – und wenn doch, dann höchstens auf eine gute, anerkennende Weise. Jeder Mensch, der fünfzehn oder zwanzig Jahre älter ist als ich und etwas Cooles unternimmt, das mir ein stimmloses »Echt, das geht noch?« entfahren lässt, macht mich irre froh und gibt mir Hoffnung auf ein geiles Altern. Weil ich jedes Mal schlussfolgere: Dann geht das auch bei mir. Nennt mich unreif, aber ich allein darf bestimmen, ob und ab wann ich für etwas zu alt bin. Zack. (Ja gut, oder meine Knochen.) Wenn du also einen Wunsch hast, und vielleicht schon lange hast, lass dir von niemandem einreden, du seist (jetzt) zu alt dafür. Mach's.

Als ob das alles nicht schon großartig genug wäre, präsentiert sich nach unzähligen fröhlichen Seilmetern in den Baumwipfeln unsere Unterkunft für die nächsten zwei Nächte: ein Urwald-Baumhaus! Das muss man sich so vorstellen: Ein sagen wir mal dreißig Meter hoher Baumriese, vielleicht ein Mahagoni- oder ein Elefantenbaum, in dem in fünfundzwanzig Meter Höhe zwei Plattformen in die Krone gesetzt sind wie ein Nest. Die untere Fläche ist das Ankunfts-Terminal, Abflug ist eins drüber, sonst klappt das mit der Schwerkraft nicht. Wir zippen nacheinander schwungvoll in unsere Unterkunft.

Mitten rein mal eine ganz andere Frage: Warum gibt es so etwas überhaupt, und ist das mit Naturschutz vereinbar? Dönekes im Urwald für verwöhnte Touristen? Ich habe mich mit einem guten Gewissen dafür entschieden, weil es Ökotourismus ist (sein soll). Kurz gesagt: Die Einheimischen möchten von etwas leben. Jetzt könnten sie sich dazu entscheiden, Regenwald abzuholzen und über sieben Ecken an Menschen irgendwo auf der Welt zu verkaufen, die auf den Erhalt der tropischen Wälder ebenso pfeifen wie auf unbequeme Dinge wie Klima- oder Artenschutz. Schicker Mahagonitisch im Wohnzimmer mit passenden Stühlen und Kommode – da drück ich doch mal ein Auge zu. Oder die Einheimischen überlegen sich etwas, das sie tun können, um MIT ihrem Dschungel Geld zu verdienen, während sie ihn erhalten. In diesem Großprojekt hat sich jemand (der sich nicht näher recherchieren lässt) eben Folgendes überlegt: Schaffen wir eine Wanderroute am äußeren Rand unseres Naturreservats mit Baumhäusern und Ziplines für eine *kleine* Anzahl täglicher Besucher, versorgen sie dort mit dem, was nötig ist (wasserfeste Matratzen, Moskitonetze, Dusche, Klo, Kaffeepulver, Zucker, Dosenmilch, Ovomaltine), bringen ihnen regelmäßig abgekochtes Wasser und warmes Essen (Gemüse mit Reis, was man hier halt so isst) und geben ihnen die sehr exklusive Möglichkeit, im Dschungel zu übernachten und diesen einzigartigen Wald im Verlauf und im Wandel von zwei, drei Tagen zu erleben. Mit etwas Glück hören sie im Morgengrauen Gibbonaffen singen, wenn sie nicht zu viel Krach machen. Dafür knöpfen wir unseren ausländischen Gästen eine ordentliche Summe ab (zugegebenermaßen heute dreimal so viel wie 2007), die uns aber beileibe nicht reich macht. Für das Geld halten wir die Baumhäuser und Seilanlagen in Schuss und versorgen unsere Familien.

Für mich klingt das klug und durchaus nachhaltig. Im besten Fall – aber das ist jetzt sehr optimistisch gedacht – kehrt jemand sogar so beeindruckt (oder geläutert) aus dem Regenwald zurück, dass sofort eine Dauerspende für ein Klimaschutzprogramm eingerichtet wird. Das merken die Menschen in diesem Regenwald nicht direkt, wäre aber trotzdem ein smarter Zug.

Jedenfalls habe ich diesen Trip extrem genossen und für immer mit einem dicken Lächeln im Gedächtnis.

Ich kann aber auch verstehen, wenn es jemandem zu teuer oder zu gefährlich ist oder wenn jemand Angst vor Regen, Schlamm, Krabbeltierchen, Verletzungen, einseitiger Ernährung, Magen-Darm-Grippe, Zahnschmerzen oder sonstigem Im-Dschungel-Unvorhersehbaren hat: Das darf man ruhig ernst nehmen. Es gibt da draußen auch genug anderes zu erleben. Oder man liest in einem Buch was über Reisen in den Regenwald, zum Beispiel in diesem hier. Und lässt sich dabei ein paar der eigenen Ängste zerstreuen. Und fährt dann vielleicht doch. (Mehr zum Thema Angst kommt übrigens noch.)

Ich bin jedenfalls mittendrin (im Baumhaus) und bekomme ein duftendes laotisches Käffchen mit gesüßter Kondensmilch vor die Nase gestellt, dazu ortstypische Süßigkeiten: Nüsse und Sesam in Honig gepresst, Bananenchips und geröstete dicke Bohnen.

Um den tragenden Stamm ist eine runde Wohnfläche (sieben, acht Meter Durchmesser) ins Geäst gebettet, in der Mitte lehnt eine Küchenzeile an der zerfurchten Rinde, mit kleiner Spüle, Geschirr und ein paar Thermoskannen. Daneben steht ein flacher Tisch mit Hockern, am Geländer lehnen unsere Matratzen für später. Eine Laotin saust über die Zipline mit heißem Wasser und frischem Obst heran, bezieht uns die »Betten« und spannt Moskitonetze auf. Baumhaus Deluxe ist das hier. Wald-Orf Ast-Oria. Auf derselben Plattform und nur durch eine dünne Bambuswand und ein Stück Stoff (lies »Tür«) abgetrennt befindet sich ein recht abenteuerliches Bad. Nicht nur konfrontiert es die westlich erzogene und mit gesundem Schamgefühl groß gewordene Mittdreißigerin mit ihren Urängsten (da darf man NIX hören), nein: Es gibt einem den allerletzten Schwindelkick, wenn man bis hierhin noch immer nicht realisiert hat, wie hoch das ist! Das Waschbecken steht am dicken Nebenstamm, und die Dusche (bin ich zu schwer?) ist über einem Holzgitter mit freiem Blick auf den Boden ungefähr acht Etagen tiefer angebracht, ebenso die Toilette. (Hoffentlich guckt im dritten Stock keiner aus Versehen aus dem Fenster.) Wir sprechen hier von einer typisch asiatischen Hock-Toilette: eine gut zwanzig Zentimeter hohe Keramikschüssel mit zwei Tritten und einem Loch in der Mitte. Wer mal muss, hört nach ungefähr vier Sekunden den *Touchdown*. Ich bin beindruckt. Auch von der Aussicht, die ist von keinem Bad der Welt zu toppen.

Abends liege ich fassungslos glücklich auf meinem Lager im Dachgeschoss des Regenwalds und kann mein Glück förmlich schmecken. Immer wieder mache ich mir das klar: Ich liege in einem Baumhaus mitten in der Natur! Schwinge sanft in der Baumkrone im Wind. Dieses Bild kommt ins Große Video meines Lebens. In dieser Nacht schlafe ich randvoll mit Glückseligkeit ein.

Eispartie: winterliche bis polareske Ziele

Was man in die Schuhe tut, um mit
allen Zehen ans Ziel zu kommen

Genug geschwitzt, jetzt ist Zeit für eine Abkühlung! Klirrende Luft, vereiste Zweige und die ganze Welt voller Puderzucker. Meine Schritte knirschen, während eine Atemwolke vor mir hertänzelt. Die Kälte glitzert. Der Himmel leuchtet tiefblau über dem See und kitzelt die Berge am entfernten Ufer. Das ist Sibirien in Reinform. Das hier ist Bilderbuch-Winter, und den gibt es wirklich. Man muss nur weit genug fahren. Unter mir schlummert der tiefste und älteste Süßwassersee der Erde. Der Baikal hat Winterschlaf bis April.

Ich bin hinreichend dick angezogen und *kann* heute nicht frieren. Ganz sicher nicht. Nicht eine Minute von zehn Stunden an der frischen Luft. Wenn ich *frisch* sage, meine ich minus fünfundzwanzig Grad, das ist für einen Februartag in der Taiga frühlingshaft warm. In meinen arktisfähigen Stiefeln, Daunenhandschuhen und dem dicken Steppmantel habe ich warme Hände, einen wohligen Rumpf, tropische Füße – und ein sonniges Herz. Allerdings bewege ich mich, als hätte ich ein gepolstertes Seesternkostüm an, wie kleine Kinder beim Schlittenfahren.

Mit den kalten Zielen ist es vermutlich ähnlich wie mit den heißen Gefilden (oder mit Lakritzschnecken): Man liebt sie, oder man hasst sie. Als ich einen Bericht über das Forschungsschiff *Polarstern* gesehen habe, wurde mir gleich warm ums Herz. Die Expedition in die Polarnacht hätte ich sofort als Filmemacherin begleitet. Hat mich bloß keiner gefragt. Es ist einer meiner unerfüllten Träume, einmal ins ewige Eis zu fahren. Meine Vermutung ist: Es wird auch einer bleiben. Erstens ist ja tragischerweise auf lange Sicht nicht mehr viel Eis da, es besteht da also ein gewisser Zeitdruck. Dafür jedoch hat das mit dem Lottogewinn noch nicht so hingehauen, denn eine Polarexpedition ist kein dreistelliger Pauschalurlaub auf den Balearen. Da muss man richtig was für hinlegen. Fünf Stellen. Hab ich nicht übrig. Ich tröste mich mit dem Gedanken, dass Winter an Land auch sehr schön sein kann. Sofern es ein richtiger ist.

Mein persönlicher Kälterekord liegt bei neununddreißig Grad minus, auf einer Hochebene in Kanada. Dort stellen sich die Menschen tapfer den Jahreszeiten. Einmal im Winter *nicht* schneepflügen bedeutet in abgelegenen Gegenden bis April warten, um wieder vom Grundstück fahren zu können, so ist das.

Bei solchen Minusgraden kann man nicht lange draußen sein, nach einer Stunde hat man garantiert irgendwo im Gesicht oder an den Oberschenkeln die ersten kleinen Erfrierungen. Nicht machen! Sobald man weiße Flecken auf der Haut entdeckt (da meist nur das Gesicht unbedeckt ist, sieht das natürlich eher das Gegenüber, also anderen Bescheid sagen, wenn man's bemerkt!), muss man sie sofort mit Schnee einreiben und vor allem: rein ins Haus! Andernfalls kann man sich auf Folgendes einstellen: Nach einer Weile sehen die Erfrierungen aus wie Verbrennungen, es bildet sich Schorf und tut weh. Bei Extremtemperaturen und längeren Aufenthalten im Freien sollte man eigentlich nur mit Gesichtsmaske rausgehen, kein Stück Haut sollte frei bleiben. Ich hab da mal in den Familienannalen recherchiert … In jugendlichen Jahren beim Skifahren ziehe ich mir damals ganz schlimme Erfrierungen an den Ohren zu. Zu meiner mittelmäßigen Verteidigung möchte ich anführen, dass a) ich da noch gewissermaßen klein war und b) es *seinerzeit* für Teenies als außerordentlich cool galt, *nur* mit Stirnband und *ohne Mütze* zu fahren. (Von Helmen brauchen wir hier gar nicht anzufangen.) Was soll ich sagen, das sehr coole Stirnband muss bei meinem altersentsprechend rasanten Fahrstil ein Stück verrutscht sein. Die Strafe kam am nächsten Tag und war groß: Dicke Blasen an den Ohren, die man nicht mal anpusten darf. Doch noch größer war der Spott. Wer mit Geschwistern aufgewachsen ist, dem muss ich hier nichts erzählen. Einige Tage mit Blumenkohlohren (wir reden hier nicht von gedünstetem, sondern im *Backofen* verbranntem Blumenkohl) herumlaufen, höllische Schmerzen beim Salbe-Auftragen haben, sich nachts keinen Zentimeter aus der Rücklage wegdrehen können – das war alles schon schlimm genug. Aber die Jokes meiner Familie aushalten, für die das natürlich beste Unterhaltung ist, toppte meine Schmach. (Ich kann von Glück sagen, dass es zu der Zeit noch keine Handys, Memes oder Social Media gab.) Von der Apothekerin im Urlaubsort wurde ich genötigt, sofort nach dem Abheilen eine Sturmhaube zu kaufen, und bekam im lokalen Sportbekleidungsfachgeschäft fatalerweise nur ein Modell in Beige. Also HAUTFARBEN-Beige. Weswegen ich mir einen Schal um den gesamten Kopf wickelte und, sagen wir mal, recht verschleiert aussah. Der Schal, der die Sturmhaube kaschieren sollte, flog bei rasanter Fahrt natürlich nach hinten – bei schlechter Sicht sah ich jetzt von Weitem aus, als hätte ich eine Glatze. Heute wäre mir das schittegal. Na ja, mittelegal vielleicht. Aber in der Pubertät? Epische Peinlichkeit. Wer diese Schmach erlebt hat, geht NIE WIEDER OHNE MÜTZE auf die Piste! Und damit es nicht umsonst geschehen sein soll, teile ich diese Erfahrung hier. Bitte schön, gern geschehen. Wenn's kalt ist, Mütze aufsetzen. Mützenverzicht aus modischen Gründen: nicht machen.

Mit der Erfahrung im Gepäck habe ich mich auf unsere Dreharbeiten für *Ostwärts* in Sibirien eingestellt. Wir wissen ja, dass wir an einigen Tagen sehr viele Stunden draußen verbringen werden und dass man dort mit Gefriergraden bis minus vierzig rechnen muss.

Heute gibt es nicht nur Mützen, sondern auch alles andere in der Variante Schick, und deshalb habe ich auch den schönsten Steppmantel aller Zeiten. Allerdings müssen Veganlebende und sonstige Hardcore-Tierfreunde jetzt mal kurz weghören: Möglicherweise habe ich mich dafür an ein paar Enten versündigt. Ich konnte an dem Kleidungsstück aus *Daunen* einfach nicht vorbeigehen (und schäme mich tatsächlich ein bisschen dafür). Auch nicht an den warmen *Daunen*-Handschuhen (da war's dann auch schon egal). Aber ich schwöre: Ich werde beides bis zur letzten Flauschefeder auftragen, selbst wenn der Mantel aus der Mode kommt. Daune ist als Wärmeisolation bei gleichzeitig null Gewicht leider durch nichts zu toppen, wenn es in die polar-eisige Kälte geht. Sollte es nur *sehr kalt*, aber nicht *arktisch* werden, genügt auch ein Ersatzprodukt als Steppmantelfüllsel. Der Markt ist voll davon.

Wer sich dennoch für Daune entscheidet, kann vorher auf der Webseite vom Hersteller recherchieren, wie und wann die Enten dafür gerupft wurden. Ich lese gerade, dass angeblich nur drei Prozent der Daunenfüllungen in der »bösen« Produktionsart entstehen: lebend, nicht auf den Mauserzyklus der Ente abgestimmt – pfui. Und im Geschäftsbericht *meines* Mantelherstellers lese ich dann erleichtert, dass es zu ihren hochheiligen Grundsätzen gehört, nur nachhaltig gerupfte Daunen zu benutzen. Das geht dann so: a) Ente wollte eh gerade Daunen abwerfen, weil in der Mauser; b) Ente hatte ihr Nest mit Daunen ausgekleidet, ist aber jetzt mit Brüten und Aufziehen fertig und braucht das weiche Bett nicht mehr – die heißen dann *Eiderdaunen* und sind am tierfreundlichsten; c) Ente wurde aus anderen Gründen zur Strecke gebracht (WAS NICHT SCHÖN IST!), nun wird aber alles genutzt, bevor sie zum Weihnachtsbraten zellophaniert wird. Auch die Daunen. Ich möchte bitte a) oder b). Noch jemand Lust auf einen Daunenmantel?

Mit diesem flauschigen Isolierwerk stehe ich nicht nur den ganzen Tag auf der zugefrorenen Pracht, nein, ich *liege* sogar darauf. Wir machen sehr imposante Drohnenaufnahmen von meinen zwei russischen Begleitern und mir auf dem Baikalsee, auf dem wir zu dritt, ja was eigentlich? Einfach so rumliegen. Fürs schöne Bild. Weil das hier alles so krass surreal ist. (Für mich. Die beiden anderen, Olga und Anatoly, sind's ja gewohnt.) Eventuell für den Abspann. Da muss man sich immer ein Aha ausdenken, sonst schaltet der Mensch zu früh um, und das darf niemals passieren, ist ja klar.

Auch später an diesem herrlichen Winterwunderland-Tag komme ich noch mal mit meinem Kollegen zurück, und wir fläzen abwechselnd in der Dämmerung auf dem Eis, um Angeberfotos für die Ewigkeit zu schießen. Und mit dem heiligen Mäntelchen macht es mir: nichts. Kein kalter Po, kein kalter Bauch, kein kalter Rücken. Böse Zungen behaupten ja, er sähe aus wie ein Schlafsack mit Ärmeln – prallt an mir ab. Meine Liebe zu diesem Mantel ist unumstößlich. Überhaupt hatte ich selten eine so innige Liebesbeziehung zu einem Kleidungsstück. Man kann damit im späten Winter schon eins a Mittagsschläfchen in der ersten Märzsonne machen.

Es gilt für die Wüste genauso wie für polarkalte Ziele oder Orte mit Dauerregen: Wenn die Ausrüstung stimmt, man weder friert noch schwitzt, wenn man rundherum schön trocken und wohlig ist wie ein frisch gewickeltes Baby, wenn nichts zwickt oder zieht, dann entfällt dadurch ein großes potenzielles Ungemach. Dann kann man sich dem jeweiligen Naturerlebnis mit freudigem Genuss hingeben, sich mit jeder Körperzelle reinwerfen und darauf einlassen. Und das Erlebnis dann tief im Herzen abspeichern, für etwas langweilige Tage. Ich kann mir fast nichts Schöneres vorstellen.

Deshalb müssen wir auch kurz über warme Füße reden. Warme Füße sind das A und O, das wissen wir alle seit dem Kindergartenalter. Ich habe in zwei Sorten von Schuhen noch nie kalte Füße bekommen: Erstens, in meinen wasserdichten Bergschuhen mit sehr dicker Sohle und somit viel Abstand zum kalten Boden. Man ist darin locker fünf Zentimeter größer als barfuß. In der Mongolei werde ich deshalb als *Avatar* betitelt. Mit solchen Schuhen kann man prima über Eis und Schnee, durch flache Flussbetten (sofern man nicht ganz untertaucht), über Geröll und durch jede Pfütze hüpfen. Aber: Sie machen Muskelkater an diesem langen dünnen Muskel vorne am Schienbein, Außenseite. Zumindest, wenn man lange nicht mit schwerem Schuhwerk gelaufen ist. Dann sind manchmal am Ende eines langen Wandertages auch die Knie etwas weinerlich. Ich würde vorm Kauf herausfinden, was sie wiegen, und sie unbedingt eine Weile innerhäusig probetragen. Ein guter Outdoorladen macht das möglich.

Das andere sind meine – wie sage ich das jetzt, ohne Namen zu nennen? – *Schneeschuhe*. Die wurden in Kanada erfunden, extra für Schnee und Eis hergestellt, und nichts, aber auch gar nichts, kann sie jemals davon abhalten, die Füße zu wärmen. Darin wechseln sich Schichten aus Alu und Filz ab. Wollfilz ist oscarverdächtig, wenn es um Wärmedämmung und Wasserabwehr geht. In Sibirien habe ich im Februar einen Mann in kniehohen Filzstiefeln gesehen, die nicht einmal Sohlen hatten. Ich dachte, huch, jetzt ist der in Hausschuhen rausgegangen, wurde aber von unserer Übersetzerin belehrt, dass das bei der Volksgruppe der Burjaten seine Richtigkeit hat – ein Schuh ausschließlich aus dickem Filz. Faszinierend.

Dazu gibt's noch einen Trick, damit die Schuhe auch wirklich-wirklich warm bleiben. Für polare Ziele ein Muss. Auch für die topwarmen Schuhmodelle, wenn man über viele Stunden stehen wird oder wenn man einfach grundsätzlich kalte Füße hat. Wir haben auf die Bitte von unserem russischen Begleiter Anatoly für alle, auch für ihn, Aktivkohlepads in Fußform, Rückenform, Handform und Quaderform bestellt. (Ich glaube, der Laden ist danach an die Börse gegangen.) Die sind sehr praktisch, wenn auch eine kleine Umweltsauerei, da man sie danach nur noch entsorgen kann. Das Prinzip ist: auspacken, Schutzfolie abziehen, dadurch Sauerstoff an die im Vlies eingewickelte Aktivkohle lassen und zehn Minuten abwarten, bis das Wärmepad warm wird. Wir haben im Kollektiv festgestellt, dass die Dinger dann fast ein bisschen *zu* warm werden. Im Sinne von *ziemlich heiß*. Also lieber ein paar Momente weniger reagieren lassen und durch früheres Schuheanziehen die Sauerstoffzufuhr einschränken. Obacht in der Mittagspause: Wer da den Fehler macht, die Schuhe zu lange auszuziehen, um die Füße kurz ausdampfen zu lassen, gibt der Sohle neuen Sauerstoff und riskiert very hot feet im Anschluss, im schlimmsten Fall Raclette. Zum Wiederanwärmen ist das allerdings super. Zwei Minuten Luft dran, neue Reaktion, herrlich. Auf die Dinger ist wirklich viele Stunden lang Verlass. Mich wärmt schon die Gewissheit, sie dabeizuhaben. Am Baikalsee haben wir auch etwas größere Pads für die Kameraausrüstung dabei, die mag auch nicht frieren. Zusätzlich haben wir vor der Abreise wochenlang diese kleinen Trocknungspäckchen gesammelt, die Schuhkartons oder Koffern beiliegen, um etwaige Feuchtigkeit zu binden. Die legen wir in die Kameratasche, damit sie abends nach Drehschluss auch das letzte Wassermolekül an der kalten Kamera aufzusaugen. Tagsüber beim Dreh gilt, dass Kameras, die filmenderweise von draußen reinkommen, gern beschlagen. Genauso wie Brillen. Das ist blöd für den Film, weil man dann erst mal unterbrechen und die Kamera akklimatisieren muss. (Genauso wie die Brille.) Das Problem entpuppt sich bei uns glücklicherweise als kleiner als gedacht, aber wir sind ja auch auf minus vierzig Grad eingestellt und haben dann läppische minus fünfundzwanzig.

Was ich dir auf deinem Weg in die Arktis ansonsten unbedingt noch hinterherbrüllen möchte, ist a) Sonnenschutz fürs Gesicht (Kälte schützt vor UV-Strahlung nicht) und b) – jetzt kommt's – *Kälte-*

schutz fürs Gesicht. Zum Schmieren! Ja, das ist eine ölige Sache und müffelt nach Pommes. Kälteschutzcreme, weil zu knapp hundert Prozent fettbasiert, kann unter Umständen zu ein oder zwei fußballfeldgroßen Pickelchen führen. Die ist sie aber wert. Pickelvermeidung ist ein *Kurzfristziel.* Eine amtliche Fettschicht (und auf keinen Fall nur reine Feuchtigkeit) auf der Haut zu haben verfolgt dagegen das Langfristziel knackfrischer Haut auch in biblischem Alter. Warum? Eine wasserbasierte Lotion oder ein Serum ohne Öl kann bei krassen Minustemperaturen *in* der Haut frieren. Nicht machen! Als Teenies haben wir dank meiner kosmetikaffinen Tante Doris beim Skifahren eine reine Fettcreme im Gesicht. (Danke noch mal, wir haben in der Gondel nach Fritteuse gerochen.) Mit diesem Speckschwartenantlitz unter meiner Sturmhaube in Hornhaut-Umbra hätte ich es unbemerkt in den Fütterungsbereich der Seehunde im Zoo schaffen können. Heute – wo ich ja kaum älter aussehe als mit dreizehn – verneige ich mich vor Tante Doris' Hartnäckigkeit und ihren alltime favourite Beautytipps. Deshalb setzen wir noch einen drauf: Den Fettschutz abends warm abwaschen (wenn das, wie zum Beispiel in Nepal mit nur kaltem Wasser im Angebot, nicht möglich ist, muss etwas Seifenhaftes dazu). Hinterher unbedingt viel Feuchtigkeit nachlegen. Wenn ich in der Jurte schlafe, fülle ich mir vom heißen Wasser, was eigentlich *immer* auf dem Herd steht, etwas in einen Thermobecher und benutze das mit einem Wattepad zum »Gesichtwaschen«. Hat sich auch beim Zelten bewährt.

Und jetzt bitte noch nicht gehen. Einen hab ich noch. Für uns Frauen. Schmerzliche Erfahrung. *Äußerst* schmerzliche Nie-wieder-will-ich-*das*-erleben-Erfahrung: In Gletschergebieten verbraucht der Körper extrem viel Wasser, deshalb muss man viel trinken. Ein Kakao auf der Hütte beim Skifahren ist *nicht* viel trinken. Ein Jagertee auch nicht. Da muss beim Hüttenschwung richtig, richtig Flüssigkeit rein, wenn man nicht auf der Piste etwas dabeihat. (Was, wie ich ebenfalls erfahren durfte, auch schon wieder äußerst uncool ist. Skifahren mit Rucksack – ja bin ich jetzt die Mutti?) Das oben angesprochene unfreiwillige Experiment lässt mich an einem wunderbaren, klirrend kalten Skitag bei der Talabfahrt ziependerweise ahnen, was da auf mich zurollen könnte, und am frühen Abend heulend in der Notaufnahme aufschlagen. *Ich* könnte kein Kind kriegen, so viel steht fest. Mich lässt eine akute Blasenentzündung nach der letzten Ölung schreien. Da lebe ich meine männlichen Anteile voll aus. Jedenfalls werde ich von dem freundlichen Arzt, dem ich mehr Tränen aufs Linoleum als Tröpfchen in den Pappbecher pressen kann, aufgeklärt, dass die Lunge in großen Höhen und bei großer Kälte extrem viel Flüssigkeit braucht, um die Atemluft anzuwärmen und zu befeuchten. Jajaja, jetzt gib mir das Schmerzmittel, bitte. Zur Not nehme ich auch die Vollnarkose.

Ich verbringe eine Nacht *in Wehen* sitzend auf meiner Wärmflasche (immer dabeihaben!), sechs Liter warmes Wasser trinkend und die Stunden zählend. Und schluchzend natürlich. Wenn ich irgendjemandem diese Erfahrung ersparen kann, dann war *das* wenigstens für einen guten Zweck.

Nun habe ich sie schon erwähnt, die universelle Lebensretterin namens *Wärmflasche*. Diese wunderbare Erfindung hilft bei Blasenentzündung, eisigen Füßen, kaltem Po, Rückenschmerzen, Regelschmerzen, Husten, Bauch- und Heimweh. Sie ist eindeutig das Produkt auf meiner lebenslangen Packliste, für das ich mich am bereitwilligsten – und regelmäßig – belächeln lasse. WTF!, rufe ich euch Spöttern zu. (Wer nicht weiß, was WTF heißt, denkt sich einen unflätigen, beliebigen Fluch aus. Passt bestimmt.)

Gerade erfahre ich von meiner Freundin, dass sie sogar immer zwei Wärmflaschen mithat.

»Falls eine leckt?«

»Für jede Seite eine.«

Ach ja, die Nieren. Ich lerne doch immer noch dazu. Wer schlau ist, hält seine Wärmflasche – zum Beispiel beim Zelten oder in der Jurte – zu dem Zeitpunkt bereit, wenn das Abendessen noch frisch ist, denn dann ist auch das Wasser noch heiß und es macht keine extra Umstände. Außerdem spart es kostbares Gas oder anderen Brennstoff wie Kuhdung. Wärmflasche füllen, in den Schlafsack packen, drauf freuen. Oben schon erwähnt: Thermobecher für den späten abendlichen Gesichtsputz halb befüllen und sicher irgendwo parken.

Mein Fazit: Der Genuss einer Reise in nordische, skandinavische oder sonstwie tundraeske Gefilde steht und fällt mit der richtigen Ausrüstung und Kleidung. Lieber einen Wärmespender zu viel als zu wenig mitnehmen, das ist hier die Losung. Ein, zwei weitere dolle Warmhaltetipps haue ich noch im Kapitel zum Zelten raus.

Jedenfalls steht nun dem knackfrischen, klirrend kalten Wintergenuss nichts mehr entgegen.

Trekking: Das ursprünglichste Reisen geht zu Fuß

Schritt für Schritt auf dem Weg zum Ziel – das oft ein anderes ist, als man denkt

Lange Tage an der frischen Luft verbringen und das Gehirn durchpusten lassen, zu Fuß die Natur erkunden, Schritt für Schritt mehr Teil von ihr werden. Kein Anruf, keine E-Mail, kein Ärger (außer dem, den ich noch im Gepäck mitschleppe). Beim Wandern kriege ich den Kopf frei, da bin ich im Selbstreinigungsmodus. Tanke Sauerstoff für die Seele, entsorge Unwichtiges. Dazu taugt natürlich auch eine Einzelwanderung, aber wenn ich das ein paar Tage lang am Stück mache, verstärkt sich der Effekt. Das ist das Besondere am Fernwandern.

Meine erste Trekkingtour findet in Nepal statt, noch vor *Ostwärts*: zwölf Tage zu Fuß von Lukla auf dem *Edmund-Hillary-Trail* über Namche Bazar Richtung oben. Ja gut, Richtung Mount Everest. Jetzt hab ich schon so viel angegeben, kann ich auch damit weitermachen. Wie sich das vor der Abreise *angefühlt* hat, erzähle ich mit Freude weiter hinten. Hier will ich erst mal auf die praktischen Komponenten eingehen.

Wir bekommen eine geniale Packliste vom Veranstalter, beziehungsweise zwei, eine für den Tagesrucksack und eine für den Reiserucksack. Als Einsteigerinnen – vier Frauen in den Dreißigern, eine knackfrischer als die andere – finden wir es angemessen, nicht alles Gepäck selbst tragen zu müssen und lokale Familien zu unterstützen. Zwei gazellenhafte Nepalis flitzen jeden Morgen – während die Damen sich beim Frühstück bekochen lassen – mit je zwei unserer Reiserucksäcke auf dem Rücken in Flipflops los. Wir sprechen von bergauf. Manchmal kommen sie uns spätnachmittags gut gelaunt entgegen, während wir uns auf dem Zahnfleisch dem »Teehaus« unserer Übernachtung nähern. Wobei gefühlt nur ich wirklich schnaufend bergauf krieche. Die anderen sind in meiner Wahrnehmung topfit. Ich hasse sie ein bisschen deswegen. Eine von uns ist sogar Marathonläuferin und will im Sommer ihren ersten Iron Man machen (das kann ich ja schon gar nicht leiden). Ich schleppe an meinem Tagesrucksack und meinen Themen. Und an meinen unfassbar schweren Bergschuhen. (Die übrigens dieses Wochenende vorm Törchen stehend einen neuen Besitzer gefunden haben. Möge der neue Träger die gleichen Glücksmomente verspüren wie ich beim Wandern, auf meinen früheren *Ostwärts*-Trecks und vor allem: beim Abendswiederausziehen. Da ist Nepal, Georgien, Russland, Baltikum und Mongolei dran! Nie habe ich auch nur einmal kalte oder nasse Füße darin gehabt. Nicht im Schnee, nicht im Regen, nicht im Flussbett. Nur das Gewicht …)

Das Gewicht der Schuhe spielt (wie vorher schon mal erwähnt) wirklich eine nicht zu unterschätzende Rolle im Hinblick auf umfang- und hoffentlich erfolgreiches Wandern. Und: Sie müssen top eingelaufen sein, am besten auch einmal bei Regen (oder im Flussbett, in einer Pfütze – halt irgendwas mit Wasser). Beim Militär ging man, wie ich aus Bundeswehr-Altsemester-Kreisen erfahren durfte, sogar noch einen Schritt weiter. Da wurde seinerzeit in die dicken Seestiefel reingepinkelt, damit es keine Blasen gibt. Das geschah nicht etwa aus Mangel an Wasser oder weil die Matrosen nach Feierabend immer randvoll waren, auch nicht, weil Pipi so gut riecht, sondern weil Ammoniak das Leder weich macht. Wie beim Gerben eben (riecht auch nicht gut). Obacht! Wer sich für leichte Schuhe *ohne* echtes Leder entscheidet: Bitte da auf keinen Fall reinpinkeln. Bringt nix, außer Klogeruch im Flur. Ich habe jedenfalls seinerzeit vor der Abreise nach Nepal meine dicken Bergschuhe von innen mit Wasser eingerieben und weich geknetet.

Apropos Einlaufen: Dazu hab ich einen detektivischen Tipp! Unmittelbar nach dem ersten Test-Walk (und zwar *vor* dem Urlaub) Füße, Socken und Schuhe unter die Lupe nehmen. Zuerst kommt die Spurensuche an den Füßen: Wo sind Druckstellen, wo hat's gescheuert? Bitte merken oder markieren (markieren war ein Scherz, es reicht auch notieren). Auf diese Stellen beim nächsten Mal *vor* der Wanderung *vor*beugend Tapeverband kleben. Pflaster geht auch, ich finde aber Tape oder »Second Skin« zuverlässiger, weil nichts scheuern kann, wo sich nichts bewegen kann. Ist die Blase nämlich erst mal da, wird die traumhafteste Wanderung zur Tortur. Dann haste vierstellig für die Anreise in den Himalaja hingeblättert und scheiterst an einsfuffzich für 'ne Rolle Tape. Zweite Spurensicherung: Socken auf Unebenheiten überprüfen. Ich habe sackteure fancy Supermerino-Wollsocken gekauft und Folgendes festgestellt: Nicht nur riechen sie trotz »No-stink-Garantie« genauso wie alle anderen Socken nach acht Stunden am schwitzenden Fuße in geschlossenem Schuhwerk, dazu bilden meine auch noch so genannte Pillings. (Wollknötchen, Miezel, Möppchen – ihr wisst, was ich meine. Einigen wir uns auf Knöddelchen.) Kleine fiese Wollwarzen, die sich beim Schubbern bilden und die ich nach jeder Wäsche erst abzutzeln muss, um mir nicht bei der nächsten Wanderung meine zarten Füßchen erneut aufzuscheuern. Erstens müsste der Zutzel-Service bei dem Preis eigentlich inbegriffen sein, und zweitens bekomme ich für das Geld ungefähr sieben Rollen Tape plus ein wohlriechendes Fußpuder. (Meine Meinung.) Aber vielleicht waren es Merino-Fakes, und ich bin auf die Geldwäscher der Wollmafia reingefallen. Dritte Spurensicherung: Untersuche deinen Schuh. Sollte die Scheuer- oder Druckstelle am Fuß mit einer markanten Stelle im Schuh zusammenpassen – mit einer Naht, einer unsichtbaren Hartschale im Futter, einem Übergang von hart nach weich: Dann lieber nicht kaufen beziehungsweise umtauschen. Bei guten, über Jahrzehnte renommierten – und ja, auch teuren – Wanderschuhen kann man das aber fast ausschließen. (Klinge ich nach Schuhverkäuferin?)

Außer den zwei vergnügten nepalesischen »Sehnen«, die man übrigens nur dann Sherpa nennt, wenn sie auch aus einer Familie namens *Sherpa* kommen, haben wir einen gut gelaunten Nepali namens Sambhu dabei. Er spricht Englisch, und seine Aufgabe ist, die kleine Reisegruppe auf Kurs zu halten und uns heile auf den Berg und wieder runter zu führen. Er ist unser Pacemaker. Man darf nämlich in großer Höhe nicht zu schnell laufen, das macht die Pumpe nicht mit. Mir ist das äußerst recht. Allerdings gibt es trotzdem immer wieder Situationen, wo meine drei Freundinnen und der Bergführer schon irgendwo weit über mir stehen und schnatternd auf mich warten, die Rucksäcke abgeschnallt und die Wasserflaschen angesetzt. Als sie beim dritten Mal, während ich gerade rotgesichtig um die Ecke biege und mich schnaufend nähere, bereits wieder einpacken und aufschnallen, bricht die pure Verzweiflung aus mir heraus. Ich vermelde kurzatmig und in durchaus zickigem Ton, dass ICH AUCH mal ein paar Minuten Pause brauche und etwas trinken möchte. Falls das keine Umstände macht. Wer in hohen Höhen wandert und keinen Pacemaker dabeihat oder dieser wie unserer nicht mitbekommt, dass eine Schnecke mitläuft, sollte unbedingt selbst darauf achten, langsam und in kleinen Schritten zu gehen und auf den Puls zu horchen. Eitelkeit oder Wettbewerbsgeist am Berg schaden dem Herzen – dann lieber dem Ansehen schaden. Also dürfen Pausen notfalls auch eingefordert werden (Zickigkeitsgrad frei wählbar).

Übrigens ist Sportlichkeit oder Trainingszustand kein Garant dafür, nicht höhenkrank zu werden. Uns begegnen Skilangläufer aus dem norwegischen Nationalteam, die wieder runter müssen, weil es ihnen auf viertausend Metern so dreckig geht. Auch unsere sportlichste Wandersocke muss einen Tag und eine Nacht lang schlimm mit Kopfschmerzen, Übelkeit und Erbrechen kämpfen. Ich lahme Ente nicht. Ich bin einfach nur un-glaub-lich langsam.

Woran erkenne ich, dass ich bereit für die Höhe bin? Am Bächlein. Nach Ankunft in Kathmandu, das auf 1400 Metern liegt, kriegen wir Touristen – weil wir mit einem verantwortungsvollen Reiseveranstalter gebucht haben – drei Tage zur Akklimatisierung in den Reiseplan geschrieben, damit unsere Körper sich an die Höhe gewöhnen und schon mal mit der Rote-Blutkörperchen-Produktion loslegen, bevor es richtig hoch geht. Ob man bereit für den Aufstieg ist, weiß man, wenn man sein Bächlein sorgsam auf Farbe kontrolliert. Wer seinen Organismus lieb hat, macht das übrigens auch während des Trecks. Eselsbrücke: Ist es g*el*b, bist du zu schn*el*l, ist es f*ar*blos und kl*ar*, ist auch für deinen Aufstieg alles kl*ar*.

Was für uns ebenfalls klar ist: Weder werden wir bis ins Basislager auf 5350 Metern laufen, noch werden wir uns (wie das sowieso erst heute möglich ist) fliegen oder sonstwie transportieren lassen. Der einzige Luxus ist der Trageservice für unsere, ähem, großen Rucksäcke. Wir fragen Sambhu, was passiert, wenn man sich den Knöchel verstaucht oder etwas bricht. Die Antwort lässt mich beschließen, diese Erfahrung auszulassen: Man reitet dann, auf ein Yak geschnallt, ins Tal.

Warum tut man sich das überhaupt an? Warum hat diese Wanderung in Richtung Mount Everest so einen unglaublichen Sog? Oder ist es das Trekking an sich, und das Ziel ist wurscht?

Erstens: Trekking ist nicht nur ein Prozess für den Körper, sondern auch für den Geist und die Seele. Man nimmt nur das Wesentliche mit auf den Weg. Physisch. Das ist schon eine gute Übung für das, was dann innerlich passiert. Wesentliches nämlich. Die Gedanken verändern sich, es wird stiller in der Birne, und irgendwie sortiert sich im Innern etwas um. Die Schritte sind wie ein Mantra, manchmal habe ich eine Liedzeile im Kopf, die sich wieder und wieder mit dem Atem wiederholt, oder ich zähle, ohne es zu merken. Jetzt vielleicht nicht eins-zwo, eins-zwo, aber a-heins, zwa-hei, dra-hei und so weiter. Hausputz im Gehirn. Man wirft ganz viel gedanklichen Ballast ab. Und ab und zu kommt auch mal was hoch, was man vielleicht lange unterdrückt hat und unter Umständen auch gar nicht mehr fühlen wollte. Aber dann ist es da, hat sich aus dem untersten Unterbewusstsein hochgeschafft und klopft an, möchte gründlich »ausgefühlt« werden, um dann hoffentlich das System verlassen zu können. Angeschaut, gewürdigt, gefühlt, Abmarsch. Eine Falte weniger auf der Stirn, eine rissige Stelle weniger im Herzen. Jetzt darf das schön heilen.

Zweitens: Der Anblick von etwas so Majestätischem wie dem Chomolungma (so heißt der Mount Everest auf Tibetisch: »Göttinmutter der Erde«) ist schlicht überwältigend. Ich hab ja schon vorher geflennt. Die ersten Tränen fließen bereits im winzigen Propellerflugzeug auf dem Flug von Kathmandu nach Lukla. Nicht etwa, weil ich so große Angst habe (da nicht), sondern weil das *Dach der Welt* plötzlich auf der linken Seite am Fenster auftaucht und so unglaublich real ist. Die Bergkette des Himalaja in echt zu sehen, schmeißt uns alle kurz aus der Bahn.

Am ersten Wandertag dann, von Lukla über den *Hillary-Trail* nach Phakding, kann man den Mount Everest noch nicht sehen. Wir folgen demselben Weg, den die beiden Erstbesteiger, der Neuseeländer Edmund Hillary und der Nepali Tenzing Norgay 1953 zusammen gelaufen sind. Die beiden haben den Aufstieg als Erste geschafft, und ich denke bei jeder Hängebrücke und jedem interessanten Wegpunkt, boah, krass, hier waren die auch. Es geht entspannt los, lockere Strecke, dreihundert Höhenmeter, easy. Erster Tag: check. Der nächste Tag hat es aber absolut in sich. Ich quäle mich voran. Doch dann kommt irgendwann der magische Moment: Unser Bergführer zeigt auf einen Trampelpfad, der vom Wanderweg abzweigt: eine kleine, von Büschen verdeckte drei Meter lange Sackgasse. Dort ist ein geheimer Aussichtspunkt, von dem man den ersten Blick auf den Berg der Berge erhaschen kann. Unsere Topsportlerin, die den ganzen Trip angeleiert hat, geht vor und bricht sofort in Tränen aus. Wir andern drei folgen kurz danach. Es ist ein erhebender Moment, absolut feierlich. Vier toughe Ladys, vier nasse Taschentücher, ein majestätischer Gipfel. Der höchste der Erde. Dieser Berg ist heilig! Den Mount Everest zum ersten Mal live und in Farbe zu sehen, kann niemanden ungerührt lassen. Dazu fällt mir das Werbeplakat von einer lokalen Biersorte ein, das wir später auf der Strecke entdecken: EVEREST – Brings tears to your eyes. Then freezes them to your face. (EVEREST – Sorgt dafür, dass dir die Tränen kommen. Und friert sie dann an deinem Gesicht fest.)

Drittens: Auf einer Langstreckenwanderung geschieht innerlich etwas mit einem, und man kehrt anders zurück, als man losgelaufen ist. Meistens hat man eine Erkenntnis über sich selbst oder das Leben gewonnen, die einem nun so dermaßen offensichtlich vorkommt, dass man sich wundert, sie vorher noch nie gesehen zu haben. Mehr dazu später.

Von speziell dieser Wanderung nehme ich auch noch etwas anderes mit. Ebenfalls was fürs Leben. Unser Bergführer Sambhu hat eine Eigenschaft, die mich nachhaltig beeindruckt: unter Stress über sich selbst lachen können. Ich kann das (zur damaligen Zeit) nur, wenn es mir gut geht. Wenn ich sehr gestresst bin (und das bringt mein Managerjob mit sich), geht mir leicht mal der Humor verloren. Folgende Situation, in die Sambhu gerät, hätte *mich* völlig aus der Bahn geworfen. Dazu muss man wissen, dass wir Ende März unterwegs und die Nächte noch irre kalt sind (so kalt, dass ich mir nach einer durchgefrorenen Nacht auf 3400 Metern einen zweiten Schlafsack dazumiete und in Zwiebelschichten schlafe). Einmal gibt es Neuschnee, und wir wandern einen Tag lang durch frisches Weiß. Ein bisschen wie Osterskifahren, alles hell und in der Sonne schön warm, aber man will auf keinen Fall hinfallen und nass werden. Sambhu wartet an einem Baum in der Sonne auf uns. Plötzlich löst sich über ihm aus den Ästen ein Schneehäufchen und rutscht runter. Auf seinen Kopf, in seinen Kragen. Mein erster Gedanke ist: der Arme! Jetzt läuft dem alles da oben rein, und er ist für den Rest des Tages nasskalt. Ich wäre ganz schön angefressen. Es ist aber auch ein Moment großer Situationskomik, und wir müssen unweigerlich laut lachen. Das hätte mich gleich doppelt gestresst – dann auch noch ausgelacht werden. Sambhu aber lacht von Herzen mit und hat selbst die größte Freude an dem Missgeschick. Das für ihn keins ist. Es ist NUR etwas Schnee. Ich erinnere mich an meine Bewunderung für diese Haltung und daran, dass mich das sehr lange beschäftigt hat. Bis ich es verstanden habe.

Das beste Trainingscamp für Humor in Krisensituationen ist heute *Ostwärts*. Wir filmen ja besonders gerne das, was schiefgeht und mir oder uns widerfährt. Zugegeben, es gelingt mir – trotz Sambhus Lehrstück – nicht immer, sofort darüber lachen zu können. Wenn ich zum Beispiel von einem Pferd im Flussbett »abgelegt« werde, wir aber noch anderthalb Tage unterwegs sein wollen und das Wetter dafür sorgen wird, dass alles an mir ab jetzt nasskalt bleibt, UND wenn der Kameramann das nicht mal filmt, weil er gerade die Akkus wechselt … da kann mich schon ab und zu immer noch der Humor verlassen. (In dem Fall hilft dann nur noch das Schreiben darüber, spätestens dann kommt die Komik zum Vorschein.) Immer öfter jedoch erschließt sich mir das Lustige oder die Ironie einer Situation sofort, und dann generiert selbst oder gerade ein Missgeschick größte Heiterkeit.

Worüber ich in Nepal gar nicht lachen kann: Meine Mädels sind jeden Morgen vor mir fertig, ihre Rucksäcke stehen immer bereits gepackt vor der Herberge, und sie sitzen bestens gelaunt am Frühstückstisch, wenn ich komme. Was bin ich dagegen für ein Umstandskasten, mit meinem Rucksack, der nur von oben gefüllt werden kann. Wo aber doch unten die Kulturtasche rein muss, weil die ja am schwersten ist. Wo aber vorher noch die Zahnbürste rein muss. Die ich aber erst nach dem Frühstück brauche. Es ist kompliziert. Heute habe ich erstens einen besseren Rucksack und zweitens einen Zahnbürsten-Sarg, mit dem kommt sie zur Not ins Wandergepäck (ojojoj, auch mal was Verrücktes machen) oder noch schnell oben in den Rucksack – solo, fernab der Kulturtasche (noch so was Verrücktes).

Es gibt ein paar praktische Sachen, die ich immer zum Wandern oder Pilgern mitnehme oder bereits anhabe. Meine Grundausrüstung beinhaltet: *Sport*unterwäsche als unterste Schicht und dann ein anständiges Zwiebelsystem. Soll heißen, etwas Kurzärmliges, eine Fleecejacke, eine wattierte Weste ohne Ärmel, die man möglichst kleinrollen kann, eine wattierte dünne Jacke mit Ärmeln (dito), dünne Regenjacke, winddicht. Bei dreißig Grad Sonne muss natürlich nicht alles in den Rucksack. Außerdem habe ich, weil ich ja gerne Pause (mit Jause) mache, ein faltbares, quadratisches Sitzkissen in der Seitentasche, wie man sie ab und zu in Sportstadien vom Sponsor auf den Sitz gelegt bekommt. Für warmen Po beim Frühstück im Grünen. Den ganzen Wanderkrempel gibt es teuer und schicki im Outdoorladen, aber saisonabhängig auch normalo bis poplig bei großen Supermarkt- oder Kaffeehandelsketten. Man muss also nicht gleich verarmen.

Außer beim Rucksack, da bin ich streng. Wenn es nicht für ab und zu mal drei Stunden Wandern sein soll, würde ich mich in einem gescheiten Sportladen beraten lassen und »was Gutes« kaufen. Rücken ist wichtig, und Tragekomfort schützt ungemein vor Ungemach.

Ach so, Trinkflaschengedöns. Auch wichtig. (Weil: Trinken ist wichtig!) Ich habe eine fancy Doppelwandflasche, die allerdings leer schon 305 Gramm wiegt. Die kann ich morgens mit kaltem Wasser befüllen und stundenlang damit in der Außentasche vom Rucksack in praller Sonne laufen (wenn ich es schaffe). Dann ist die Flasche zwar außen echt heiß, aber das Wasser darin ist immer noch kalt. Funktioniert ebenso andersherum, mit heißem Tee oder Wasser am Bett einer ungeheizten Berghütte. Die Temperatur bleibt genauso wie eingefüllt, notfalls die ganze Nacht.

Da mir null Komma sieben Liter für einen Wandertag aber nicht reichen, brauche ich vielleicht auch zwei oder drei Flaschen. Tatsächlich habe ich noch ein paar mehr von den fancy Dingern, aber ich nehme für *im* Rucksack dann etwas Leichtwandigeres, das durch das ganze Drumrum und den Schatten im Hauptfach kalt bleibt und das ich später in die Außenflasche umgieße. So erspare ich meiner lieben Wirbelsäule Kilos. Es gibt ein paar Wasser- oder Apfelschorlemarken, deren Plastikflaschen angeblich BPA-frei sind. Man erkennt sie an der Flaschenstabilität, es sind also nicht die, die ich, wenn sie leer sind, mit der Hand zerknautschen oder mit dem Fuß platt treten kann – die sind böse. Und ja, Plastik an sich ist nicht doll, da sind wir uns auch einig, deshalb spüle und benutze ich sie wieder und wieder.

Den Tagesrucksack wiege ich immer vorher und schreite damit eine Weile im Zimmer auf und ab. Bei jedem Teil frage ich mich, brauche ich das wirklich tagsüber? Geht das noch kleiner? Kann ich etwas reduzieren? Wo kann ich Gewicht sparen? Die Dinge einzeln in die Hand zu nehmen, bringt meistens nichts. Alles ist klein, leicht, kein Problem. Kleine Sonnencreme, kleines Mückenspray, der eine Apfel und die eine Banane. Aber: Das läppert sich. Nach sechs Stunden wird auch die fitteste Bandscheibe dünnhäutig, ich versprech's. Ich spare Gewicht, indem ich Trockenobst statt frischem Obst mitnehme. Oder meine geliebten in Georgien kennengelernten Fruchtleder Tkhlapi (sprich »Tch'lapi«). Dafür wird jeweils eine Sorte Obst zu Mus zermanscht und dann wie ein Crêpe kreisrund ausgebreitet und in der Sonne getrocknet. Nur Fruchtzucker, keine Zusatzstoffe, reines Naturprodukt. Tkhlapi halten Monate, schimmeln nicht, wenn man sie trocken lagert, und liefern komprimierte Kalorien bei kleinem Gewicht. Wer nicht wie ich in der glücklichen Lage ist, einen Dealer in Tiflis zu haben, bekommt sie mittlerweile auch im Drogeriemarkt als »Fruchtleder«. Da gibt es auch eine Palette an Trockenobst, die über oldschool Rosinen hinausgeht, von Erdbeere über Himbeere bis Mango. Eine Packung kostet zwar genauso viel wie das Obst in frisch und ist sicher auch nicht besonders klimafreundlich in der Herstellung, wiegt aber nichts.

Falls die Sonne scheint und ein See oder badefreundlicher Fluss an der Strecke liegt, nehme ich noch ein winziges Trekking-Handtuch mit. Je nach Region auch Badesachen. Ich finde das zwar Quatsch in der Natur, außerdem ist es nur kurz genutztes Gewicht, das ich danach den ganzen Tag – nass gleich schwer – tragen muss. Zur Not geht's im Schlüppi rein und danach zum sichtgeschützten Trocknen in der Sonne.

Wanderstöcke für den Rückweg ins Tal! Als Kind denkt man ja, *Bergauf*laufen wäre so schlimm. Meine Knie haben mich mit zunehmendem Gelenkschmiereverlust eines Besseren belehrt – auf Kreta, in der Samaria-Schlucht. Dabei waren die beiden da erst Anfang dreißig. Bergab kann die Hölle sein, wenn die Kniegelenke und Knöchel müde sind, und das sind sie am Ende immer. Da helfen Wanderstöcke, die man zusammengestaucht am Rucksack befestigt oder schon bergauf nutzt (gibt schöne Arme). Eine Salbe mit Beinwell ist auch nicht unklug. Ich habe es mal beim Skifahren mit Franzbranntwein probiert. Nee, nicht trinken, sondern einreiben, die Muckis. Hilft wirklich gegen Muskelkater. Wer nicht standardmäßig einen Flachmann mit Muskelschnaps

»auf Tasche« hat, kann alternativ auf der Hütte etwas Hochprozentiges wie einen Obstler bestellen und diskret mit aufs Zimmer nehmen. Und wo wir schon beim Wander-Feierabend sind: ein ultrabequemes, leichtes Paar Turnschuhe für abends, eventuell Dusch-Flipflops.

Allerwichtigster Wander-Tipp: Wetter checken und Zeit gut abschätzen. Erst letzten Sommer bin ich am Berg in einen stürmischen Guss gekommen, den ich trotz Wetter-App nicht antizipiert habe. Ich bin alleine unterwegs, und der Wald wird plötzlich sehr dunkel, sehr nasskalt und sehr gruselig. Passenderweise zum Grusel habe ich dort auch keinen Empfang, kann also niemandem von den anderen, die sich für Radfahren entschieden haben, Bescheid geben, dass es bei mir später wird, beziehungsweise hinreichend rumjammern, damit mir jemand aus dem Freundeskreis entgegenkommt. Apropos alleine laufen: Das sollte man sich, vor allem bei einem langen Weg, gut überlegen. Wer sich dafür entscheidet: immer irgendwo an- und abmelden, damit man notfalls vermisst wird, bevor man an einer Baumrinde knabbernd mumifiziert.

So, das war's mit Trekking. Oder nein, ich sag's lieber noch mal mit Megafon (auch mir selber): NUR DAS WESENTLICHE MITNEHMEN! Und das gilt auch für Themen, die man so *innerlich* im Rucksack hat: Auf einen wirklich hohen Berg nimmt man nur das mit, was wichtig ist. Gut, man kann auch versuchen, alles andere mit einzupacken, es purzelt sowieso über kurz oder lang heraus. Das Unwesentliche bleibt entweder gleich im Tal oder schafft es nicht bis oben. Alles Überflüssige entweicht auf der Strecke und kollert hinab in die Bedeutungslosigkeit. Jede von uns hat auf dem zwölftägigen Treck in Nepal mindestens einen Tag, an dem einfach so Tränen laufen und sich etwas löst. Dazu hier nur so viel: Nachdem ich im Anschluss an den Nepaltreck mein Leben geprüft, für mangelhaft befunden und grunderneuert habe, kommentiert das ein

Wanderfreund mit einem Schulterzucken und den Worten: »Überrascht mich wenig. Man fährt halt auch nicht nach Nepal, wenn man nicht sein Leben ändern will.«

Beschwere sich hier also bitte niemand später, ich hätte nicht gewarnt. Trekking ist wie Metamorphose. Der Rucksack ist dein Kokon. Am Ende kommt dein Leben anders raus, als es reingekrabbelt ist. Aber garantiert schöner als vorher.

Und jetzt noch was zur Variante …

Pilgern für Anfänger

Morgens in einer familiengeführten, möglicherweise etwas in die Jahre gekommenen Pension aufwachen und auf dem Balkon das Wetter checken. Zwischen Neunzigerjahrekacheln Wasser ins Gesicht werfen und in die Wanderhose von gestern springen, dann leicht verknautscht in Badelatschen mit den Mitpilgernden frühstücken, Stulle schmieren, die Siebensachen in den Rucksack schieben (jaja, Zahnbürste obendrauf), unter leichtem Seufzen die Wanderschuhe wieder anziehen, vor der Herberge sammeln und einen weiteren Abschnitt zusammen tippeln. Ich liebe es, den ganzen Tag in der Natur zu sein und in Ermangelung von Luft zum Quatschen nur meinem Atem zu folgen, während ich im Gänsemarsch mit anderen (gefühlt ununterbrochen) bergauf steige. Ich mag die Pausen in der Sonne, auf einer grünen Wiese oder im lichten Wald.

Pilgern ist so ähnlich wie Trekking, nur dass noch eine, sagen wir mal, spirituelle Komponente hinzukommt. Das kann eine religiöse sein wie (ursprünglich) auf dem Jakobsweg oder in eine eher universell-spirituelle Richtung gehen. Auf meiner Pilgertour kommt der Leiter zwar aus dem christlichen Kontext und spricht auch ab und zu von Gott, das aber mehr der Einfachheit halber. Ihm ist es völlig wurscht, ob jemand die höhere Instanz, an die er oder sie glaubt, den lieben Gott, die liebe Göttin, die »Quelle allen Lebens« oder sonst wie nennt. Es geht um die Anbindung an eine größere Ganzheit, die über das Irdische hinausgeht und trotzdem spürbar ist. Damit sie das auch ist, suchen wir uns morgens und mittags ein Plätzchen im Grünen und meditieren eine Runde.

Dafür habe ich eine wunderbare Unterlage gefunden. Ich liebe meine Picknickdecke – unten wasserdicht, oben Polyesterflausch, riesengroß, gestreift und quasi schwerelos. Irgendwann mal beim Einkaufen geschossen, war sie eigentlich für den Strand gedacht. Sie eignet sich prima für ein ausbreitungsintensives Picknick, eine Meditation oder ein Nickerchen im Freien (was ich unbedingt empfehlen möchte!).

Morgens ist es noch frisch, die Luft fühlt sich rau an. Wir bekommen ein Tagesthema vor der Meditation. Da dürfen wir dann später beim Laufen drauf rumdenken, und manchmal klärt sich etwas im Kopf. Es riecht nach feuchter Wiese.

Beim Laufen extrahieren sich meine Sinne, wie wenn ich mir das Geschenkband-Kästchen vornehme, die Farbknäuel neu aufrolle und alles mal sortiere. Farben werden intensiver beim Wandern. Ich tanke Grüntöne und blauen Himmel. Und ich entdecke lauter Zeichen in der Natur: Da! Ein freundliches Auge in der Rinde am Baum, ein herzförmiger Stein, ein uns wie verrückt zuwinkendes Blatt, ein Moosfeld wie ein riesiges Bett.

Wenn ich mittags im Grünen mein mittelknuspriges Butterbrot und den Apfel auspacke (die bewährte Brotdose einfach ungeniert vorab einem Kind entwenden!), schmecken die anders als noch morgens im Hotel. Und ich meine jetzt nicht nach Rucksack oder Mückenspray. Ich schmecke einfach *mehr*, kann das anders wertschätzen. Jedes Korn vom Brot, die Butter, das Salatblatt. Die Schale vom Apfel duftet, die Fasern sind knackig und saftig und sauer und süß. Natürlich spüre ich auch meinen Körper mehr. Wenn ich die Schuhe ausziehe – ahhh –, mich langlege – ohhh –, ist das so herrlich, wenn der Schmerz nachlässt.

Und wenn ich schon so liege, ist eine Meditation oder ein Nickerchen nach dem Essen etwas außerordentlich Feines. Gerade höre ich noch Vogelgezwitscher, Gesummsel ganz nah am Kopf. (Jetzt nicht reagieren, denkt der buddhistisch Meditierende. Wobei: Der denkt ja *überhaupt nicht*, wenn er es richtig macht). Sanftes Rascheln vom Laub im Wind, ab und zu ein Regentropfen auf der Unterlage. Aber das stellt jemand leiser, und schon segle ich dahin und genieße das Hinausgleiten aus der Gedankenwelt und den sanften Übergang in die absolute Gedankenstille. Einschlafen ist ja so schon der Knaller (deshalb stehe ich auch ein bisschen auf Narkose), aber Einschlafen im Freien ist weltklasse.

Zwischentipp: Damit es keine böse Überraschung gibt, helfen Zecken- und/oder Mückenspray. Und/oder über die Hose gezogene Socken. Sonst tut man nämlich kein Auge zu – außer vielleicht, man ist fortgeschrittener praktizierender Zen-Meditationsguru. Ich bin es jedenfalls nicht, und daher hilft mir auch ein leichtes Tuch, das ich mir über Kopf und Schirmmütze lege, wenn die Mücken allzu frech werden. Der Schirm der Kappe hält das Tuch am Gesicht auf Abstand, denn sonst würde mich das aus der Fassung bringen. Ich bin noch dran, am *Zen*-Werden …

Nach einer Woche Pilgern bin ich so angefüllt, dass ich am liebsten mein natürliches Habitat wechseln und fortan nur noch wie Ronja Räubertochter im Wald leben und in grüner Strumpfhose zwischen Lichtungen und Waldquellen herumspringen und mich im Moos kugeln möchte.

Klar kann man auch alleine pilgern. Aber für mich, die permanent im Planungsmodus vor sich hin rödelt, ist es der pure Luxus, den Kopf auszuschalten und vertrauensselig jemandem hinterhertippeln zu dürfen und nicht selbst über die Route oder die Versorgungsstationen fürs Team nachdenken zu müssen. Da ist es absolut entspannend, in der Gedankenfreiheit einer organisierten Gruppe zu laufen.

Den ultimativen Tipp bei wandermüden Beinen habe ich beim Pilgern bekommen. Ohnehin geht es da ja viel um Achtsamkeit, Dankbarkeit und all die wunderbare Geistes- und Gefühlsarbeit, die mein Weltbild besser macht. Und mich zu einem glücklicheren Menschen. Uns wurde geraten, beim Duschen den warmen Strahl bewusst über ein Bein nach dem anderen laufen zu lassen, vom Fuß über den Knöchel über die Waden zum Knie, dort ruhig ein bisschen verweilen, mal »Danke, liebes Knie« sagen, »dass du mich den ganzen Tag durch die Gegend getragen hast, bergauf und bergab, haste toll gemacht«, bis zum Oberschenkel. Und Achtung, jetzt wird's spiri: *Liebe* reinschicken. In die *Kniescheibe*? Ja, Liebe. Warme Gefühle für schwere Beine, quasi als Schön-dass-es-euch-gibt-Message an die geduldigen Knochen, Muskeln und Trillionen von Zellen, die es mir auch heute wieder in unfassbar orchestraler Zusammenarbeit möglich gemacht haben, (beinahe mühelos) im aufrechten Gang durch die Walachei zu hirschen. Ich hab's probiert. Ist toll.

Zugige Trips: unterwegs auf Schienen

Von A wie Abteilromantik bis Z wie
Ziemlich-ausgebufftes-Hygienemanöver

Ich liebe ja Zugfahren. Hinreichend gemütlich sitzen, sanft geschuckelt werden und den Film sehen, den die vorbeifahrende Welt hinterm Fenster für mich abspult. Die Gedanken schweifen lassen, leise Musik im Ohr. Das Nervensystem in den Repariermodus setzen, ein bisschen vor mich hindölmern. Zugfahren kann so mega chillig sein.

Mit der Betonung auf *kann*. Was manchmal nicht ganz so geil ist, sind diese Verspätungen und diese … Menschen. Mitreisende mit Currywurst- oder Zigarettenodem (manche Profiraucher atmen ja erst wieder aus, nachdem sie eine komplette Fluppe auf dem Bahnsteig ohne abzusetzen durchgezogen haben und bereits wieder in den Großraumwagen zurückgekehrt sind), hysterische Klassenfahrt-Gruppen, leicht angehopfte Fußball- oder Kegelbrüder, Ü50-Proseccokränzchen, fürs Abteil streitende Kinder, fürs Abteil erziehende Eltern. Polyesterachseln im Sommer.

Was ich ebenfalls mitunter schwierig finde, sind etwaige außer Betrieb genommene Toiletten und die Raumklima-Lotterie – wenn ich von dreißig Grad am Gleis komme und erfahre, welches Los ich mit meiner Platzreservierung heute gezogen habe. Leider verloren, arktische Kälte! Ich hab aber nur Sandalen, Rock und T-Shirt an (Polyesterverbot im Sommer) und klebe noch ein bisschen. Oder aber: Leider verloren, tropische Hitze! Weil die Klimaanlage streikt. Das tut sie übrigens allein wegen Murphys Gesetz ausschließlich an Tagen, an denen ich mich in weiser Voraussicht in lange Jeans, Tennissocken und geschlossene Schuhe geschmissen habe, obwohl draußen Hochsommer ist. Das tut sie auch nur in dem Wagen, in dem ich reserviert habe. Auf solche Tücken muss man vorbereitet sein. Psychisch und praktisch. Klamotten zum An- und Ausziehen, Gelassenheit zum Ein- und … nein, nur zum Einschalten.

Ich will auch gerne noch einräumen, dass es einen Unterschied macht, ob ich bei Rachmaninov meinen russischen Tee im dunkelrot beplüschten Zweier-Abteil mit Furnierholz und Messingelementen schlürfe, derweil das nordwestliche Ufer des Baikalsees an mir vorbeigleitet, oder ob ich bei Starkregen in einer vollgepackten Regionalbahn hinter beschlagenen Scheiben durch osthessische Käffer eiere.

Deshalb ist das Zugerlebnis, welches mir in meinem Leben auf alle Zeiten am eindringlichsten in Erinnerung bleiben wird, die Fahrt mit der Transsibirischen Eisenbahn von Moskau nach Irkutsk. Die findet nicht in erster Linie zum Vergnügen statt, sondern mit dem Auftrag für eine Hochglanz-Fernsehreportage. Zwölf Tage lang drehen wir in Russland für *Ostwärts*, fast ohne Pause. (Heißt: Wir drehen *durch*.) Jeder langjährige Filmschaffende weiß: Der Job kann Fluch und Segen sein. Dieser Trip ist zu achtzig Prozent Segen. Die anderen zwanzig Prozent sind permanenter Schlafmangel und ein riesiger Druck, ob die Bilder und Geschichten reichen werden, damit es ein guter Film wird. Wir erkunden Moskau im Märchenwinter, fahren im verschneiten Februar durch den Ural und Sibirien und stehen am Ende der Fahrt auf der dunkelblau leuchtenden, siebzig Zentimeter dicken, magischen Eisdecke des tiefsten Sees der Erde.

Fassungslose Notiz ans Selbst: Darauf sparen andere jahrelang hin, und ich darf das hier beruflich machen!

Unterwegs dokumentieren wir verschiedene Züge der Transsibirischen Eisenbahn *für unsere Zuschauenden*, aber ganz nebenbei auch für die Befriedigung unserer eigenen Neugier. In jeder

Filmproduktion gilt allerdings »Zeit ist Geld« – daher kommen wir fast nicht zum Schlafen, und schon gar nicht zum Ausruhen und Durchschnaufen. Was vor allem daran liegt, dass wir an die Fahrpläne unserer vorgebuchten Züge gebunden sind. Wir haben unter Mitwirkung von hochqualifiziertem Eisenbahnfachpersonal einen absolut ausgebufften Zeitplan ausgeklügelt, der dermaßen Pufferzeit-los (und entsprechend ultraknapp und alternativlos) ist, dass wir maximal viel Drehzeit haben. Nichts darf da schiefgehen. Hauptaufgabe des ersten Tages ist, den mondänen *Zarengold*-Zug bei seiner Abfahrt vom Kasaner Bahnhof in Moskau zu filmen, dann zum Jaroslawer Bahnhof zu hechten und dort in einen, sagen wir mal, *normalen* Zug zu steigen. Bildwirksam natürlich. (Bildwirksam heißt, wir filmen das. ALLES.) In dem normal-erschwinglichen Zug werden wir anderthalb Tage und zwei Nächte drehen. Nachts auch? Nachts auch. Ich will nämlich die verschiedenen Schlafmöglichkeiten *für unsere Zuschauer* testen. Übermorgen müssen wir um halb vier in Jekaterinburg aussteigen, weil das der einzige Bahnhof ist, an dem wir nachmittags die Chance haben werden, den *Zarengold*-Zug wieder einzuholen, dem wir in Moskau hinterhergewunken haben. Da dieser touristische Sonderzug nur nachts fährt, damit die Fahrgäste tagsüber an bestimmten Bahnhöfen »auf Landgang« gehen können, nutzen wir die Gelegenheit, ihn mit unserem Popelzug auf der Strecke zu überholen. Die zwölf Stunden Zeit zwischen unserem Ausstieg in Jekaterinburg und der Weiterfahrt per *Zarengold* am Nachmittag müssen genutzt werden, um ein paar Geschichten vor Ort aufzunehmen. Die einzigen Ruhephasen sind daher solche wie die oben am Kapitelanfang, wo ich für die Kamera teetrinkend und gedankenverloren aus dem Fenster blicke. Ich weiß, dass ich auf diese Bilder hinterher Text legen oder mit Atmo (tsch-tsch-tsch) und Musikuntermalung eine Verschnaufpause fürs geschätzte Fernsehpublikum schaffen werde. Eine leise Stimme flüstert mir im Innern zu: Genieße *diesen* Moment. Es wird Tage dauern, bis du wieder solch eine Ruhe bekommst. Nimm diese acht Minuten, sauge sie auf und sei dankbar dafür. Bin ich.

Richtig lange Zugfahren geht auch woanders prima. Vor allem *richtig teuer lange Zugfahren*. Dafür gibt es einige filmreif abgefahrene und überaus romantische Schlafwagen-Züge, mit denen man kreuzfahrtartig nachts reist und tagsüber Ausflüge macht – von Paris nach Istanbul, durch Andalusien, durch Afrika, entlang der Seidenstraße oder durch Australien. Ist halt eher etwas für eine Hochzeitsreise oder einen Lottogewinn als für uns normale Backpacker. Wenigstens gibt es das gute alte *Interrail* noch. Das ist im Vergleich nämlich ein echtes Schnäppchen und entgegen meiner irrigen Annahme nicht auf die Jugend beschränkt, sondern für uns alle buchbar. Ab sechzig bekommt man sogar zehn Prozent Rentnerrabatt. Und wenn man da so aus einem ganz normalen Intercity oder Regionalzug aus dem Fenster schaut (und die passende Musik auf dem Ohr hat), kann da auch ganz viel Zauber entstehen.

Auch unabhängig von meiner *fancy* Fahrt mit der Transsib bin ich oft mit dem Zug unterwegs, vor allem zu Lesungen. Ist mir lieber als mit dem Auto, weil ich da leichter mal die Augen zumachen kann, ohne in Lebensgefahr zu kommen oder andere reinzubringen. Außerdem gibt's da weniger Stau. Und weniger CO_2. Daher jetzt mal zu den praktischen Tipps für den Zug. Lesereisen mache ich aus Outfitgründen nicht mit dem Rucksack, der ansonsten natürlich unschlagbar praktisch im Zug ist: Man ist damit schmal und wendig, hat beide Hände frei und kann notfalls jemanden aus dem Sitz heben, der den extra reservierten Platz nicht frei machen möchte (kleiner Scherz, ich bin natürlich meist mit meiner freundlich-charmanten Ermahnung erfolgreich). Was sich auf kurzen Reisen für mich bewährt hat, ist ein handgepäckgroßer Rollkoffer, möglichst nicht breiter als der Mittelgang. Der reicht aber niemals, wenn auch ein paar ordentliche Schuhe oder Stiefel mitmüssen, es jedoch draußen regnet und die eingepackten Schuhe »für gut« sind, also nicht wie die Bergschuhe schon auf der Anreise getragen (und verhunzt) werden dürfen. Die guten Schuhe kommen dann in einer Extratasche obendrauf. Falls es doch mal ein größerer Koffer sein muss, dann bitte mit Rollen und auch auf der schmalen Seite ziehbar, ansonsten wird man beim Ein- und Aussteigen und auf den Irrfahrten durch die Gänge bekloppt.

Jetzt bloß noch eine Umhängetasche für Laptop und Wertsachen und alles Nötige am Sitzplatz, fertig.

Meine Überlebenstipps für Reisen mit dem Zug sind außerdem: Zwiebelsystem anziehen, Socken dabeihaben. AUCH IM SOMMER (siehe oben). Schal oder Schultertuch (wie überhaupt überall – aber das liegt vielleicht an meinem doppelt so lang wie handelsüblichen Hals). Trinkflasche mit Wasser (im Winter mit heißem Wasser, check Ayurveda). Ohrstöpsel als minimalistische Variante oder richtig krasse *Noise-cancelling*-Kopfhörer. Die haben eine nobelpreiswürdige aktive Geräuschunterdrückung. Wie das Wunder funktioniert, erschließt sich mir auch nach eingehender Recherche nicht. Aber das eigentliche Wunder an ihnen ist, dass man nicht mal Musik oder Podcasts mit ihnen hören muss: Ich kann sie auch aufsetzen und *nur* anschalten – schon sind alle Geräusche um mich herum weg. WEG! Aus. Stille. Entspannung. Absolut faszinierend. Auf Flügen möchte ich ihrem Erfinder übrigens gleich noch einen zweiten Nobelpreis verleihen, denn da ist es ja um ein Vielfaches lauter als im Zug. Im Flugzeug gibt es diesen Moment, wenn ich die Dinger nach ein paar Stunden nur mal kurz absetze und mir die Lautstärke um die Ohren fliegt, als würde ich auf einem Anglerstuhl zwischen startenden Formel-Eins-Wagen am Nürburgring sitzen. Das passiert immer dann, wenn ich der Flugbegleiterin ein wenig Höflichkeit entgegenbringen möchte, weil sie mit irgendetwas Nettem für ihre Gäste durch den Gang marschiert. Ich will dann nicht einfach »WAS???« brüllen, weil ich zu faul bin, nach ihrer freundlichen Kontaktaufnahme (was ich daran erkenne, dass sie mich ansieht und sich ihre Lippen dabei bewegen) die Kopfhörer abzusetzen. *Ich* will freundlich sein, deshalb runter mit den Dingern. Jedes Mal wieder ein Schock. ALTER, IST DAS LAUT HIER DRIN! MACH DIE DINGER SOFORT WIEDER DRAUF, brüllt mein Gehörsinn. *DAS* MUSS DAS ARME PERSONAL AUF JEDEM FLUG ALLES HÖREN, ruft mein Gerechtigkeitssinn anerkennend dazwischen. DIE KOPFHÖRER SIND UNBEZAHLBAR, rundet mein Dankbarkeitszentrum das Ganze freundlich ab. Kurz: Kopfhörer mit Geräuschunterdrückung mal zum Geburtstag wünschen. Können Leben retten.

Auch das richtige Nackenkissen kann das. Also Leben retten. Ich habe einen findigen Tonkollegen, der ein bisschen ausrüstungsgeil ist. Andauernd hat er coole Produktideen von irgendwelchen Start-ups dabei, die er mich bereitwillig ausprobieren lässt und mich dann vertreterstyle so lange bequatscht, bis ich einwillige, okay-okay, ich bestell mir das auch. JA, ICH MACH'S SOFORT! So auch mit einem nachtblauen, kuschelweichen, Memoryschaum-Nackenkissen geschehen, über dreißig Euro habe ich dafür hingelegt. Wenn nicht sogar vierzig. Oder sechzig. Der fluffige Schaum mit dem waschbaren Samtbezug und das praktische Reißverschlusstäschchen, in das man das Wellness-Hörnchen kleinrollen UND am Rollkoffer festmachen kann (sehr gut mitgedacht), haben mich überzeugt. Nun stelle ich mit Schrecken fest, dass mittlerweile ganz andere Modelle *hip* sind und in allen möglichen Nackenhörnchen-Tests gelobt werden – mein Hersteller kommt nicht mal mehr vor. Ich muss meinen Kollegen anrufen.

Spätestens seit der Pandemie ist Handdesinfektionsmittel nichts mehr, was ich diskret im Schatten meiner Tasche zwischen den Händen verreibe, damit bloß keiner merkt, dass ich mich eventuell ein bisschen anstelle. In der Transsibirischen Eisenbahn, genauer gesagt im *Zarengold,* werden alle Fahrgäste per Lautsprecheransage darum gebeten, nach dem Marsch durch den Zug zum Speisewagen – mit unzähligen Waggontüren, für mich waren es dreizehn – doch bitte vor jeder Mahlzeit ihre Hände zu desinfizieren. In jeder Kabine und auf allen Tischen in den Zugrestaurants stehen die kleinen Fläschchen mit dem bazillenkillenden Wundermittel (übrigens auch schon in den Jahren vor Corona). Für meine Nepalreise hatte ich mir mein allererstes Fläschchen noch aus den USA mitbringen lassen, weil ich wusste, da gibt es kein fließendes Wasser nach dem Besuch vom Plumpsklo. Bis heute erfüllt das Desinfiziergel für mich eine signifikante psychologische Beruhigungsleistung. Zum Beispiel, wenn ich von der Zugtoilette komme und jetzt unbedingt mein geschmiertes Brot essen möchte. Hände gründlich mit Seife waschen tut's natürlich auch (ja das mache ich *auch*, falls da jetzt Zweifel aufgekommen sein sollten), aber manchmal gibt es keine Seife. Oder kein Wasser. Dann Gel.

Wenn ich keins mithabe, tut sich gern mal folgendes Problem auf: Hände sind eins a gewaschen und abgetrocknet, so weit, so gut. Jetzt muss ich nur noch die Klinke drücken, um rauszukommen. Das mache ich mit dem Papierhandtuch, öffne die Tür, stelle einen Fuß dazwischen, werfe sogleich das Handtuch in den Müll – und stehe nun vor dem Problem, dass nämlich die blöde Tür NICHT NACH AUSSEN, SONDERN NACH INNEN AUFGEHT. Oar! Das heißt, ich kann sie nicht einfach mit dem Fuß, Knie oder Ellbogen von außen wieder zuwerfen. Jetzt hilft nur eins: Ich ziehe mit EINEM FINGER und Schmackes am Türrahmen (BLOSS NICHT AN DIE KLINKE FASSEN! DU HAST DAS GEL NICHT MIT!), und rumms fällt die WC-Tür ins Schloss. Virenfrei erledigt, spitze. Könnte im OP arbeiten. Gut, ich komme mit dieser Technik ein bisschen aggro rüber. Aber es ist ja Türenknallen für einen guten Zweck. Der sterilen Stulle steht nun jedenfalls nichts mehr im Wege. (Vielleicht werfe ich das Handtuch beim nächsten Mal erst draußen weg? Radikaler Gedanke …)

Übrigens war ich schon in den Neunzigerjahren in der Schnellbahn in Hongkong restlos begeistert, dass erkältete Menschen einen Mundschutz getragen haben. Ich fand das irre rücksichtsvoll und habe mich gefragt, warum wir in Deutschland das eigentlich nicht machen. Und ob ich das mal als Bewegung starten sollte. Das hat mir jetzt die Pandemie abgenommen. Ich habe jedenfalls seit der denkwürdigen Zeit, als Mundschutze auch bei uns salonfähig geworden sind, tatsächlich in der Erkältungssaison einen Mundschutz in der Tasche. Mal eine FFP2-Maske aus dem Coronaaltbestand, mal eine Selbstgenähte aus Stoff, weil das so viel Arbeit und ich sehr zufrieden mit meinen Nähergebnissen war. Bevor es hieß, dass die Mist sind. Egal. Da sprühe ich mir einen Tropfen Duftspray rein, und schon riecht die ganze Fahrt gut. Und wenn mir tatsächlich mal ein röchelndes, fiebriges, hustendes Wesen gegenübersitzt, brauche ich nicht die ganze Zeit zu fantasieren, wie viele Lesungen ich wohl verschieben muss, wenn ich mich DA jetzt anstecke. Schütze ich mich halt selbst.

Wenn ich all das befolge, dann ist eine lange Zugstrecke plötzlich so richtig was zum Gernhaben. Gefahren werden und dabei die Augen zumachen. Musik hören und rausstarren in eine fremde Welt. Aufstehen und Beine vertreten können. Aufs Klo gehen ohne Rastplatz-Schlange. Die Mitreisenden beobachten, statt von ihnen genervt zu sein. Sie lachen, spielen, in irgendeiner Form miteinander agieren sehen. Die goldigen Teenies, die so viel Stress damit haben, cool zu sein. Die Kegelbrüder, die einen Lachflash nach dem anderen bekommen und gerade zwei Kinder anfeuern, die sich auf dem Gang streiten. Und Punkte vergeben. Und die Kinder damit zum Lachen bringen. Die Proseccoschwestern, die sich selbst aufs Korn nehmen. Und ihre Männer. Komischerweise stört mich auch das

Fischbrötchen von schräg gegenüber nicht mehr. Riecht so'n bisschen wie Urlaub am Strand. Habe ich etwa gerade die Musik ausgemacht und die Kopfhörer ein bisschen zurückgeschoben, damit ich mehr mitbekomme? Muss mein Gegenüber am Tisch womöglich auch die ganze Zeit über das Chaos hier schmunzeln? Wenn ich mir jetzt einen Tee holen gehe und die nette Frau neben mir dafür auf mein Zeug aufpasst, soll ich ihr anbieten, einen Kaffee mitzubringen? Sind mir etwa gerade auf einen Schlag all meine Mitreisenden irgendwie sympathisch geworden? Sind *die* das, oder bin *ich* das?

Ist das etwa, weil ich weder friere noch schwitze, keinen Hunger oder Durst habe, nicht aufs Klo muss, ausreichend Ruhe hatte? Kurz, WEIL ICH FÜR MICH GESORGT HABE, nachdem ich die Komfortzone verlassen habe? Könnte das das Rezept sein? Nur so ein Gedanke.

Jedenfalls sind die plötzlich alle interessant, wir kommen ins Gespräch, und es gibt Begegnungen, die mir noch lange im Gedächtnis bleiben. Zugfahren ist unvergleichlich.

Zelten: die große Freiheit an der Ameisenstraße

Wo der Boden manchmal so uneben ist,
dass die Sechsbeiner einen Kletterkurs anbieten

Vor einer halben Stunde ist der Tag angebrochen. Synchron zum heller werdenden Licht tauche auch ich langsam auf, aus meinem semitiefen Zeltschlaf. Ich befreie meine Ohren von den Ohrstöpseln und bleibe noch einen Moment liegen. Außerhalb von meinem luftigen Plastik-Zuhause ist richtig was los. Die Natur hat schon lange ausgeschlafen, es zwitschert vergnügt rundherum. Da ist aber noch ein anderes Geräusch. Ah, der Gaskocher. Jemand macht Wasser heiß – das bedeutet Kaffee für den Kameramann und Tee für die Regie. Wenn ich genau hinhöre, kann ich auch ein leises Schnarchen vernehmen. Das ist kein Vögelchen, das ist der Kollege im übernächsten Zelt. Offenbar sind noch nicht alle wach. Die ersten Sonnenstrahlen kitzeln an der Außenhaut, gleich wird es schlagartig warm hier drin. Ich ziehe den Reißverschluss gerade so weit auf, dass ich zwar herausschauen kann, aber selbst noch unentdeckt bleibe. Damit schenke ich meinem Gehirn einen Moment Gedankenstille, bevor es seine Turbinen anschmeißt und der Drehtag anrollt.

Es ist für mich ein großes Freiheitsgefühl, *irgendwo* mitten in der Walachei beschließen zu können: Hier soll es sein. Hier schmeiße ich mein Wurfzelt hin. (Und die anderen ihres.) Wupp, fertig. Sofort die Isomatte darin ausrollen, dann kann die schon mal schön Luft aufnehmen. Der Schlafsack entfaltet seine volle Fluffigkeit obendrauf. Meinen Rucksack parke ich daneben, Stirnlampe platziere ich am Kopfende. Wärmflasche für später liegt parat. Kopfkissen brauche ich nicht, da falte ich eine Fleecejacke oder irgendetwas anderes in Form. In circa dreieinhalb Minuten baue ich mir ein praktisches Nest aus Nylon, Polyester und Baumwolle, in dem ich gleichzeitig Alleinzeit *und* Anbindung (akustischer Natur) an meine Mitreisenden habe. Das ist ja das Verrückte: Im Zelt hat man zwar Privatsphäre, bekommt jedoch durch gelegentliches Geraschel und den ein oder anderen leisen Schnarcher niemals das Gefühl, völlig allein zu sein.

Nun muss ich gestehen, dass ich Zelten nur in Verbindung mit – siehe oben – anderen kenne und auch nur im Rahmen von Dreharbeiten. Außerhalb von *Ostwärts* kommt es seltsamerweise nie dazu, *könnte* sein, dass es daran liegt, dass das Luxustierchen in mir doch wahlweise die ausgebettete Unterkunft *mit* überdachtem Klo *und* Duschmöglichkeit buchen möchte. Dennoch sollte meine gesammelte Campingerfahrung von etwa vier Wochen netto in der mongolischen Steppe und meinem legendären Pferdetreck im Hohen Kaukasus ausreichen, um hier allerhand kluges Zeug loszulassen.

Halten wir fest: Zelten schafft ein wildfröhliches Outdoorgefühl. Mit dem *winzigen* Zusatz: Außer es regnet, hagelt, ist brüllheiß, stürmt oder schneit. Schietwetter beim Zelten kann selbst bei mir tiefliegende suizidale Tendenzen zum Vorschein bringen. Was ebenfalls nicht sonderlich stimmungsförderlich ist: Sand im Zelt, Schlamm im Zelt, Krabbeltierchen im Zelt, nasse Klamotten im Zelt, ausgelaufene Flüssigkeiten im Zelt. Bär *vorm* Zelt (allein die generelle Möglichkeit reicht mir schon, um ein Hotel zu buchen).

Oder fremde Männer vorm Zelt. Als wir für *Ostwärts* die Mongolei bereisen, schlagen wir unsere Zelte wochenlang immer dort auf, wo es uns gefällt und windgeschützt ist. Unser Gastgeber und Fahrer Temuulen kennt allerhand gute Stellen, die er aus mir unerklärlich bleibenden Gründen auch Jahre, nachdem er mal dort war, wiederfindet, ganz ohne Ausschilderung oder markante Landmarken. Gerade sind wir an einem Flussdelta im nördlichen Bulgan angekommen. Nun müssen wir den Fluss erst einmal mit dem Auto (!) durchqueren, um an der Stelle zu landen, die Temuulen als Zeltplatz im Sinn hat. Weil ich mich vorhin noch über ihn lustig gemacht habe, als der uns als *reißend* angekündigte Fluss sich als herkömmlicher Wasserlauf entpuppte, hat Temuulen – mit dem ich ständig im Schlagabtausch kleiner Gemeinheiten bin – eine wirklich spektakuläre Stelle gefunden, die wir durchqueren müssen. Ich soll vorgehen, durchs Wasser, und die tiefste Stelle finden. In weiser Voraussicht lege ich mein Mikrofon ab und wate los. An der tiefsten Stelle stehe ich hüfttief im Wasser, und Temuulen hat echte Freude, dass ich vor laufender Kamera fast in die Fluten stürze. Er fährt dann tatsächlich mit seinem Geländewagen durch (der Motor wird kurz mit Plastiktüten eingewickelt und alle Sachen aus dem Fußraum hochgelegt – so macht man das hier), und so erreichen wir einen magisch schönen Platz zum Zelten. Keine Menschenseele wird außer uns hier sein, denke ich noch. Nachdem meine Sachen in der schon schräg stehenden Sonne noch gerade so getrocknet sind und ich der Köchin beim Suppekochen und Krautsalatmachen geholfen habe, gibt es Abendessen am Klapptisch im Freien. Statt der obligatorischen Wodka-Runde hat Temuulen heute etwas anderes vor, und ich werde schon halb ohnmächtig vor Langeweile, als ich das Zubehör sehe: Er will angeln.

Und ist zum Scherzen aufgelegt: »Man sagt ja, das Langweiligste auf der Welt ist Angeln, nicht?« Dabei befestigt er eine Maus aus Kunststoff an einer großen Angel. Will er damit eine Katze ärgern? »Aber jemand hat gesagt, es gibt was noch Langweiligeres.«

»Was denn?« Ich kann mir da nichts vorstellen.

»Das Zuschauen!« Er lacht sich kaputt und verspricht, mich zu wecken, wenn er etwas gefangen hat.

Ich ziehe mich in mein Zelt zurück und schlafe trotz des Flussrauschens beim bloßen Gedanken an Angeln sehr schnell ein.

In den frühen Morgenstunden werde ich wach, weil ich Schritte um mein Zelt herum höre. Dann Stimmen. Männerstimmen. Mongolische Männerstimmen. Es würde mich jetzt sehr beruhigen, wenn Temuulens Stimme rauszuhören wäre, ist sie aber nicht. Er schläft nicht im Zelt, sondern immer auf dem zurückgeklappten Sitz in seinem Auto, deshalb hat er die Typen vielleicht noch gar nicht gehört. Der Kameramann schläft auch selig und süß, das kann ich hören. Ich liege schockstarr in meinem Schlafsack und habe angstvolle Gedanken. Was, wenn die angetrunken sind und auf Brautschau? Was, wenn die hier reinkommen und leichte Beute machen wollen? Ich versuche, keinen Mucks zu machen und nicht zu rascheln – was im Zelt eine Kunst für sich ist – und vor allem keinen Hinweis zu geben, dass hier *eine Frau* schläft, alleine. Irgendwann entfernen sich die Schritte und die Stimmen wieder, und ich kann nach einer gefühlten Viertelstunde das erste Mal wieder ausatmen. So richtig schlafe ich aber nicht wieder ein und bin äußerst froh, als das Tageslicht anbricht und mit ihm die ganze Bedrohlichkeit dieser Nacht verfliegt. Im Laufe des Tages, den wir hier am Fluss verbringen, stellt sich für mich nicht nur heraus, dass wir an *dem* Anglerspot gelandet sind, wo drei Flüsse ineinanderfließen, sondern auch, dass hier eine ganz besondere Raubfischsorte herumschwimmt und auf Mäuse steht.

Außerdem stellt sich heraus: Die fremden Männer sind ebenfalls mongolische Angler, die letzte Nacht leicht angetrunken ihr Territorium behaupten und die Neuen am Fluss begutachten wollten. Und im Gegensatz zu Temuulen haben sie sogar einen großen Fisch gefangen, den er ihnen mittlerweile abgeschwatzt hat.

Wir haben also beide Glück gehabt. Aber im Notfall, wenn wirklich einer von ihnen im Zelt Hallo gesagt hätte, hätte ich eben so laut »Nein danke, ich möchte keinen Besuch!« schreien können, damit meine Kollegen zu Hilfe eilen. Was Klügeres fällt mir gerade nicht ein.

Außer vielleicht, mit Megafon: »Fremder Mann im Zelt!«

Meine wirkliche Nemesis jedoch lautet: MÜCKE IM ZELT. Für die habe ich da was. Beziehungsweise, *gegen* sie. Und auch hier versündige ich mich bei jedem *Bssst* gegen eins der Geschöpfe aus *Gottes Großem Garten*. Bei Mücken geht mir leider jegliche universelle Liebe flöten. Spinnen werden gerettet und sorgsam ins Freie gefeuert (damit sie ein paar Stunden später wieder reinspazieren und mir die rote Karte für *das* miese Foul zeigen können, bin ja Sportsfrau). Mücken dagegen werden psychopathenstyle und ohne tränenreiche Verabschiedung mit einem batteriebetriebenen Plastiktennisschläger aus Kanada ins Nirvana befördert. *Bssst*, erledigt.

Schon mal versucht, im Zelt eine Mücke zu erledigen? Das fröhliche Vor-sich-hin-Klatschen, bei dem der Luftzug das Ultraleichtgewicht jedes Mal noch aus der Todeszone herausweht, dafür aber alle Nachbarn wach werden, ist nervenaufreibend. Mit der *Gala* gegen die Zeltwand? Vermutlich hebe ich damit eher das Zelt aus der Verankerung, als die Mücke zu erwischen. Ich sehe mich schon erschöpft daliegen, den zusammengebrochenen Polyesterberg auf der Nase und – *bssst* – die fröhliche Mücke am Ohr. Bevor sie sich ans Buffet macht. So nicht, Freundin! Stattdessen: Mücken-Topspin. Dank der Luftdurchlässigkeit der Bespannung gibt's auch keinen Luftwiderstand, und es klappt meist beim ersten Aufschlag.

Die Mücke selbst – ich habe das mal aus Karmainteresse recherchiert – leidet nicht lang. Vermutlich bekommt sie durch den Elektroschock einen unaufgeregten, schmerzlosen Herzinfarkt, bei gleichzeitiger Kremierung. (Hoffentlich rächt sich das nicht irgendwann.) Die elektrische Fliegenklatsche, auf deren Verpackung vor mehreren Jahrzehnten *Flyminator* stand, habe ich bei moskitoesken Zielen wie zum Beispiel dem Baltikum immer im Gepäck. Sogar im

Rucksack – alles, was die Nerven schont und einen störungsfreien Schlaf fördert, darf mit. Wiegt auch so gut wie nix.

Auf das Thema *Angst* werde ich noch im dritten Teil des Buchs zu sprechen kommen. Zelten geht nicht immer ohne Angst ab, ich denke, das ist eben schon rübergekommen. Meine erste Nacht im Zelt verbringe ich mit dreiundzwanzig (Erst? Erst.) im Yosemite-Nationalpark, wo ständig und überall vor Bären gewarnt wird. Man soll dort Essensreste, Müll und sogar die Zahnpasta in bereitgestellten bärensicheren Metallschränken verstauen. Die haben einen so komplizierten Verschluss, dass ihn angeblich nur ein äußerst schlauer Bär öffnen kann. Und wenn ich genau den treffe, wenn ich nachts aufs Klo muss? Das liegt in diesem Fall am anderen Ende des Campingplatzes. Ach, denke ich beim ersten Aufwachen, ich halt noch durch, bis es wieder hell wird. Und beim zweiten, und beim dritten. Bis ich den nötigen Mut zusammenhabe, da rüberzuflitzen, vergeht so viel Zeit, dass es fast ein Notfall wird. Ich schaff's im Namen von Florence Griffith-Joyner. Mit Taschenlampe als olympische Fackel.

Also, kleine Sicherheitsmaßnahmen: Mach dich schlau, welche Tiere dort, wo du zelten möchtest, heimisch sind, und informiere dich über mögliche Vorkehrungen beziehungsweise das Verhalten im Fall einer unverhofften Begegnung. Es muss ja nicht immer ein Grizzly sein – ein Wolf, Braun- oder Waschbär reicht auch schon zum Fürchten …

Kommen wir zum Schlafkomfort. Gutes Material versteht sich ja von selbst. Den Untergrund gut anschauen, sind irgendwo Äste oder Wurzeln, andere Unebenheiten? Dann erst platzieren. Nicht »bergab« schlafen! Besonders nicht in größeren Höhen. Wenn der Kopf niedriger als der Rest liegt, wird's einem ganz schnell übel, außerdem begünstigt es Höhenkrankheit.

Als Nächstes: Wärme. Mein Innenschlafsack ist beim Zelten mein bester Freund. Ich möchte hier eine Ode an die Isolationskraft von Seide singen. Er ist wirklich nur ein Seideninlett und kann auf die Größe von zwei Brillenetuis gefaltet werden. Wiegt nix, ist waschbar und hält irre warm. Man schlüpft erst in den hinein und dann in den eigentlichen Schlafsack. Der Profi im Outdoorladen (mein Schwippschwager) empfiehlt sogar, möglichst nackig da reinzuklettern. Anders als tagsüber, wo ich flexibel auf jedwede Wetterschwankung eingehen können möchte, gilt nämlich nachts: Je weniger Schichten, umso besser die Isolationskraft der Luft. Also EIN Paar Socken, EINE Leggings oder Schlafhose, EIN Oberteil. Um den Vorteil der Seide so richtig zu nutzen, flitzt man, wenn es wirklich kalt ist und man in ein kaltes Zelt muss, zunächst ein paarmal drumrum. Dann hechtet man ins Zelt, schießt sich direkt in den Innenschlafsack und, zsssst, macht in Windeseile alle Reißverschlüsse vom Außenschlafsack zu. Seide kann nämlich die Wärme, die der Körper gerade produziert hat, prima halten. Wer Sorge hat, durch die Sprints ums Zelt wieder total wach zu werden, macht sich anschließend, in der lauschigen Wärme, ein paar Dankbarkeits-Gedanken zum Tag, zum Draußensein, zum Reisenkönnen, zur Natur, zum lieben Gott, zu was auch immer. Und atmet dabei lange auuuusssss. (Länger als eeiiin jedenfalls.) Dann stellt sich bald Ruhe ein.

Wer jetzt *immer* noch nicht schlafen kann, nimmt sich mal das Alphabet und eine Kategorie freier Wahl vor. Hauptstädte von A bis Z. Fußballspieler von A bis Z. Gerichte-auf-Speisekarten von A bis Z. Bäume und Pflanzen, Fernsehsendungen, Farben, Schauspieler, Hobbys, Hunderassen, Campingzubehör, französische Vornamen, eigentlich ist es völlig wurscht. Meistens kommt man nicht über M hinaus … (Ohrstöpsel und Schlafmaske helfen dabei.)

Wenn ich auf einer Berghütte übernachte, habe ich das Seidenschätzchen übrigens auch dabei, dann nutze ich es als Schulterschal, Halstuch oder bei kaltem Po. Oder auf dem Kopfkissen zum Schnuffeln, weil es so schön weich ist.

Man kann ja so viel falsch machen beim Zelten. Jedenfalls an manchen Orten. In der Mongolei zum Beispiel. Ich weiß das natürlich nicht als ignorante Touristin, die nicht alle Dos und Don'ts vorher auswendig gelernt hat. Ich mache ja eher so auf *learning by doing*. Oder auf Neudeutsch, Lernen durch Falschmachen. Jedenfalls platziere ich am ersten Abend in freier Wildbahn mein Wurfzelt naiverweise nach dem Kriterium Wo-plaudert-es-sich-aus-dem-Zelt-heraus-am-besten. Nicht machen. Temuulen eilt sofort herbei, schnappt wortlos mein Zelt und dreht es ein Stück im Uhrzeigersinn. Jetzt zeigt der Eingang weg von den anderen Zelten. Ich finde das ungemütlich und denke, was soll das denn jetzt? Ich möchte die anderen Zelte sehen, wenn ich »am Fenster« sitze! Und drehe es kurzerhand wieder zurück.

»Julia. Du machst es verkehrt.«

Mit diesen Worten dreht Temuulen mein Zelt wieder ein Stück. Wenn ich mich nicht gerade ganz leicht aufregen würde, wäre dieses Schauspiel urkomisch.

Nun wird auch die Köchin aufmerksam und sagt: »Julia!«

(Mit ihrem und meinem Vornamen ist unser gemeinsamer Sprachschatz auch schon erschöpft, sie spricht Mongolisch und Russisch, ich weder noch.)

Ich denke, was hat *sie* denn jetzt? Was haben die plötzlich *alle*?

Mein Tipp für die Mongolei: Zelteingang immer *nach Süden* ausrichten. Gilt auch für den Eingang jeder Jurte (falls ihr mal in die Verlegenheit kommt, eine aufzubauen). Nicht groß hinterfragen – einfach machen. Aus Respekt vor den Traditionen des Landes. Hier wird das eben so gemacht. Vermutlich wird das jeder vorbeikommende Mongole wahrnehmen und sich eventuell sogar darüber freuen (auch wenn er oder sie keine Miene verzieht). Mit

Sicherheit aber wird es wahrgenommen, wenn man dieses kleine, kulturell begründete, schamanisch geprägte, ungeschriebene Gesetz *nicht* befolgt. Und was ist bitte wichtiger: Zelteingang in die falsche Himmelrichtung und in der Folge ein Haufen zutiefst verstörter Mongolen, weil man sich einer schamanischen Tradition widersetzt und damit großes Unglück *für alle* angezogen hat, oder das kleine Unglück für einen selbst, weil man jetzt halt beim Rein- und Rauskrabbeln in eine andere Richtung schaut? Na bitte.

Was ist noch wichtig? Proviant! Alles, was mit heißem Wasser funktioniert, macht das Zeltleben unkompliziert. Haferflocken, Tütensuppen, Nudeln, Gemüse, eingeschweißte Fertiggerichte aus dem Outdoorladen. Ich persönlich esse zwar lieber dreimal am Tag Porridge, aber ich räume ein: Das kann auch langweilig werden. Auch Trockenfrüchte, gefriergetrocknete Beeren oder andere Früchte und Nüsse sind tolle Energielieferanten. Zu trinken: Teebeutel, Instantkaffee oder -cappuccino, Kakao, Milchpulver.

Jetzt muss ich mal kurz ein Loblied auf den »russisch« gekochten Kaffee singen, den wir auf unserer langen Tour mit dem Lada von Sotschi in den Kaukasus mit unserem einheimischen Freund Mischa oft genießen. Mischa ist ein derartiger Outdoorprofi, dass er selbst am Straßenrand in Nullkommanix einen baristawürdigen Mokka zaubern kann. Dazu gibt er vier bis fünf Esslöffel gemahlenen Kaffee und einen Esslöffel Zucker in einen Topf. Dann kippt er frisches Quellwasser (wir halten an jeder Quelle an und füllen die Kanister auf) darüber (manchmal müssen wir auch Schnee dafür sammeln) und kocht alles *zusammen* auf. Das muss schön sprudeln, es darf auch schaumig werden. Es duftet göttlich. Mischa rührt noch mal um und macht den Gaskocher aus. Sobald der Kaffee sich gesetzt hat, lässt er ihn langsam in unsere Thermobecher rinnen. Wie beim Mokka bleibt der Kaffeesatz im Topf. Aus dem kann man den Kollegen noch die Zukunft voraussagen oder damit die Rhododendronbüsche am Wegesrand düngen. (Oder beides.) Unsere Kaffeepausen werden jedenfalls zum äußerst geschätzten Genussritual auf dieser Drehreise.

Mein letzter Tipp ist eine (unter Umständen lebenswichtige) Sicherheitsvorkehrung. Eine, auf die *ich* nicht gekommen wäre. In der Mongolei sind wir nach drei Wochen Zelten längst ein eingespieltes Team. Irgendwo ankommen, Landschaft checken, jawoll, gefällt uns hier, diese Schlucht ist ja magisch, hier soll es sein. Auto geparkt, Zelte geworfen, Tisch und Stühle aufgebaut, der Köchin beim Schnippeln geholfen, lecker gegessen, Lieder gesungen, Wodka rumgehen lassen, es wird dämmrig. Aus irgendeinem Grund haben wir ausgerechnet hier, im Niemandsland, Empfang. Das muss ich nutzen. Ich telefoniere mit meinem Mann. Wir plaudern, und weil ich ihm von meinem mongolischen Gastgeber erzählen möchte (der mir ein klitzekleines bisschen mit seinen machoesken Allüren auf den Keks geht), entferne ich mich von unserem Lager. Und quatsche und laufe dabei, ab und zu drehe ich mich um, zwei von uns fünfen sitzen noch am Feuer. Ich ahne, was dieses Telefonat kosten wird. Einen Euro die Minute muss man rechnen. Was ich nicht ahne, ist, in welche Gefahr ich mich gerade begebe. Über mir wird es dunkel, tausende Sterne tauchen am Himmel auf. Es muss um Neumond herum sein. Irgendwann wollen wir uns verabschieden, und ich drehe mich um, um langsam zurückzugehen. Doch da ist nichts mehr. Nur noch schwarze Nacht. Kein Feuer, kein Licht, kein Auto, keine Zelte. Die scheinen alle in der Zwischenzeit ins Bett gegangen zu sein. Und denken wohl, ich läge im Zelt. (Zumindest möchte ich mir den Gedanken erhalten, dass einer von ihnen nach mir suchen würde, wenn sie wüssten, dass ich gar nicht da bin …) Mein altes Klapphandy mit der mongolischen Sim-Karte hat keine Taschenlampenfunktion. Die Stirnlampe habe ich auch nicht mit, bin in der Dämmerung losgelaufen und habe sie vergessen. Ich bitte meinen Mann, dranzubleiben, und gehe in die Richtung, aus der ich glaube, gekommen zu sein. Ab und zu stolpere ich, weil der Untergrund absolut unsichtbar ist. Rabenschwarze Schwärze. Schwarzer Boden auf schwarzem Grund. Mir fällt ein, dass wir ja am Rand dieser krassen Schlucht geparkt haben. Wenn ich klug wäre, würde ich also bei jedem Schritt erst mal tasten, ob da noch fester Untergrund ist. Wenn ich klug wäre, wäre ich gar nicht erst in dieser Situation, die nun auch selbst mein Mann, der sonst mit gutem Humor und ausreichend Lockerheit gesegnet ist, besorgniserregend findet. Ich fühle einen Anflug von Panik in mir hochsteigen – ich bin mindestens zwölf, fünfzehn Minuten gelaufen. Wer ist denn bitte so doof, frage ich mich. Dann habe ich Glück: In der Ferne blitzen einmal die Warnblinker unseres Busses auf, und es hupt kurz – unsrer mongolischer Begleiter Temuulen hat wohl einmal zu viel auf den elektronischen Schlüssel des Autos gedrückt. Gott sei Dank! Mir fällt ein Stein vom Herzen. Jetzt habe ich meine Richtung wieder und weiß, wo es langgeht – ich wäre knapp daneben gelandet, und höchstwahrscheinlich eine Etage tiefer.

Von daher mein Tipp: Bei Einbruch der Dunkelheit unbedingt am Zelt sein und keine weiten Spaziergänge mehr unternehmen! Ansonsten bitte a) abmelden, b) Lampe mitnehmen, c) Ziel beleuchten (Lampe im Zelt, die keiner ausschaltet). Man macht sich gar nicht klar, wie oft im Leben man gerade tierisch Glück gehabt hat.

Machen wir uns nix vor: Zelten jenseits der Fünfundzwanzig fühlt sich auch genauso an. Manchmal sogar wie jenseits der Sechzig. Ist einfach so. Da ist morgens der Rücken etwas steifer als nach einer Nacht im Hotel, da ist es lauter als mit Wänden drumrum, und da krabbelt auch mehr herum als im Schlafzimmer. Aber: Wer mit kleinen altersgemäßen und an das persönliche Bequemlichkeitsbedürfnis angepassten Komforttipps sowie altersunabhängigen und an das regionale Gefahrenpotenzial angepassten Sicherheitstipps in die Zeltplanung geht, der kann dabei verdammt viel Spaß haben und eine unvergleichliche Zeit in der wilden Natur erleben, sich unabhängig und frei fühlen. Und hat auf alle Fälle hinterher viel zu erzählen.

Schwanken im Zeichen der Schiffsschraube

Von Retro-Gemächlichkeit bis Seenotrettung

Wasser, ganz viel davon. Leuchtend blaues natürlich. Auf backbord, auf steuerbord, unterm Bug, im Idealfall sogar unter dem Heck … Darauf farblich abgestimmt ein freundlicher Frühsommerhimmel mit einer Handvoll zurechtgezupfter Wolken. Möwen ziehen ihre Kreise über dem Boot. Es riecht nach Sommerfrische. Das sanfte Wogen macht mich so ruhig. Eine Hand am Ruder, die andere an einem Becher Tee steuere ich unser Hausboot durch einen der zahllosen Masurischen Seen, als würde ich das beruflich machen. Im weitesten Sinne stimmt das sogar – wir drehen hier schließlich einen Film. Ist das schön hier. Ich liebe dieses gleitende Vorankommen, und ich liebe es, wenn alles gut läuft.

Es läuft alles gut.

(Noch.)

Wasser ist mein Lieblingselement. Obwohl ich schwimme wie ein Teebeutel und meistens eher jubilierend plansche, als echte Strecke zu machen. Wenn ich »schwimme«, bilde ich mir nämlich ein, die Zillionen negativ geladener Ionen *fühlen* zu können, die mich gesund, schön und glücklich machen sollen. Das mit den Ionen können Chemiker oder Physiker oder so erklären, an die Wirkung auf Organismus und Wohlbefinden muss man glauben. Ich tu's. Und ich mag den Geruch von kaltem Seewasser, am liebsten in den Bergen. Hier, wo ich wohne, erinnern die meisten Seen leider an eine Sonnencreme-gesättigte Lösung mit einem Stich Blaualge.

Um mein Hausboot herum ist das Wasser klar und frisch (ja gut: kalt), und die negativ geladenen Ionen tanzen nur so um uns herum. Glaube ich. Dabei hat es nicht ganz so entspannt angefangen. Das Einzige, was da anfangs *chillig* war, war das Wetter. Zehn bis vierzehn Grad, windig. Und das Mitte Mai.

Wir sind seit acht Tagen im nördlichsten Zipfel Polens und dürfen für *Ostwärts* neunzig neue Reportageminuten filmen. Atemberaubende Reportageminuten sind gewünscht. Fulminante, opulente Bilder, wenn's keine Umstände macht. Diesmal ist neben MDR und HR nämlich ein dritter Sender mit im Boot. Dort läuft die Reisesendung am Sonntagabend um 20:15 Uhr, und das heißt: gegen den *Tatort*. Jedenfalls wird mir nahegelegt, dass das geschätzte neue Publikum im Südwesten der Republik an Hochglanzbilder und höchste Opulenz gewöhnt ist, SONST GEHEN DIE SCHNURSTRACKS ZUM KRIMI. Und selbstredend nur Schönwetteraufnahmen.

Trotz des Wetters bringen wir die ersten sieben Drehtage gut in den Kasten. Kälte sieht man nicht, leichten Regen auch nicht. In Danzig kajake ich mit meinem sehr charmanten polnischen Gastgeber Robert um die Wette auf der Mottlau durch die Altstadt – er gewinnt. Am nächsten Tag radeln wir um die Wette auf einer *recht schattigen* Tour entlang der Frischen Nehrung (vierzehn Grad, steife Brise) – er gewinnt. Wir verkosten Goldwasser, Machandel und andere Danziger Spirituosen um die Wette – er gewinnt. Robert kann einfach alles. Außerdem sieht er gut aus, ist außerordentlich durchtrainiert, wohlerzogen, gebildet, schlagfertig und hat Humor. Er versteht sofort, was wir von ihm brauchen (wenn wir mal was brauchen), und hat Geduld wie zehn Mönche auf Tranquilizer. Die braucht er auch mit mir. Ich bin nämlich in der, sagen wir mal, nicht besten Verfassung meiner selbst. Verglichen mit dem, was ich bisher von mir kannte. Ich bin nämlich gerade in der *Pubertät.* (Ladys ab Mitte vierzig werden verstehen, was ich meine.) Jedenfalls geht mir nicht alles so locker flockig von der Hand wie sonst, und ich muss ab und zu, wenn Kameramann Michael sagt: »Pass uff, ick komm zu dir« (zu Deutsch: Er schwenkt gleich mit der Kamera rüber), panikartig ausrufen: »NEIN, wartewartewarte, gib mir noch ein paar Minuten!« Weil mir gerade sehr, sehr warm ist. Und mein Kopf sich anfühlt, als ob er jeden Moment explodieren könnte. Ich traue mich nicht, das so richtig anzusprechen (außer eben bei Michael, aber wir sind auch alte Freunde und haben *so* viel miteinander erlebt, dass uns theoretisch nix mehr peinlich sein müsste). Außerdem wird's dann nur *noch* auffälliger, mein Problem, und nicht unsichtbarer. So zumindest mein Gedanke.

Wenn mir nicht gerade sehr, sehr warm ist, ist mir sehr, sehr kalt. Den Zustand dazwischen hat mein Körper vorübergehend abgeschafft. Ich werde auch schneller wütend oder verzweifelt als sonst (»zickig« wäre der böse Begriff für das, was beim andern rüberkommt). Jedenfalls bin ich kurzleinig und ruckzuck auf 180. Onkel Robert dagegen: gewinnt immer und friert nicht. Der Mann ist ohne Makel. Ein Glück fürs Teamgefühl.

Doch dann kommt die Wende. Wir treffen einen weiteren äußerst charmanten Polen namens Łukasz, der uns – für unseren Bootstrip in ein paar Tagen – beibringt, wie man ein Hausboot steuert, inklusive An- und Ablegen ohne Schramme. Und dabei kommt raus: Das kann ich! I-HICH! Besser als der! Habt ihr das alle mitbekommen? *Ich* kann was BESSER ALS ROBERT! Ich ausgemachte Seebärin, ich dolle Jolle, ach was: Kapitänin der Herzen! Unter Łukaszens Aufsicht bezwinge ich mit links die fünf legendären Schleusen des Oberlandkanals (wo die Schiffe *bergauf* fahren!), und für einen Tag bin ich fast wieder die, die ich mal kennengelernt hatte. *Das* kommt in den Film. Schönes Wetter, Schiffjebootje, alle gut drauf. Äußerst souverän.

Ein Hausboot mieten kann in Polen übrigens jeder, der über achtzehn ist und seinen Namen schreiben kann. (In den meisten anderen Ländern auch, nur in wenigen wie Irland oder den Niederlanden muss man älter sein. Die werden schon wissen, warum.) Man braucht auch nicht zwingend einen Bootsführerschein. Je nach Gewissenhaftigkeit des Anbieters gibt es eine Einweisung, oder man darf zeigen, wie souverän man vom Steg ablegt, eine Runde dreht und wieder ordentlich einparkt.

Ich bin jedenfalls nach den paar Tagen auf Łukaszens Boot voll Zuversicht, dass wir das hinkriegen werden mit den *opulenten* Bildern auf der Masurischen Seenplatte, und mit dem Alleinesteuern. Allerdings fängt es am Abend, bevor wir unser für eine Woche gechartertes Hausboot in Empfang nehmen wollen, sintflutartig an zu regnen, und die Prognose für unsere sonnendurchflutete Schipperwoche ist aus meiner Sicht niederschmetternd. Wie sollen wir da atemberaubende Bilder machen? Atemberaubend triste vielleicht, dafür könnten wir uns einsetzen. Nach einer Nacht, in der ich abwechselnd erbärmlich friere und höllisch schwitze, kaum zwei Stunden am Stück schlafe und demensprechend zerstört aufwache, rufe ich meinen Produzenten in Deutschland an. Das ist derjenige, der von den Sendern das Geld bekommt und irgendwie versucht, es so clever einzusetzen, dass ein unfassbar *opulentes* Ergebnis dabei herauskommt. Ich schicke ihm einen Screenshot der Wettervorhersage und bin insgesamt recht weinerlich. Könnte das was Hormonelles sein? (Ich will es noch nicht wahrhaben.)

»Julia! Wie läuft's?« Er ist gut gelaunt. (Er ist immer gut gelaunt.)

»Du, ich glaube, wir müssen abbrechen.«

»Warum, was ist passiert?«

»Das Wetter ist passiert.«

»Ach, das macht doch nix.«

»Aber die haben gesagt, sie wollen *nur* Schönwetterbilder. Wir müssen abbrechen.«

»Müsst ihr nicht.«

»Was sollen wir denn aufnehmen, alles ist grau in grau!«

»Boot von innen.«

»Machen wir eh.«

»Ihr könntet was kochen.«

»Und danach? Boot von außen im Regen?«

»Regen sieht man nicht im Film, weißte doch.« (Stimmt.)

»Aber dann sind wir in Polarausrüstung mit Mütze und Handschuhen an Bord, für einen *Sommer*film?«

»Dann ist das halt so. Man kann auch ohne schönes Wetter einen tollen Urlaub machen.«

Irgendwie komme ich nicht durch. Er setzt auf Charme. Könnte an seiner Abstammung aus dieser Ecke Polens liegen.

»Doch. Und außerdem bist *du* ja dabei, die Leute wollen *dich* sehen.«

»Wollen die nicht.«

»Wollen die wohl.«

»Die Zuschauer vom MDR vielleicht, die anderen kennen mich ja gar nicht.«

»Die werden dich auch mögen, wirst du schon sehen. Das wird ganz wunderbar. Sei einfach so wie immer.«

»So wie jetzt?« Ich ziehe die Nase hoch.

»So wie *sonst.*« Tatsächlich kullert mir kurz was aus dem Auge. Jetzt ist es amtlich: Es *ist* was Hormonelles.

»Julia. Wo ist denn deine Fröhlichkeit?«

»Untergegangen.«

»Pass mal auf, Julia. Als dein Produzent mache ich jetzt 'ne Ansage. Und du hörst bitte auf mich. Du machst das genau so, wie du das immer gemacht hast: charmant, natürlich, herzlich, Punkt. *So* mögen wir dich, und *so* kriegen die dich. Und wenn's ihnen nicht passt, sollen sie mit mir reden.«

Und damit widmet er sich wieder seinem Samstagsfrühstück.

Michael hat in der Zwischenzeit an diesem denkwürdigen Morgen bereits alle Pfützen, tropfenden Regenrinnen und verpackten Boote im Hafen von Angerburg aufgenommen. Wir steigen bei strömendem Regen und laufender Kamera vom Steg an Bord eines bordeauxroten Hausboots mit geschlossener Persenning über dem sonst im Freien liegenden Führerstand. Dort treffen wir auf den siebzehnjährigen Neffen des Bootsbesitzers, der uns alles zeigt, was das Boot so hat. Treppe runter in die Kajüte, Kojen wie folgt: eine im Bug (die will ich), eine im Heck (die kricht der Micha), zwei im »Wohnzimmer« (für unsere zwei Polen – unser Tonmann Christian ist ebenfalls gebürtiger Masure). Kombüse anbei, Kühlschrank unter der Spüle, Paddel unterm Bett (wozu bitte Paddel?), Toilette und Dusche gegenüber (für die man sehr schlank sein muss). Jetzt gehen wir wieder hoch, Anlasser da, Ruder hier. Schalthebel nach vorne heißt *vorwärts*, Schalthebel zurück heißt *rückwärts*, doll drücken heißt *schnell fahren*, nein, bitte nicht die Hupe testen, na ja, macht nichts, undsoweiter. Ich amüsiere mich über den polnischen Begriff für die Scheibenwischer (»Witscheratschki«), und dann stechen wir in See.

Der Plan, den wir uns für möglichst *opulente* Bilder trotz Regen ausgedacht haben, ist folgender: Michael dreht vom Steg aus, wie wir ablegen und langsam durch den Anlegerbereich gleiten. Dann flitzt er in Lichtgeschwindigkeit um den halben Hafen zu einem Punkt, wo wir ihn später auflesen werden, nachdem wir einmal unheimlich bildstark an der Kamera vorbeigezogen sind. Bei der Gelegenheit werden wir auch unseren Drohnenpiloten Christian wieder einsammeln, der sich mit der fliegenden Kamera im Hafen versteckt hält, um unser kongeniales Ablegen *von oben* zu filmen, denn Luftaufnahmen sind ja ausdrücklich gewünscht, weil … genau: *opulent.*

Das Ablegen klappt leidlich, und ich sage es ja ungern, aber … *der liebe Robert steuert nicht ganz so gefühlvoll wie ich.* Es ist bestimmt nur, weil ich in der Trainingseinheit vor ein paar Tagen viel mehr am Steuer üben durfte als er. Wir sind uns einig, dass wir unsere Positionen wechseln. Ich »setze zurück«, um Michael und Christian aufzulesen. Zu viert gondeln wir mit dem neuen Boot, das sich zugegebenermaßen irgendwie *anders* steuert als das von Łukasz, durch den schmalen Kanal in Richtung Mauersee (das ist gleich ein richtig großer, ojojoj). Komischerweise kommen uns alle anderen Boote entgegen – ist das hier Einbahnstraße? Ich wundere mich im Stillen, bin aber gut beschäftigt, und erst nach einer Weile schwant uns etwas. Robert holt sein Handy hervor und wirft einen Blick auf die Wetter-App. Windwarnung! Vierzig Kilometer pro Stunde. Das ist also der Grund, warum uns so viele Boote entgegengekommen sind.

So. Warum erzähle ich das alles? Als gekonnte Überleitung zu ein paar Packtipps.

1. Für eine Schiffstour macht die komplette Zwiebelnummer Sinn, vor allem eine wind- und wasserdichte Schicht (idealerweise die äußerste). Wasserdichte Schuhe und eine Regenhose, vor allem falls sich der Führerstand *außen* befindet (das sieht man bei der Buchung eines Hausboots, immer die Bilder anschauen!).
2. Für oben an Deck: Schirmmütze, Wollmütze oder Kopftuch! Letztere halten auch die Ohren warm, wer da empfindlich ist.
3. Für Hals und Nacken gilt: Ein leichtes Tuch und ein Schal können Leben retten. Ja gut, nicht ganz. Aber die Stimmung! Der Kapitänsnacken an sich kriegt viel Zug ab an Bord, deshalb sind ausgewiesene Segeljacken am Kragen auch höher geschnitten.
4. Schuhe mit hellen Sohlen. Macht man so und gibt keine Streifen auf dem Schiffsboden.

5. Sonnenbrille – auch bei Schietwedder! Setzen wir vom Fernsehen immer ab, wenn wir vor der Kamera sind, aber sobald die aus ist, kommt die Brille wieder auf.
6. Sonnenschutz – auch bei Schietwedder! UV-Strahlung auf dem Wasser etcetera pepe – die genaue Erklärung findest du in der Apotheken-Umschau.
7. Apropos Schietwetter: Wenn du mit dem Boot rausfahren willst, verlass dich nicht nur auf den Blick zum Himmel und den angeschleckten Finger im Wind. Schon gar nicht, wenn du (wie ich) kein richtiger *Badass*-Kapitän, sondern ein Freizeit-och-ich-mach-das-mal-Skipper bist. Besorge dir eine Wetter-App. Ich habe die Warnwetter-App vom Deutschen Wetterdienst. Präzisere Vorhersagen für die nächsten zwei Stunden in Deutschland und drumrum habe ich woanders noch nicht gefunden.

Das waren mal zwischendurch ein paar praktische Einfälle.

Was sich übrigens im Film *Mit dem Hausboot durch Masuren* zugegebenermaßen witzig erzählt, fühlt sich in Wirklichkeit nicht die ganze Zeit so famos an. Wir sind immer noch auf dem Zubringer zum See. Die Boote, die uns entgegengekommen sind, liegen bestimmt schon wieder safe im Hafen, wo ihre Kapitäne bereits ihre feuchtfröhliche Beschäftigung vom Vorabend fortsetzen, weil man bei Unwetter am Bootswochenende ja *irgendwas* machen muss.

Wir können nicht wenden, weil der Kanal dafür zu schmal ist (und ich mir ins Hemd mache). Notgedrungen müssen wir auf den See rausfahren. Ich kann schon von Weitem erkennen, dass da richtig starker Wellengang herrscht. *Richtig starken Wellengang* hat uns Łukasz nicht beigebracht. Ich bin ziemlich ratlos, was wir jetzt tun sollen. Okay, ich bin in leiser Panik. Selbst Robert hat nicht sofort einen Vorschlag. Einen blöden Witz haben sie dafür, meine drei Helden in Windjacken. Auf meine Frage: »Soll ich hier drehen?«, kommt unisono die Antwort: »WENDEN! *Drehen* darf nur der Kameramann.« Ältester Drehteamwitz der Welt.

Da Robertcik noch schlechter steuert als ich, muss ich das jetzt durchziehen. Auf den See rausfahren und dort wenden. Geradeaus schaffe ich, aber drehen im Wind (WEN-DEN!), das ist schon ’ne Ansage. Mir entfährt ein robuster Fluch, der es bis in den Film schafft. Am Ausgang des Kanals auf *backbord* (»links« sagen nur schifffahrtsunkundige Honks) hat bereits ein Hausboot *auf* den Betonblocksteinen »angelegt«. Die Jungs an Deck geben ein noch desolateres Bild ab als wir. Wahrscheinlich haben sie zu früh gewendet oder sind von einer Bö ergriffen worden. Mir wird angst und bange, und mein Gehirn nölt im Hintergrund, ich möchte jetzt *bitte* nicht mehr hier sein – im Regenwetter, ach was, IM STURM, am Steuer eines viel zu großen Bootes, mit drei lebenserhaltungswürdigen Kollegen und einem Auftrag, der mir plötzlich völlig absurd erscheint. Auf einmal habe ich riesige Angst vor dem See da vorne. Diesem Caspar-David-Friedrich-artigen, dunkelbösen Gewässer im furiosen Nebelschaum. Ich will das nicht. Keine Zelle von mir will das! Warum hatte ich noch mal diesen sicheren Job in Festanstellung mit eins a Gehalt und eigenem Team aufgegeben? Vergessen. Ich könnte mir das gerade ganz gut vorstellen, so ein Büro mit eigenem Schreibtisch und Drehstuhl. Eventuell sogar mit Fenster. Ich könnte dort lochen und abheften. Das kann ich wirklich prima. Jedenfalls besser als im Sturm ein Hausboot steuern.

Aber es hilft alles nichts. Wir sind da jetzt, und es muss durchgestanden werden. Michael macht einen unglaublichen Job, indem er schwankend (er ist bei Sturm nicht ganz seetauglich) die ganze Misere festhält, damit wir das hinterher *schön erzählen* können. Bei *Ostwärts* ist ja die oberste Prämisse: Authentisch soll es sein. Nix opulent – jede Panne ist willkommen! Könnt ihr kriegen. Ich steuere mit ernster Miene in Richtung See. Mein angstgeflutetes, aber durchaus originelles Gehirn schickt mir gleichzeitig Zeilen aus *John Maynard* und Bilder aus *Der Sturm* mit George Clooney (bin kurz abgelenkt):

Die »Schwalbe« fliegt Richtung Mauer-See,
Gischt schäumt um den Bug wie Flocken von Schnee,
Von Angerburg fliegt sie ins Nirgendwo –
Die Herzen an Bord *weder* frei noch froh –

Im Geiste sehe ich einen von uns über Bord gehen. Wir müssen nachher unbedingt durchzählen. Das Hausboot legt sich ordentlich in die Wellen, ich hänge am Ruder (wie in *Der Sturm*, nur ohne den gelben Friesennerz) und beiße die Zähne zusammen. Verdammt noch mal, George hat das schließlich auch hingekriegt.

Irgendwann ist es geschafft: Wir wenden tatsächlich kenterfrei und tuckern zurück in den Kanal.

Julia Maynard war unsre Steuerfrau,
Aushielt sie bis an das Ufer genau,
Sie wendete für uns, sie trägt die Kron',
Sie hat uns gerettet, die Liebe ihr Lohn.

(Kommt das jetzt ein klitzekleines bisschen so rüber, als würde Bootfahren doch keinen Spaß machen? Stimmt nicht. Ehrlich! Schifffahren ist bombe, ich schwöre. Nur bei Sturm isses suboptimal.)

Wir verbringen einen gemütlichen ersten Abend in unserer Kajüte, in der man gerade so aufrecht stehen kann. Wir sitzen zusammen bei Dosenbier (die Jungs) und Pfefferminztee (die Julia) und sind froh, diesen denkwürdigen ersten Bootstag ohne Skipper überstanden zu haben. Dann krabble ich in den Bug, weil ich rasend erschöpft bin. Ich tue erst kein Auge zu, weil die Jungs auf der anderen Seite meiner papierdünnen Schiebetür so einen Spaß haben. Später tue ich immer noch kein Auge zu, weil der Fender auf der Außenseite des Bootes (diese aufgeblasene Gummirolle, die verhindern soll, dass das Boot Kratzer kriegt) an meinem Ohr auf der Innenseite des Bootes knarzt. (Niemals bei Wind in einem Kanal seitlich anlegen, Leute! Das ist kein Liegeplatz für die Nacht, sondern ein Kurzzeitparkplatz für die letzten Einkäufe beim Hafenmeister.)

Merken wir uns also für die Nächte im Hausboot in Masuren: warme Sachen, auch im Sommer (ist halt nicht ganz der Canal du Midi in Südfrankreich). Ohrstöpsel für den auf der anderen Seite der Schiffshaut knarzenden Fender und *gegebenenfalls* schnarchende Matrosenkollegen. Wärmflasche für seelische Rekonvaleszenz nach einem Kentermanöver und weil man dann schön einschlafen kann. Mit Wärmflasche gewöhnt man sich ja überhaupt an alles. Und plötzlich ist sogar die kälteste Nacht bei Unwetter richtig schön.

Nicht dauerhaft, aber bis zum Morgen. Denn die Überdosis Abenteuer, die ich anscheinend irgendwann in einem unvorsichtigen Moment beim Universum bestellt habe, bekomme ich auch am nächsten Tag noch mal zuverlässig geliefert. Am Tag nach Sturmgate setzen wir nämlich das Boot AUF GRUND – mitten im See. Wenn ich *wir* sage, meine ich, *einer von meinen Kollegen*. Ich nenne keine Namen. Warum ist *uns* das passiert? Weil der freundliche Einweiser uns das Sonar nicht gezeigt hat. Er hat es einfach ausgelassen, und dann haben wir das halt genauso gemacht. Es einfach *aus*gelassen. Die schwarzweißen Pinökel im Wasser, die anzeigen sollen: »Achtung Untiefe, besser außenrum steuern«, sind irgendwie unzuverlässig angebracht. Fast unsichtbar. Total unprofessionell. Unsere Meinung. Jedenfalls macht es *krk,* und das Boot steht.

Was spontan bei mir hochkommt, ist Angst. Weniger um Leib und Leben so wie gestern, sondern einfach so'n bisschen Versagensangst. Angst, dass wir das Boot unten aufgerissen haben und langsam sinken werden (soll schon vorgekommen sein, damals 1912, ist übrigens ebenfalls erfolgreich verfilmt worden). Angst, dass wir die Kaution nicht wiederbekommen. Angst, dass uns irgendwelche Hobby-Kapitäne, die auf ihren Hausbooten hier URLAUB machen, aufgreifen und ans Ufer bringen müssen!

Jetzt haben *wir* also aufgesetzt. Das Boot bewegt sich weder vor noch zurück. Der Motor ist gestoppt, Michaels Kaffeebecher abgestellt (der hatte grade Fünfminutenpause, alle vier bis sechs Stunden muss die drin sein), Kamera und Ton laufen wieder. Ich bin mäßig begeistert über diese Wendung und ahne auch nach all den Jahren als Autorin nicht, was für ein Geschenk *das* für den Film sein wird. Fulminante Bilder WTF – chaotische Authentizität ist das neue Opulent!

Robert kramt die zwei Paddel unter Deck heraus (ah, dafür!), und wir stochern damit ein paar Minuten im Wasser, beziehungsweise auf dem Seegrund herum. *Er* findet, wir bewegen uns. *Ich* finde, da bewegt sich nichts, nicht einen Zentimeter. Christian MacGyver zieht eine Unterwasserkamera aus seinem Yps-Gürtel und befestigt sie am Griff des einen Paddels. Damit rühren wir im See ums Heck und können sehen, wie flach die Stelle tatsächlich ist. Und dass wir wirklich festsitzen. MITTEN IM SEE ist eine flache Stelle. Die hätte ja wohl jeder übersehen. Was im Film nicht vorkommt: Wir rufen Łukasz an, unsern Bootsmentor. Er muss uns jetzt helfen. Łukasz schwankt zwischen irre belustigt und ernsthaft besorgt und rät: »Einer von euch muss rein.«

»Ins WASSER? Hast du eine Ahnung, wie kalt das ist?«

»Neun oder zehn Grad. Ihr müsst das Boot langsam und extrem VORSICHTIG zurückschieben, in die Richtung, aus der ihr gekommen seid. Bis die Schraube wieder schwimmt. Und noch ein gutes Stück weiter. Dann erst macht ihr den Motor an. Bloß nicht vorher!«

Das ist Roberts großer Moment. Die Gelegenheit, seinen für fünf Minuten Ruhm gestählten Body in Szene zu bringen. Er will im kommenden Jahr in seinem Heimatort als Bürgermeister kandidieren, da helfe ich gerne mit ein bisschen mannhafter Tapferkeitspropaganda. Obenrum frei gemacht schwingt er sich in einer grauen Jogginghose ins Wasser (Badeschlüppi ist ihm anscheinend dann doch ein wenig zu viel Information) und unterdrückt ein Japsen. Ja-ha, so fühlen sich neun Grad an! Leise schnaufend watet er an Backbord entlang bis zum Bug und schiebt unser Boot dann unter repräsentativem Einsatz sämtlicher Muskelpakete behutsam rückwärts. Sexy. Das bringt Quote. Dieser polnische Tausendsassa.

Packtipp für Schiffbrüchige: Habe wenn möglich einen klappbaren Superhelden griffbereit. Alternativ sei du selbst die Superheldin oder der Superheld. Dann brauchst du allerdings unter Umständen die Wärmflasche im Anschluss.

Ansonsten hilft es durchaus, sich mit den nautischen Verkehrszeichen (schwimmende Hinweispinökel und ihre Kollegen, die Bojen) vorm Ablegen auseinanderzusetzen und auch auf dem Wasser immer brav nach ihnen Ausschau zu halten …

Die Schraube dreht sich auch in warmem Wasser

Jetzt habe ich ganz viel vom *Haus*boot gesprochen und von Nordosteuropa. Es gibt aber auch andere zauberhafte maritime Dinge, die man mit/auf/unter einem Boot machen kann – außer im Sturm auszulaufen oder *Titanic* nachzustellen. Im Wüstenkapitel habe ich bereits meine famose Tauchsafari erwähnt. So etwas kann man natürlich auch *ausschließlich* zu Umweltrettungszwecken machen. Ich will aber ehrlich sein: Das war mit Abstand das schönste altruistische Projekt, an dem ich jemals mitgemacht habe. Das war keine Arbeit. Das war pures Vergnügen, getarnt als Umweltrettungsaktion. Wenn man eine Reise mit einem sinnhaften Zweck verbinden kann, gibt einem das mehr Kraft, als man dafür aufwendet. Daher rührt der klischeehafte Spruch: Da bekommt man etwas zurück.

Die Tauch- und Schnorchelgemeinde denkt, wenn sie *Rotes Meer* hört, sofort seufzend an nemohaft leuchtende Riffe mit sanft wogenden Anemonen in allen Farben. Ja, das ist schöner, als mit dem Schreibtischstuhl zwischen Hydrokultur-Fikus und Lamellenjalousie auf Auslegeware hin- und herzurollern und vermeintlich wichtige Dinge zu tun. Manche Tauchgänge im Roten Meer fühlen sich für mich an, als sei ich gestorben und in den Himmel gekommen (Himmel mit Wasser statt Wolken), so berückend schön sind sie. Daher braucht es auch nicht wirklich viel Überredungskunst, dass ich meinen Urlaub für eine Dornenkronensammelaktion zum Schutz der Korallen verbrate.

Die Aktion beschert mir dazu meine erste Begegnung mit einem Safariboot. Ein Safariboot ist eine Ecke größer als ein Hausboot, hat je nach Länge so zwischen acht und zwanzig Kabinen und *etwas* mehr PS als ein Hausbötchen. Mit ihm gelangt man zu Riffen, die man an einem normalen Tauchtag von Land aus nicht erreichen könnte, weil sie weitab der Küste liegen. Deshalb sind diese Riffe aber auch besser in Schuss, weil: weniger menschlichen Störfaktoren ausgesetzt und tieferes (gesünderes) Wasser. Es gibt zum Beispiel ein Riff im Roten Meer, das liegt drei Stunden mit dem Boot vom westlichen Ufer entfernt und fällt an zwei Seiten sechshundert Meter tief ab. Nichts für schwache Nerven, aber ein Abenteuer, das man nie mehr vergessen möchte. Allerdings ist auch die Anreise nichts für schwache Nerven: sechs Stunden auf einem wacklig rasenden Boot. Hart für zweimal eine knappe Stunde tauchen. Bei einer Tauchsafari fährt man deshalb nicht jeden Abend an Land zurück, sondern bleibt ein paar Tage an Bord und ankert an speziellen Plätzen an Riffen oder Inseln im Meer. Das hat den weiteren Vorteil, dass man zu Uhrzeiten an diesen Riffen ist, wo die Unterwasserwelt ganz anderes zu bieten hat als am helllichten Tag und wo noch keine anderen Boote mit Tagestauchern und Schnorchlern die Idylle stören. Ein *Early Morning Dive* hat etwas extrem Ruhiges und Magisches. Um vier oder halb fünf Uhr früh ist das eigene Sprachzentrum noch nicht angeschaltet. Mit Zahnbürste im Mund schlüpft man in die Badesachen und tapst aus der Koje zu seinem Platz, wo Neoprenanzug, Tarierweste, Pressluftflasche, Lungenautomat, Flossen, Taucherbrille und Schnorchel schon bereitliegen. Alle legen stumm ihren Kram an, die OK-Zeichen funktionieren ja ohnehin ohne Ton, und ab geht's unter Wasser. Dort setzt sich die Stille fort, obwohl alles gerade zum Leben erwacht. So ein Naturerlebnis bekommt man nur auf einer Tauchsafari. Ähnliches gilt für abends. Nach Einbruch der Dunkelheit können die Mutigen sich für einen Nachttauchgang fertig machen. Ja, das kostet ein bisschen Überwindung. Denn JA, es ist rabenschwarz da drin. Oder mindestens mal dunkeldunkelblau. Dafür sieht man den Mond durch die Wasseroberfläche schimmern und hat Lampen dabei. Meine Tauchkollegen haben mal mit ihrer großen Taschenlampe einen vorwitzigen Oktopus geärgert, bis er die Lampe kurzerhand einkassiert hat. Er hat dann selbst sehr intensiv geleuchtet.

Auf so einem Boot hat man fast immer nasse Füße, und überall baumelt etwas Tropfendes herum, das trocknen möchte. Das muss man abkönnen. Auch die Enge. Die Kabinen sind klein und die Kojen winzig, Doppelbett ist in der Regel nicht, eher Stockbett. Außer ihr seid mit einem freundlichen Scheich oder einem liebenswürdigen Oligarchen unterwegs, dann habt ihr sicher reichlich Platz – allerdings eventuell auch andere *Auflagen*. Da sind dann High Heels statt Flossen Trumpf. Muss man mögen. Auf unserem bescheidenen

Boot gibt es am Ende des Flurs zwei winzige Nasszellen mit Dusche und Toilette. Wassertaugliche Flipflops für die Fußhygiene und den Seelenfrieden mitnehmen!

Was ist noch wichtig? Ach ja, es *schaukelt ein bisschen*. Je nach Wetter- und Strömungslage ein bisschen *doll*. Das ist nun erst recht nichts für schwache Nerven, vor allem nicht für die Menschen unter uns mit Hang zur Seekrankheit (Fachbegriff Kinetose). Für die ist das ein ganz leidiges Thema. Es gibt Tabletten. Oder Gummiarmbänder, die auf einen Akupunkturpunkt am Handgelenk drücken, wodurch es besser werden soll. Man kann auch ohne Armband immer mal auf diesen Punkt drücken (Arminnenseite, zwischen den zwei großen Sehnen, Dreifingerbreit unter der Querfalte vom Handgelenk), schaden kann es nicht. Ebenso wenig wie der Rat an Schwindelgeplagte, auf den Horizont zu schauen – kein einziger meiner von Schwankophilie gebeutelten Tauchbuddies hat das leider bestätigen können. Was allerdings ein paar von ihnen erlebt haben – und vielleicht funktioniert das ja sogar generell: Ab dem Moment, wo man ins Wasser springt und der Kopf unter die kühle Wasseroberfläche sinkt, wird es kühl ums Haupt und vor allem ruhig. Jetzt befindet man sich in dem Element, das das Schwanken verursacht. Der Gleichgewichtssinn denkt vielleicht: Oh toll, Pause. Jedenfalls ist bei vielen der Schwindel sehr schnell passé. (Nur um nach dem Tauchgang wieder zuzuschlagen. Irgendwas ist wirklich immer.)

Ich mag das Reduzierte auf einem Boot. Das ganze Gedöns, das ich zu Hause vermeintlich so dringend brauche, kann ich nicht mitnehmen. Ähnlich wie beim Weitwandern mit Rucksack ist auch hier eben nur Platz für das Wesentliche: Badesachen, wenige T-Shirts, ein, zwei Shorts, Kopfbedeckung, Sonnenbrille, Flipflops, zwei Handtücher, Buch, eine lange (Jogging-)Hose und ein Hoodie für die Abende unter dem Sternenhimmel. Kapuze ist king, Mütze geht auch. Beim Tauchen kühlt der Körper sehr aus, man hat Hunger wie ein Bär und friert mehr als normal. Da ist eine warme, kuschelige Schicht extrem willkommen.

Ein kleines Erste-Hilfe-Kit, siehe dazu auch das Kapitel *Arzt an Bord*. Dafür braucht man die Waschtasche nur in der reduzierten Version. Ich empfehle Bodylotion und eine feuchtigkeitsspendende, rückfettende Creme für die meersalzgepeelte und sonnenverwöhnte Haut am Abend. Sonnenschutz für an Deck (im Schatten dösen!). Das Make-up-Köfferchen kann frau sich beim Tauchen sparen, denn das macht ungeschminkt ja irgendwie mehr Sinn. Außerdem erschrecken sich sonst die Fische, weil sie an Pandas nicht gewöhnt sind. Wobei ich faszinierende Hardcore-Taucherinnen gesehen habe, die sich Augenbrauen, Lippenumrandung UND Lidstrich haben tätowieren lassen. Und zwar lange, bevor künstlich aufgemalte Augenbrauen – die mit dem Grünstich – modern wurden. Die sahen natürlich auch unter Wasser und zwischen den Tauchgängen *fantastisch* aus.

Apropos Meersalz: Wer sich nach dem Tauchgang ein bisschen Süßwasser in die Ohren schüttet, schwemmt das Salzwasser heraus. Das kann sonst kristallisieren, und wenn man dann die Ohren reibt oder Wattestäbchen benutzt, kann das kleine Verletzungen bilden und damit ein Einfallstor für alles, was Ohrentzündungen auslöst. Am besten mit einem winzigen Schluck (in der Sonne warm gewordenem) Trinkwasser. Ist auch angenehm mit der Wärme im Ohr.

Noch mal zum Tauchen, oder besser den Pausen dazwischen, die darf man sich in etwa so vorstellen: Mit den Flossen in der Hand über die Leiter am Heck aus dem Wasser klettern (helfen lassen), Tarierweste mit Gas- oder Pressluftflasche ablegen (helfen lassen), zusammen mit Flossen, Maske und Schnorchel verstauen, sich aus dem Neopren rausschälen (zur Not helfen lassen), kurz mit Süßwasser (sparsam!) abspülen, vor allem die Ohren von innen, aufs Klo flitzen (beim Tauchen füllt sich die Blase schneller und gewaltiger als an Land, hängt mit dem hohen Druck und erhöhter Nierentätigkeit zusammen), viel trinken und essen. Ausruhen. Schläfchen machen. Den Gedanken nachhängen. Träumen. Logbuch schreiben (jeder Tauchgang wird mit Länge, Tiefe, eventuellen Dekompressionsstopps und Besonderheiten wie Hammerhai-Sichtung oder Dornenkronensammelaktion notiert, vom Tauchbuddy »bezeugt« und später in der Tauchschule abgestempelt).

Nach ein, zwei Stunden angemessener Ruhezeit (die sich nach Tauchtiefe und der insgesamt unter Wasser verbrachten Zeit berechnet) noch was Süßes in den Mund schieben, die Ausrüstung wieder bereit machen, das Briefing für den nächsten Tauchgang aufsaugen, aufs Klo, wieder in den Neoprenanzug hineinschießen (geht nass besser als trocken, also zur Not kurz durchs Wasser ziehen), alles Gedöns wieder anlegen, mit Tauchbuddy gegenseitig alles durchchecken, Okay-Zeichen zum Abtauchen und ab in die Fluten. Auf einer Safari kann man das vier, fünf Mal am Tag machen, aber nach ein paar Tagen ist man körperlich sehr ausgelaugt (und eben sehr glücklich).

Was kann das jetzt noch toppen? Die Größe! Macht mal alle Platz – es wird noch gewaltiger als Hausboot, Safariboot und Prinzenjacht zusammen: Wir begeben uns auf ein Kreuzfahrtschiff. Wenn ich *wir* sage, meine ich *jemand. Ich* selbst hab da eine kleine Ökosperre. Das wird die Kreuzfahrtindustrie empfindlich treffen, nehme ich an. (Leider nein, Julia.) Ich ahne allerdings, dass es mir sogar gefallen könnte, wenn ich es mal machen würde, und dass es daran Aspekte gibt, die ich ganz cool finden könnte. Aber Kreuzfahrtschiffe sind nun mal umweltschädlich, auch die weniger umweltschädlichen. Abwasser und Grauwasser werden direkt ins Meer gelassen (was legal ist, es aber nicht besser macht), Tonnen von Plastikmüll werden produziert, vom Kohlendioxid ganz zu schweigen.

Jajaja, Fliegen ist auch Mist, und Alleine-schnell-Autofahren auch, aber auf die anderen zeigen geht immer, und das hier ist eben *meine* rote Linie. Übrigens auch optisch. Die riesigen Kolosse stören mein ästhetisches Empfinden beim Anblick der superschönen Altstadt von Tallinn oder der Kulisse von Venedig empfindlich. Und wenn ich lese, wie wenig die Einheimischen der besuchten Städte davon haben, weil die Gäste ja dann doch wieder zurück an Bord essen, also maximal Snacks und ein paar Souvenirs kaufen, und wie viel Energie da auf See verballert wird, dann finde ich das nicht in Ordnung.

Aber ich will hier niemandem seine oder ihre Kreuzfahrt vermiesen. Wenn *das* dein großer Traum ist, muss es gemacht werden! Einmal mit der *Queen Mary 2* nach New York? Machen! Und vor allem mach es mit Freude! (Muss ja nicht ab sofort jeden Urlaub sein … will sagen, einmal reicht vielleicht?) Eventuell findet sich ein guter Kompromiss fürs Umweltgewissen. Das gilt übrigens auch fürs Fliegen. Wer nach der Buchung noch Einemarkfünfzich übrig hat, könnte dafür ein Baumpflanzprojekt unterstützen. Die nehmen auch große Scheine. Als Ablassbrief quasi. Und die Bäume übernehmen dann das CO_2-wieder-in-Sauerstoff-Umwandeln. Die machen das ja quasi beruflich.

Was mir auf einer Kreuzfahrt fehlen würde: Es gibt nur sehr begrenzte Möglichkeiten für einen kulturellen Austausch beim Landgang. In den großen geführten Gruppen ist das praktisch unmöglich: Ein Schnelldurchlauf durchs Freiluftmuseum der einheimischen Volksgruppe, zack, fertig, dann folgen bitte alle wieder dem Schild mit der Nummer Zwölf an Bord! Ich habe solche Gruppen schon oft beim Dreh gesehen (weswegen wir bei Kreuzfahrtzielen wie Tallinn immer erst ab spätnachmittags Außenaufnahmen machen konnten, sobald die Kolonnen wieder auf dem Schiff sind). Und ich habe mich gefragt, ob das Spaß macht. Auf den Kreuzfahrtschiffen, deren Reedereien gemischt internationale Gäste an Bord einladen, gibt es immerhin die Chance, sich an Bord interkulturell zu vernetzen. Das ist aber auf die Buffets, den Pool, die Karaokebar und den Fitnessbereich beschränkt, und wie ich hörte, bleiben die Nationalitäten da tendenziell eher unter sich. Was für die einen die *von zu Hause mitgenommene Komfortzone* ist, hat für mich etwas relativ Aseptisches. Ist aber total subjektiv.

Doch jetzt die Preisfrage (wer oben gut aufgepasst hat, ist klar im Vorteil): Bei welcher Kreuzfahrt ich dennoch sofort schwach werden würde? Wenn die *Polarstern* – oder ein anderer Eisbrecher – mich als begleitende Journalistin anheuern würde, dann könnte ich meine Prinzipien brechen. Aber gut: Die *Polarstern* ist ein Forschungsschiff – das kann man sich prima schönreden … Vielleicht schreibe ich die mal an.

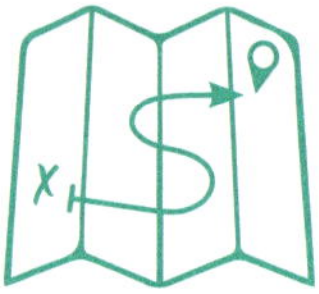

Raus aus dem Hamsterrad und rein ins Sabbatjahr!

Welche Glücks- oder Stresshormone ein Sabbatical »spontan« in einem ausschüttet und wie man mit Letzteren souverän umgehen kann

Ich persönlich finde das Sabbatjahr die allerbesonderste Form des Reisens. (Sofern man sich entscheidet, in der arbeitsfreien Zeit unterwegs zu sein, versteht sich. Man kann ja auch zu Hause bleiben und ein Jahr lang Wochenende machen.) In einigen Berufen beziehungsweise Firmen kann man auf ein Sabbatical hinsparen, indem man für eine (lange) Weile auf einen Teil des Lohns verzichtet, um dann zum Beispiel im siebten Jahr frei zu haben, *bei Bezahlung*!

Ich bin 2007 in meinem Unternehmen am Frankfurter Flughafen die Erste, die ein Sabbatjahr durchsetzt. (Ohne Bezahlung.) Mein direkter Chef findet die Idee cool (würde selber gerne eins machen, ist aber durch Hypothek und Haushalt mit drei kleinen Kindern nicht so richtig flexibel). Der Chef obendrüber reagiert weit weniger empathisch.

»Was soll das heißen? Haben Sie einen Burnout?«

»Ich möchte einfach nur mal ein Jahr frei haben.«

»Und was wollen Sie da machen?«

»Reisen. So wie all die Leute, für die wir hier den Flughafen am Laufen halten.«

Das Kleingedruckte spare ich mir, nämlich dass mir hier über die Jahre die Leidenschaft flöten gegangen ist und ich aktuell nicht weiß, was ich noch so im Leben machen will. Verlorene Liebesmüh beim Chef-Chef. Außerdem ist die Frage allein schon übergriffig. Es geht ihn im Prinzip nichts an, aber ich vermute, dass ich mein Ziel mit Rechthaberei oder Pampigkeit nicht erreichen werde. Er sagt, ich soll noch den Chef noch eins drüber fragen. Das ist dann schon Vorstandsebene. Mann, Leute.

Auf dieses Gespräch bereite ich mich besser vor. Beim Chef-Chef-Chef einen Termin zu bekommen ist die erste Hürde. Weil er nicht mein direkter Vorgesetzter ist, kann ich nicht einfach eine Terminanfrage in seinem Sekretariat machen, schon gar nicht ohne triftigen Grund. Jeder, der in großen, hierarchiegeprägten Unternehmen, Bundesbehörden oder Konzernen arbeitet, weiß, was ich meine. Einen *persönlichen* Grund für die Besprechung anzugeben ist ausgeschlossen – dafür ist der direkte Vorgesetze zuständig. Irgendeinen anderen Grund anzugeben wäre unklug und kein guter Nährboden für ein hoffentlich ja positives Gespräch. Ich muss nach anderen Möglichkeiten Ausschau halten. Und habe Glück: Ich erfahre, dass wir demnächst beide zu einer internationalen Konferenz nach Madrid fliegen werden. Also bitte ich seine Assistentin, die die Dienstreise organisiert, uns doch Plätze nebeneinander zu reservieren, dann könne man noch mal was besprechen.

Jetzt muss ich nur noch überlegen, wie ich das Gespräch im Flugzeug angehen kann. Ich will authentisch sein, aber auf keinen Fall burnoutig wirken. Und natürlich möchte ich mein Ziel erreichen. Der Bereichsvorstand ist etwa im Alter meines Vaters, und wir »können gut«, wenn wir zusammen zu tun haben. Ich mag ihn, weil er nicht so auf Business-Affe macht. Er ist ein jovialer Typ, gewitzt und mit großer Klappe. (Wie mein Vater eben.)

Wir sitzen also im Flieger. Als die Flugbegleiterin mit Zeitschriften kommt, blödelt er über meinen Kopf hinweg: »Ich nehm' die Wirtschaftswoche, für sie hier die Gala.« Und grinst mich mit einem Blick an, der aussieht wie: »Der war gut, oder?«

Die Feministinnen und die *Woken* unter uns werden sich jetzt (zu Recht) vor Empörung die Haare ausraufen, aber ich bin (außer feministisch und woke) eine Anhängerin der Devise: Für 'nen guten Lacher darf man auch mal eine Freundschaft/Ehe/Arbeitsbeziehung aufs Spiel setzen oder eine Vorladung bei der Gleichstellungsbeauftragten riskieren. Jedenfalls muss ich wirklich lachen. Und denke dann, *das* ist mein Moment. Jetzt biste warm. *Dich kauf ich mir jetzt.*

»So, lassense die Wirtschaftswoche noch mal kurz warten, jetzt sind wir ungestört. Kein Termin wartet, Sie brauchen auch gar nicht erst auf Ihr Handy zu schauen, da ruft jetzt keiner an. Ich bräuchte nämlich mal zehn Minuten Ihrer Aufmerksamkeit.«

Zack, habe ich sie.

Ich bringe meinen Wunsch vor, ein Jahr lang aus dem Hamsterrad zu treten und mal was anderes zu machen als *Flughafen.* Dass ich erst ganz viel reisen und danach noch Zeit bei meinem Vater in Kanada verbringen möchte. Damit treffe ich ins Schwarze, denn das Vaterding ist sein *sweet spot.* Er ist zum zweiten Mal verheiratet und spät noch einmal Vater geworden, erzählt auch offen davon. Dazu hat er bereits erwachsene Kinder, und ich *könnte* mir vorstellen (vielleicht wünsche ich mir das aber auch bloß), dass auch bei ihm da ab und zu ein Bedauern hochkommt, weniger Zeit mit »dem ersten Wurf« verbracht zu haben als ursprünglich mal gedacht.

Das mag man jetzt psychologische Kriegsführung nennen – ich nenne es *Verbindung schaffen.* Klingt freundlicher und weniger nach »Privatdetektiv angesetzt und Zielperson zersetzt«. Vor allem ist es erlaubt und geschieht ja in freundlicher, gewaltfreier Absicht. (Kurzer Ausflug in die Küchentischpsychologie: Es hilft immer, sich gedanklich und mit Empathie auf sein Gegenüber einzustimmen, beziehungsweise einzulassen. Auch wenn man sich noch so verschieden vorkommen mag. Dafür ist Reisen übrigens ein irre gutes

Trainingsfeld. Ich stelle sogar die Behauptung auf, dass es keinen einzigen Menschen auf der Welt gibt, mit dem *ich* nicht *irgendetwas* gemeinsam hätte. Gut, die Hälfte der Weltbevölkerung ist weiblich – geschenkt. Aber auch abgesehen davon findet sich immer etwas. Selbst mit Menschen, die einem zunächst fremd, unsympathisch oder gar abstoßend vorkommen.)

Zurück ins Flugzeug. Ich habe gerade erfolgreich eine Verbindung zu der Schlüsselperson geschaffen, die meinen Traum von einer Freistellung wahr werden lassen kann (kurzfristig und unbezahlt). Ich bin sicher, er kann mich auf der emotionalen Ebene verstehen. Er ist aber immer noch Bereichsvorstand, und machen wir uns da nichts vor: Übermäßige Gefühligkeit hat ihn da nicht hingebracht. Er wird dafür bezahlt, den Laden am Laufen zu halten. Daher habe ich noch ein halbsachliches Notfallargument im Ärmel (das allerdings nur bei deutschen Arbeitgebern funktioniert): »Fast alle meiner Kolleginnen gehen früher oder später in Elternzeit, die meisten von ihnen die vollen drei Jahre. Ich will nur ein Jahr weg.«

Das ist das Argument, das am Ende alles sticht. Ich bekomme mein Sabbatjahr bei voller Absicherung, einen Freistellungsvertrag mit Rückkehrgarantie in die gleiche Führungsebene und Gehaltsgruppe. Treffer, versenkt. Zum Abschied ein halbes Jahr später ist es genau dieser Vorstand, der mir den schönsten Satz mit auf die Reise gibt: »Sie machen jetzt das, wovon wir anderen alle unser Leben lang träumen.«

Dass ich letztlich doch nicht wie vereinbart zurückgekehrt bin, ist einer Reihe von ungeplanten (aber durchaus willkommenen) Ereignissen geschuldet, die während und in der Folge meiner ersten Rucksacktour passiert sind: Meine Reiseberichte, die Einladung für ein Schnupperpraktikum beim Sender, das daraus resultierende Jobangebot in der Fernsehredaktion, das Casting und die Zusage für *Ostwärts*. Dann mein reuevoller Anruf bei obigem Ermöglicher vom Flughafen, dass ich jetzt doch nicht zurückkomme, weil ich eine *eigene Sendung* kriege (kreisch), und daraufhin sein Angebot, meine Freistellung noch mal um neun Monate zu verlängern, »falls das beim Fernsehen ein Schuss in den Ofen wird«. Mehr Netz und doppelten Boden kann man nicht bekommen. Dickes Dankeschön ans Leben.

Wer von einem Sabbatjahr träumt, sollte sich vorher ein paar Sicherheitsnetze schaffen. Es sei denn, man zieht direkt nach der Schule für ein *gap year* los, dann sind ja in der Regel die Eltern das Sicherheitsnetz. Wenn man erst eine Ausbildung macht und das Glück hat, übernommen zu werden, ist es schon nicht mehr ganz so leicht. Nach dem Studium, bevor man sich bewirbt, muss man auch bereits mehr Fragen klären. Am meisten Skrupel kommen jedoch beim Sabbatical aus einer Anstellung heraus auf, oder nach einer etablierten freiberuflichen Tätigkeit. Wenn man schon ein paar Jahre gearbeitet hat und bereits laufende finanzielle Verpflichtungen eingegangen ist, aber trotzdem mal aus dem Hamsterrad herauswill, ist die Hürde immens hoch.

Wer dennoch mit diesem Gedanken spielt, ist erstens nicht allein. Und hat zweitens *den Ruf* gehört. Das Sabbatjahr flüstert laut und immer lauter: »Mach mich! Los, mach mich doch! Was hält dich noch davon ab?« Dann kann man sich fragen, ob es Angst ist – *meistens* ist es Angst –, und wenn ja, wovor genau. Das schaut man sich dann am besten mit ein paar engen Vertrauten zusammen an. Und ordnet die Reaktionen ein. Eine meiner Schwestern war restlos begeistert, die andere eher bestürzt, dass ich ein Jahr nicht da sein würde. Das muss man dann auch abkönnen.

Ich hatte so diverse Angst-Fragen im Kopf: *Was mache ich, wenn sie mich nicht gehen lassen? Bin ich bereit, zu kündigen? Finde ich danach woanders einen Job, der annähernd so gut/so gut bezahlt/sicher ist? Nimmt mich dann überhaupt noch jemand?*

Dieser Fragenkomplex hat mich noch vor den praktischen Hürden am längsten davon abgehalten, mein Sabbatical durchzusetzen. Mein Chef hatte mir zwar ein eins a Zeugnis versprochen, mit dem ich »überall mit Kusshand genommen« werden würde. Fand er. Ich war mir da nicht so sicher. Außerdem wollte ich wahnsinnig gerne bei meinem Arbeitgeber bleiben. Erst als die innere Bereitschaft da war, notfalls eben zu gehen, hatte ich auch den Mut, die entsprechenden Entscheider zu fragen. Dafür musste ich die Auszeit aber so sehr wollen, dass mir jeder Preis recht war. Erst dann hatte ich die richtige Haltung, um jemanden auf der Vorstandsebene damit zu belatschern.

Es war dann weniger die Frage, ob ich das machen *darf*, sondern mehr eine Mitteilung, dass ich das jetzt machen werde, verbunden mit Handlungsoptionen. Das könnte auch so gehen: *Ich habe mich entschlossen, eine Auszeit zu nehmen. Ich möchte mir mal für eine Weile den Kopf durchpusten lassen, um dann mit voller Power wieder hier wirken zu können. Dazu habe ich mir Gedanken gemacht, wie wir das gut ausgestalten können. Es gibt verschiedene Optionen (nennen), davon ist diese hier meine favorisierte: …*

Wer sich – anders als ich – mit Entscheidungen grundsätzlich leichttut, auch mit großen, wird das ganze Brimborium vielleicht nicht nachvollziehen können. Beneidenswert. Wer sich aber ähnlich wie ich Knoten ins Hirn grübelt, dem hilft eventuell dieser Gedanke hier: Solange man noch unsicher ist und sich nicht schwankungsfrei *für* eine Sache entscheiden kann, bleibt die Antwort *nein*. Nicht *jein*, sondern *NEIN*. Kann man sich auch so merken: N-E-I-N. Steht auch für: *Noch Ein Impuls Nötig*.

Doch wenn der Punkt kommt, an dem *es nicht zu tun* sich schlechter anfühlt, als *es zu tun*, dann ist auch die innere Klarheit verfügbar, dann ist der letzte noch nötige Impuls plötzlich oder schleichend wirksam geworden. Die Entscheidung fühlt sich dann nicht mehr wie ein leidiges Auswahlmenü an, sondern eher wie das sichere Wissen: *Ich mache das jetzt.* Dann, und erst dann, lassen sich persönliche Ziele viel müheloser umsetzen, als wenn man noch innerlich herumschlingert.

Und DANN passiert noch etwas Tolles. In meinem Leben habe ich schon häufiger folgende abgefahrene Erfahrung gemacht: In dem Moment, wo ich zu (m)einer inneren Klarheit gefunden habe und bereit bin, *alle* damit verbundenen Konsequenzen zu tragen … genau in diesem Moment kommt mir das Leben auf halber Strecke entgegen. Und ich brauche zum Beispiel doch nicht zu kündigen. Ich muss doch nicht ausziehen, weil ich meine Wohnung möbliert vermieten kann. Die Nachbarin nimmt die Pflanzen in Obhut. Oder oder oder was auch sonst mir Kopfzerbrechen beschert hat.

Okay, das hätten wir also geklärt.

Was ist noch zu tun? Außer den emotionalen gibt es ja noch einen Haufen praktische Fragen:

Wohnung und Möbel. Was mache ich mit meiner Wohnung? Muss ich kündigen oder kann ich sie untervermieten? – Mit der Vermieterin klären, was möglich ist UND einen Vertrag dazu machen. Und wo bringe ich, falls ich tatsächlich ausziehen muss, meine Möbel unter? – Storage recherchieren.

Versicherungen. Welche sollten weiterlaufen? Welche brauche ich im Ausland? – Mit der Krankenversicherung sprechen, Auslandsversicherung abschließen, eventuell auch eine Rückholversicherung. Autoversicherung, Haftpflicht – mit allen frühzeitig Kontakt aufnehmen und eventuell die ein oder andere vorübergehend ruhen lassen.

Post. Was geschieht mit meiner Post, wenn ich ein Jahr unterwegs bin? – Nachbarn oder Untermieter bitten, sie zu verwahren, oder Nachsendeauftrag zu enger Kontaktperson oder Postlagerung beauftragen.

Bankkonto. Sollte jemand eine Vollmacht über mein Konto bekommen? Sollte ich einer Vertrauensperson eine Generalvollmacht ausstellen, falls mir etwas zustößt? In jedem Fall sollte die Bank informiert werden, dass jetzt für so und so lange kein Gehalt kommt. Gleiches gilt für das Kreditkarteninstitut. Wäre blöd, wenn man am anderen Ende der Welt feststellt, dass das Konto oder die Karte »aus Sicherheitsgründen« gesperrt wurde.

Finanzen. Wie viel Geld werde ich während meines Sabbaticals brauchen? Wird mein Erspartes dafür reichen, oder muss ich unterwegs irgendwo jobben? – Weiterlaufende Kosten wie für Krankenversicherung auflisten, dazu Kosten für Flüge, Unterkünfte, Essen hochrechnen (es gibt Tabellen mit den offiziellen Spesensätzen im Netz, daran kann man sich grob orientieren, oder daran, was im – nie ganz aktuellen – Reiseführer steht). Eine unantastbare eiserne Reserve einrechnen für Arztbesuche, Reparaturen, Unvorhergesehenes. Oder auch als Katastrophen-Backup bei Diebstahl, einfach ein Notgroschen. Murphys Gesetz eben.

Visa. Bei welchen Ländern sind die notwendig? Falls ich unterwegs jobben möchte: Brauche ich dafür ein Arbeitsvisum? – Insgesamt dreiundsechzig Länder bieten »Work & Travel« an, darunter die Favoriten Kanada, Neuseeland, Australien oder Japan. Es gibt aber eine Altersgrenze, bei den meisten Ländern liegt sie bei dreißig Jahren, bei manchen bei fünfunddreißig. Wartet also nicht, bis ihr so alt seid wie ich mit eurer vorgezogenen Midlife-Crisis, ich hätte nirgendwo mehr arbeiten dürfen. Bei mir hat die Steuerrückzahlung einen warmen Regen gebracht, als ich schon eine Weile unterwegs war. Außerdem habe ich die Kosten niedrig gehalten, indem ich in Hostels geschlafen und ganz oft in Garküchen gegessen habe.

Zum Schluss noch die Kategorie Unwägbarkeiten. Dazu gehören irrwitzige Fragen wie: Was mache ich, wenn jemand zu Hause krank wird und ich zurückmuss? Wo werde ich über die Feiertage sein? – Die wird man nicht alle vorher beantworten können, und mit der Liste obendrüber ist schon genug zu tun. Da muss man nicht auch noch das hier bis ins kleinste Detail zerdenken. Außer ganz kurz: Reiserücktrittversicherung abschließen, positiv denken und darauf vertrauen, dass einem das Leben auf halber Strecke entgegenkommt. Alle Antworten finden sich dann, wenn sie nötig sind.

Von Wüste über Dschungel bis in windige Höhen oder klirrende Kälte, zu Fuß, im Zug oder an Bord eines Schiffes – nun habe ich zu jeder meiner bisherigen Reiseweisen ausgepackt, was ich für weitergebenswürdig empfinde. Damit brichst du für heute auf und sortierst dich erst mal.

Teil 2

Essenziell oder Gedöns?

Packlisten und praktische Tipps
vor der Abreise

Gut gepackt
ist halb gewonnen

Wo fange ich bloß an? Schritt für Schritt den Krempelberg erklimmen

Und schon sitzen wir wieder beisammen. In der Zwischenzeit hat dein Reisevorhaben weiter Form angenommen, du hast bestimmt einen Stapel Bilder im Kopf und auch bereits belastbare Pläne geschmiedet. Gepackt ist dadurch noch nichts. Doch wie wir alle wissen, garantiert ja eine sorgfältige Planung dafür, dass nachher alles zackzack geht. Zettel raus! Wir notieren, was du brauchst. Je nachdem, wohin es dich verschlägt, gibt es Immerdabeihabens, Gernezuhauselassens, grundsätzliches Basis-Equipment und Mengen, die Sinn machen. Noch in der Vorbereitung trennst du Wesentliches von Extra-Gedöns und entscheidest jetzt, was unbedingt mitmuss und was wirklich nur dann, wenn noch Platz dafür ist und es idealerweise nichts wiegt. Dazu eine Medikamentenliste und ein paar lebenserleichternde Gimmicks.

Deine beste Freundin vor dem Start: die clevere Packliste

Es gibt Menschen in meinem näheren Umfeld, die machen sich lustig, weil ich mich dem Listenschreiben verschrieben habe, zum Beispiel dem Packliste-Schreiben. Okay, *ein* Mensch. Der Beste Ehemann Weit Und Breit macht sich dann und wann über meinen Hang zum Perfektionismus lustig. Der BEWUB himself ist nämlich in zehn Minuten fertig mit Packen – egal, wohin es geht. Das schmiert er mir jedes Mal aufs Brot. Weswegen ich mittlerweile heimlich anfange zu packen und die Listen noch wichtiger geworden sind, die kann man nämlich schneller verschwinden lassen als bereitgelegte Klamottenhäufchen. Ohne Rücksicht auf den Fortbestand dieser Ehe möchte ich an dieser Stelle nicht unerwähnt lassen, dass der BEWUB im Gegensatz zu mir auch mal ohne Badeshorts in den Urlaub fährt. Oder ohne Rennradzubehör wie Helm oder diese komischen Klickpedalschuhe. Oder ohne Skihandschuhe. Und übrigens immer ohne Sonnenbrille. (*Das* schmiere ich ihm dann aufs Brot.) Macht aber nichts, wird vor Ort nachgerüstet – oder eben von der lieben, umsichtigen und klug, ABER SEHR LANGSAM packenden Frau ausgeborgt. (Ich habe immer zwei Brillen mit, falls eine kaputtgeht.) (Es geht jedes Mal eine kaputt.) (Meistens die, die ich ihm leihe.)

Wer wie ich einen leichten Kontrollzwang hat oder einfach ruhiger schläft, wenn alles ge-ne-ral-stabs-mä-ßig vorbereitet ist, braucht sich nicht dafür zu schämen, dass er oder sie eine Packliste erstellen möchte. Ich habe mir dafür vor vielen, vielen Jahren sogar mal eine Excelliste angelegt, die in Kategorien eingeteilt war und zum Zwecke des Abhakens auf DIN-A4-Format ausgedruckt werden konnte. Ich liebe diese Liste immer noch, obwohl ich sie in den letzten Jahren nicht mehr oft benutzt habe. Habe gerade mal nachgeschaut und die älteste von 2005 auf meinem Rechner gefunden, mit dem Titel *Kloster*. (Andere Geschichte.) Ich geh mal rein.

Diese Packliste ist in zwei Oberkategorien eingeteilt: KLAMOTTEN und WICHTIG/ALLES AUSSER KLAMOTTEN. Unter KLAMOTTEN finden sich äußerst durchdachte Unterkategorien: Schuhe, Hosen/Unterteile, Oberteile, Wäsche, Extras. Darunter stehen dann jeweils konkret die Kleidungsstücke, die mitsollen. Jetzt weiß ich wieder, was ich seinerzeit im Kloster trug: Bergsteiger- oder Turnschuhe, schwarze Cordhose (?) und auch mal olivfarbene Shorts (!), Sweatshirtjacke mit Kapuze (gab den Begriff *Hoodie* wohl noch nicht). (Es heißt ja auch nicht mehr Aufenthalt im Kloster oder Besinnungstage, sondern *Schweige-Retreat*.)

Unter *Extras* findet sich das, was ich immer bis ans Ende aller Tage dabeihaben werde: Kopftüchlein, Halstuch, Schirmmütze.

Als weiteres Extra ist noch »Wollteil für Nieren« notiert, ich meinte sicher einen Nierenwärmer – für die kalten Nächte in der Klosterzelle.

Um es praktisch zu machen und für die Listen-Nerds gehe ich nun einzeln auf die Unterkategorien ein (für die Eiligen gibt's das hintendran noch mal als Zusammenfassung). Ich schreibe jeweils nur die *Mindest*anforderung auf – für einen Trip, bei dem man keine fancy Anforderungen zu erfüllen hat. Filmfestivals und Fashion Weeks sind also ausgenommen. Außerdem gehe ich davon aus, dass ihr euer Gepäck selbst tragt und viel mit öffentlichen Verkehrsmitteln unterwegs sein werdet. Da macht jedes Kilo weniger einen Unterschied. Mehr mitnehmen geht immer, so viel man eben schleppen möchte – oder schleppen *lässt*. Ansonsten gilt für jede einzelne, ich betone FÜR JEDE, der Kategorien: weniger ist mehr.

(Ausgenommen Kopftücher. Denn wie wir alle wissen, kann man von denen nie zu viele mithaben. Wiegen ja auch nix.) Weniger im Gepäck haben sichert leichteres Vorankommen! Übrigens auch im übertragenen Sinne. Es geht mir hier mehr ums Drandenken als ums Beschränken.

Packen wir also erst mal ein paar **Klamotten**.

Als Erstes: Schuhe. Die nehmen am meisten Platz im Gepäck weg, und das nervt. Das dickste Paar (meine Wanderschuhe) ziehe ich daher immer auf der Anreise an. Ist ein bisschen nervig an der Sicherheitskontrolle am Flughafen, und wenn mal ein flotter Businesspassagier hinter mir an der Sicherheitskontrolle steht, muss ich immer diesem Impuls widerstehen, mich sofort erklären zu wollen. Wissen Sie, ich bin Dokumentarfilmerin, ich drehe in Gegenden, da gibt es keine befestigten Straßen, und Leute mit Aktenkoffer werden abgeknallt. Mein Kamerateam steigt in Berlin zu. Oder so ähnlich.

Zu den dicken Wander-Botten oder Winterstiefeln kommen *ins* Gepäck: ein leichteres Paar Turnschuhe und duschfähige Flipflops oder Dingsletten. Eventuell noch Sandalen für Ziele, wo man auch mal nett aussehen möchte, Flipflops aber nicht angemessen wären. (Es gibt zum Beispiel eine Rooftop-Bar in Bangkok, die lässt niemanden in Flipflops rein.) Für einen Rucksacktrip in die Suptropen reichen Sneakers mit rutschfesten Sohlen, mit denen man zur Not auch mal ein paar Kilometer durch den Urwald hiken kann. Hast du einen Wandertreck fernab der Zivilisation geplant? Unbedingt ein paar extra Schnürsenkel mitnehmen. Warum? Murphys Gesetz: Hast du sie mit, brauchst du sie nicht.

Als Nächstes: Hosen/Unterteile. Da empfehle ich eine lange Hose, einen langen Rock (falls mal was mit der Hose ist) oder Sarong (dazu später noch mehr), eine Shorts, einen kurzen Rock oder ein Kleid. Man kann unglaublich viel Geld in Outdoorläden für supercoole Zip-off-Hosen mit abnehmbaren Beinen ausgeben, ich habe aber festgestellt, dass mich die Rundum-Reißverschlüsse beim Laufen stören und dass mir das An- und Abgezippe zu umständlich ist. Alternativ kann man auch morgens eine Entscheidung treffen, ob kurz oder lang, und zur Not später die Hosenbeine und Ärmel hochkrempeln. Bei richtigen Berg- oder Langstreckenwanderungen empfiehlt sich zusätzlich eine Regenhose. Die kann Leben retten, mindestens aber eine zarte Blase.

Kommen wir zu Kategorie 3: Oberteile. Entweder eine möglichst wind- und regentaugliche Jacke mit Kapuze oder eine normale Jacke und ein Regencape (Gewicht beachten – mein Regencape ist schwer wie Blei und bleibt deshalb fast immer im Schrank). Ein langärmliges, wärmendes Oberteil aus Wolle oder Fleece, zwei langärmlige Oberteile (Hemden oder Longsleeves), zwei bis drei T-Shirts. Eine auf Knirpsgröße zusammenrollbare (Daunen-)Weste – wiegt so gut wie nichts und nimmt keinen Platz weg, wärmt aber dafür absolut zuverlässig.

Und nun: Wäsche. Schlüppi-Anzahl darf jeder selbst entscheiden, Unterhemden tragen vermutlich nur noch die Älteren von uns. Ich mag ja das weiche Gefühl auf der Haut. Eine lange Unterbuxe für die kälteren Ziele und zum Zelten, BHs nach Gusto. Schlafanzug muss jeder selber wissen, ist halt Extragepäck. Beim Wandern bedeutet ein Funktionsunterhemd (oder Funktions-T-Shirt) enormes Wohlgefühl beim Schwitzen. Das Material macht nämlich einen Riesenunterschied, wenn man bergauf läuft und einem dabei ein bisschen warm wird (sprich, wenn die Suppe läuft). Die Fasern – da habe ich in Physik einmal aufgepasst – sind so konzipiert, dass die Feuchtigkeit durch die innen und außen unterschiedliche Fasergröße nach außen geleitet wird. Daher nicht auf links anziehen, dann klappt das nicht! Und am besten auch nicht das Billigste nehmen, sondern eins mit extra Schild dran, welches glaubhaft belegt, dass die clevere Physik hier auch Anwendung findet. Socken! Vergesse ich entweder komplett, oder ich habe gleich dreimal so viele mit wie nötig. Ich nehme immer lange und kurze mit, dazu mindestens zwei Paar ordentliche Wandersocken. Meine sind aus Wolle – teuer, aber eine gute Investition. Merino stinkt angeblich nicht. Da habe ich allerdings auch schon Gegenteiliges gerochen. Kommt wahrscheinlich auf die Summe der Einsatztage an …

Letzte Runde: Extras. Also Klamotten-Extras. Hier wird's interessant. Was haben wir denn da: Sonnenbrille, Kopfbedeckungen (ja, ich weiß – schon hinreichend besprochen). Vielleicht noch eine weiche Mütze (fürs Wandern, Zelten und zugige Hochhausfluchten wie in New York). Halstuch und/oder Schal. Vom Nierenwärmer hab ich auch schon gesprochen. An manchen Tagen oder Abenden hat besonders *frau* es ja gerne etwas wärmer. Ich habe mir im Internet eine »T-Shirt-Verlängerung« aus Fleece bestellt und musste dafür meinen Bauchumfang auf Bauchnabelhöhe angeben und dann noch mal fünfunddreißig Zentimeter tiefer. Das Ding ist mir Gold wert, und auch dieses wiegt nichts. Sorgt abends am Lagerfeuer für Wohligkeit am Po. Ebenso wie ein paar dünne Handschuhe. Die sind besonders hilfreich bei Wanderungen, die frühmorgens losgehen, wenn es noch dunkel und kalt ist, man aber Wanderstöcke »zu bedienen« hat. Letztes *Extra* für den Moment: Bikini oder Badeanzug, Badehose.

Weitere unheimlich schlaue Tipps der Kategorien Sonstiges oder Skurriles und Life-Hacks kommen übrigens im übernächsten Kapitel zur Sprache.

Die Liste WICHTIG/ALLES AUSSER KLAMOTTEN hilft mir noch weit mehr, an die essenziellen Dinge für die Reise zu denken, um mich nicht später grämen zu müssen. Hier finden sich preisverdächtige Kategorien wie: Dokumente, Technik, Medikamente, Kulturtasche, Unterhaltung, Helferlein. (Der BEWUB darf das hier niemals erfahren, der lässt mich sofort einweisen.) (Man muss auch nicht alles teilen in einer Ehe.) (Meine Meinung.) Jetzt ist es raus: Ja, ich *bin* ein Kontrollfreak! Ich mag mich trotzdem.

Die historische Excelliste vom *Kloster* habe ich übrigens im Fortgang der Jahre für verschiedene Reiseformen wie *Tauchen* oder *Trekking* und nicht zuletzt für *Ostwärts* ausgeweitet. Da muss ja an noch viel mehr gedacht werden, und mir war schnell klar: Beim Dreh gibt es keine freie Minute, um etwas nachzukaufen, das ich vergessen habe. Außerdem hat man in manchen Gegenden schlicht keine Möglichkeit, bestimmte Dinge überhaupt noch aufzutreiben.

Hier kommt also die Liste Wichtig/Alles außer Klamotten.

Erstens: Dokumente. Pass, Impfpass, Bargeld, Karten, Versicherungskarte, Autopapiere, Auslandsversicherung, Land- oder Wanderkarten und Ausdruck der wichtigen Buchungen und Tickets, FALLS WAS MIT DEM HANDY IST. Apropos.

Punkt zwei: Technik gleich Dinge mit Kabel und Akku (war noch nicht auf meiner ersten Excelliste von 2005). Da denken wir immer brav an: Smartphone, Ladekabel, Powerbank, deren Ladekabel, Kopfhörer, hoffentlich kein Laptop, sonst auch dafür Ladekabel, Adapter für Stromnetz, Adapter mit USB-Ausgängen für – am besten gleich alle – Ladekabel. Kurz: der ganze technische Schnickschnack, der viel wiegt und stets gut beaufsichtigt werden möchte. Je nach Abenteuerskala eine wasserdichte Handyhülle.

Medikamente: Bekommen ein eigenes Kapitel, nämlich das nächste.

Hier geht's weiter mit: Kulturtasche (Waschbeutel, Toilettentasche, mobiles Badezimmer – nennt es, wie ihr mögt). Wenn ich jetzt richtig cool rüberkommen wollte, würde ich nur nennen: Zahnbürste, Zahnpasta, Zahnseide, Gesichtscreme, Sonnencreme, Duschzeug, Bodylotion, Deo, fertig.

Da wir unter uns sind und mein Ruf als coole Socke sowieso längst ruiniert ist, kann ich auch beifügen: Shampoo, Spülung, Haarpflege, Bürste, Spängchen, Haargummis, Handwaschmittel, Rasierklinge, Wattepads, Wattestäbchen, Taschentücher, Handcreme, Lippenpflege, Damenhygiene, Verhütungsmittel nach Familienstand und Bedarf (Kinder, hört auf eure Tante: Fahrt NIE ohne Kondome los!), kleines Handtuch, großes Handtuch. Klitzekleine Make-up-Grundausstattung. (Come on, ich bin im Fernsehen.)

Zum Thema Sonnencreme habe ich noch einen ausgebufften Trick. Ich schnorre in der Apotheke immer mal eine Probe, indem ich beim Bezahlen frage, ob ich die obligatorischen Taschentücher vielleicht in eine Sonnenschutzprobe mit LSF 50 tauschen darf. Haben die fast immer in einer bodennahen Schublade und so eine kommt bei mir oben in den Rucksack oder in die Hosentasche, falls tagsüber nachgeschmiert werden muss. Die große Flasche bleibt dann im Hauptgepäck.

Jetzt 'ne fröhliche Kategorie: Unterhaltung. Außer technischer Unterhaltung nehmen die Oldschool-Reisenden unter uns vielleicht noch ein, wie heißt es gleich, *Buch* mit, oder einen Reiseführer. Gerne auch Schreibzeug und ein Notizbuch für das, was früher Tagebuchschreiben war: *Journaling.* Die Jugend unter fünfundvierzig und die Coaches nennen das jetzt so. Wer auf der Höhe sein will, sagt ab sofort »Dschörneling«, wenn er sein Tageswerk notiert. Das ist jetzt ein bisschen böse, ich weiß. Der Unterschied zwischen Tagebuchschreiben und Journaling ist so fein, dass es für unsere Packzwecke hier erst mal nur wichtig ist, ein Notizbüchlein dabeizuhaben (obwohl es auch Apps dafür gibt). In beiden geht es ums Notieren von *Wesentlichem*. Für den einen sind Reiserouten wesentlich, damit man das auch in vielen Jahren noch nachvollziehen kann. Für den anderen die Gefühle, die eine solche Reise ausgelöst hat, oder die Großen Fragen des Lebens, die während der Reise aufkommen. Mir genügen oft Stichpunkte, um das Gefühl oder die Stimmung an einem Ort sofort wieder abrufen zu können, deshalb schreibe ich in einen kleinen Kalender, reicht. Dazu habe ich eine Zillion Fotos als Bilder-Tagebuch. Zur Frage, ob lieber aufschreiben oder in eine Journal-App diktieren, kann ich folgenden klugen Schiss beisteuern: Beim Schreiben mit der Hand verbinden sich die Gehirnhälften, und handschriftliche Notizen verankern sich tiefer im Unterbewusstsein und im Gedächtnis, können also (wenn man das möchte) auch mehr bewirken. Außerdem ist die Versuchung, nur mal eben ganz unverbindlich in einen der Social-Media-Kanäle reinzulinsen (und dort dann für die nächste halbe Stunde zu versacken) wesentlich geringer, wenn man das Handy für diese paar Minuten außer Sicht- und Hörweite lässt und stattdessen Papier und Stift bemüht.

Wer jetzt noch Platz hat, mag vielleicht ein paar Spielkarten einpacken. Mein zerfleddertes *Uno* aus Abizeiten ist in den Bergen von Tuschetien geblieben. Dort liegt es hoffentlich noch immer im Wintergarten eines uralten Hauses, wo wir wochenlang in jeder Drehpause mit unseren Filmkindern Karten gekloppt und dabei Zahlen und Farben auf Georgisch gelernt haben (und die Kids auf Deutsch und Englisch).

Kommen wir zu: Helferlein. Hierunter fallen Trinkflaschen (eine doppelwandige, griffbereite für die Außentasche, zwei leichte zum Nachfüllen im Innenbereich, sodass man mindestens anderthalb Liter im Tagesgepäck hat), Wärmflasche, ein paar kleine Mülltüten, Mini-Schirm, Brotdose, Flachmann, Laufstöcke, Trillerpfeife.

Trillerpfeife? Kein Witz – wenn man verloren geht und vom hundertmaligen »Hallo, HIER bin ich«-Brüllen völlig entkräftet ist, ist man über eine Trillerpfeife ganz froh. Auf einer einsamen Insel wird man sie eher nicht brauchen. Wenn man sich aber weitab in einem fremden Land abends auf dem Nachhauseweg (nicht machen) nicht ganz sicher fühlt, kann sie auch psychologische Dienste leisten.

Ein Taschenmesser macht Sinn beim Wandern, um Obst zu schälen, Brot oder Käse aufzuschneiden. Entweder ein Multifunktionstaschenmesser (gerne mit Korkenzieherfunktion), ein ganz einfaches zum Klappen (beides bitte nicht ins Handgepäck) oder eins in Scheckkartenform (sind mir aber zu klein). Verschlussclips oder Gummibänder für angebrochene Verpackungen. Streichhölzer und Teelichter für Stromausfall und erhöhte Romantik. Räucherstäbchen gegen Mücken und muffige Räume. Mückenschläger, Ohrstöpsel, Schlafmaske (professionell oder selbst gebastelt, siehe unten, dort werden ein paar Dinge aus dieser Kategorie gleich gesondert gewürdigt).

Ein Ding, das mir mein russischer Freund Mischa auf unserem Trip rund um Sotschi nähergebracht hat, ist ein Schaumstoff-Sitzkissen. Er hatte seins mit Gummiband so am Rucksack befestigt, dass er es zum Hinsetzen nur herunterziehen musste. Total praktisch. Ich habe ein faltbares, das in die Rucksackseitentasche passt. Ganz wundervolle Erfindung im Unter-zehn-Euro-Bereich. Wiegt nichts, nimmt kaum Platz weg und frisst kein Brot. Dafür hält es den Po warm und die Hose trocken. Und intakt. Und sauber.

Ein neues Helferlein, das ich nicht mehr missen möchte: Packtasche für *ins* Gepäck. Gibt's mittlerweile ja sogar saisonabhängig im Supermarkt oder Discounter. Gerade wenn man alle zwei, drei Tage woanders schläft, hilft das dabei, Ordnung zu halten. Ich habe ein Set mit vier verschiedenen Größen und trenne so Hosen und Blusen von T-Shirts, Socken und Unterwäsche. Hach, ist das jetzt übersichtlich.

Wo ich noch nicht ganz so mit der Zeit gehe, ist der Roll-Hype, seit alle die Aufräumserie mit der euphorischen japanischen Ordnungs-Predigerin gesehen haben. Meine T-Shirts auf Salamigröße einrollen – das schaffe ich nicht faltenfrei. Auch wenn man dadurch angeblich dreißig Prozent mehr T-Shirts mitnehmen könnte. Will ich gar nicht! Dann bräuchte ich nämlich auch dreißig Prozent mehr Urlaubstage, um die alle in Szene zu setzen, und dreißig Prozent mehr Kraft, um den ganzen Kram zu tragen (leichter werden die Dinger durchs Rollen nämlich nicht). Was sich also als super ausgebufft erweist (und es für manche bestimmt ist), ist nicht meins.

Und nun wie versprochen die Zusammenfassung für die Ungeduldigen oder Eiligen unter euch.

Klamotten

› **Schuhe**
Wanderschuhe/Winterstiefel/Sneakers (anziehen), ein leichteres Paar Turnschuhe, duschfähige Flipflops oder Dingsletten, evtl. Sandalen, extra Schnürsenkel

› **Hosen/Unterteile**
eine lange Hose, ein langer Rock oder Sarong, eine Shorts, ein kurzer Rock oder Kleid, evtl. Regenhose

› **Oberteile**
wind- und regentaugliche Jacke mit Kapuze oder eine normale Jacke und ein Regencape, ein langärmliges, wärmendes Oberteil aus Wolle oder Fleece, zwei langärmlige Oberteile (Hemden oder Longsleeves), zwei bis drei T-Shirts, eine zusammenrollbare (Daunen-)Weste

› **Wäsche**
Schlüppis, evtl. (Funktions-)Unterhemden, evtl. eine lange Unterbuxe, BHs, evtl. Schlafanzug, kurze und lange Socken, gegebenenfalls mindestens zwei Paar Wandersocken

- **Extras**
  Sonnenbrille, Kopfbedeckungen, evtl. weiche Mütze, Halstuch und/oder Schal, evtl. Nierenwärmer/T-Shirt-Verlängerung, evtl. ein paar dünne Handschuhe, Bikini oder Badeanzug, Badehose

Wichtig/Alles außer Klamotten

- **Dokumente**
  Pass, Impfpass, Bargeld, Geld-Karten, Versicherungskarte, Autopapiere, Auslandsversicherung, Land- oder Wanderkarten, Ausdruck der wichtigen Buchungen und Tickets
- **Technik**
  Smartphone mit Ladekabel, Powerbank mit Ladekabel, Kopfhörer, evtl. Laptop mit Ladekabel, Adapter für Stromnetz, Adapter mit USB-Ausgängen, wasserdichte Handyhülle
- **Medikamente** (siehe nächstes Kapitel)
- **Kulturtasche aka Waschbeutel**
  Mindestausrüstung: Zahnbürste, Zahnpasta, Zahnseide, Gesichtscreme, Sonnencreme, Duschzeug, Bodylotion, Deo
  Dazu wahlweise: Shampoo, Spülung, Haarpflege, Bürste, Spängchen, Haargummis, Handwaschmittel, Rasierklinge, Wattepads, Wattestäbchen, Taschentücher, Handcreme, Lippenpflege, Damenhygiene, Verhütungsmittel, kleines Handtuch, großes Handtuch, Make-up-Grundausstattung
- **Unterhaltung**
  Buch, Reiseführer, Schreibzeug, Notizbuch, Spielkarten
- **Helferlein**
  Trinkflaschen (eine doppelwandige, zwei leichte), Wärmflasche, ein paar kleine Mülltüten, Mini-Schirm, Brotdose,

Flachmann, Laufstöcke, Trillerpfeife, Taschenmesser, Streichhölzer, Teelichter, Räucherstäbchen, Mückenschläger, Ohrstöpsel, Schlafmaske, Sitzkissen, Packtaschen

Als Krönung folgen hier ein paar zusätzliche Tipps von schlauen Reisevögeln, die ich in einer vollkommen unrepräsentativen Umfrage auf Instagram gesammelt habe. Und die ich mir auch selbst beim nächsten Trip zu Herzen nehmen werde!

› **Komfortables und Wellness**
Reisekopfkissen: entweder poplig mit Kügelchen gefüllt oder aus Hightech-Memoryschaum zum Kleinrollen, Augenpatches (für ein bisschen Wellness-to-go), handgestrickte Wollsocken (gibt es oft vor Ort, ich habe welche aus Montenegro, Russland, Georgien, Tadschikistan, Kirgistan und der Mongolei mitgebracht)

› **Praktisches**
Stirnlampe (die hätte ich doch glatt schon wieder vergessen …), einfache Zeltplane (neuerdings als Tarp bekannt) oder dünne Decke als Picknickdecke, wasserfestes Sitzkissen, Schlitten oder Rutschteppich, Rettungsdecke aus dem Erste-Hilfe-Kasten, dünne Alu- oder Schaummatte als Liege- oder Sitzunterlage, Universalstöpsel aus Silikon (flexible Platte in ca. 10 cm Durchmesser), um unterwegs mal etwas von Hand waschen zu können, Schnur und Wäscheklammern, Plastikhaken, der über eine Duschstange passt, Miniwasserkocher (dann aber auch Adapter!), Viereckstuch (schreibt ein Mann, ha! Als Kopfbedeckung oder für andere Eventualitäten), Schuhlöffel (übrigens auch super, um in Kontakt zu kommen, weil jeder den leihen will)

- **Analoges**
  Block, Klebezettel, Skizzenbuch

- **Sonstiges, Emotionales und Dinge, um ins Gespräch zu kommen**
  Aufblasbarer (Wasserball-)Globus (vor allem für Kontakte zu Kindern, Tipp von einem Fotografen), Schnapsgläser und Eierlikör, Ehepartner (nimmt allerdings mehr Platz weg als der Eierlikör), gute Laune (nimmt überhaupt keinen Platz weg, außer der schlechten Laune), Plüschfuchs, Stoffhase, Teddy, Glücksbringer: Warum das ausdrücklich kein Quatsch ist, erläutere ich im dritten Teil des Buches unter dem Stichwort *Anker.*

Okay, fertig. Und jetzt kommt die Reiseapotheke.

Norwegen
oder Sachsen –
Hauptsache mit
Fallhöhe! Bereit
für alles, was
da kommt ...

Spielfilm-Dreh
in der Wüste –
Regisseurin mit
Vollbedeckung

Die Wüste von Tabernas
lässt sich tageweise mieten.

Zack – sieht's in Andalusien
aus wie ein Entwicklungshilfe-
drama in Afghanistan.

Wüste ist Wüste –
gemütlich ist anders.

Sand in der
Luft macht Hals
trocken – und
Wüste romantisch.

Selbst in der Negev finde ich Wüste
vor allem aus dem Auto schön.

Und jetzt in echt:
Blick von Tadschikistan
nach Afghanistan

Kamelwarnung in Hebräisch,
Arabisch und Englisch –
die meinen's ernst.

Was hab ich eigentlich?
Wüste ist eins a, hier:
im Tienschan-Gebirge.

Das thailändische Paradies ist manchen zu heiß.

Dschungeltrek mit Übernachtung im Baumhaus

Mein Zuhause in den Wipfeln des laotischen Regenwalds

Oh, neues Essen zu entdecken! Rambutan (Haarfrucht) und Mangostane auf Bali

Ich bin die Mutter der Expedition – findet auch der kleine Kragenbär.

Viermal selige Fassungslosigkeit vor wolkenverhangenem (ergo unsichtbarem) Mount Everest

Erste Meter auf dem Edmund-Hillary-Trail

März im Himalaja, lässt sich gut aushalten

Unterwegs mit unserm vergnügten Nepali

Trekking oder Pilgern –
Hauptsache: zu Fuß

Und plötzlich
wird's im Kopf
ganz leicht.

Nur fünf Minuten mal ganz
kurz hier so hinlegen ...

Alles so schön bunt hier ...
nach Tagen in der Natur
verliebt man sich auch mal
in eine Blume.

Spontane Haufenbildung beim
Gruppenpilgern kommt vor.

Die Zeichen am Wegesrand stehen auf freundlich, das motiviert doch zum Weiterlaufen.

Im Hohen Kaukasus wird's nachts rechts schattig.

Am Aralsee trennt mich nur eine dünne Kunststoffschicht von der Welt – und von meinen (schnarchenden) Nachbarn.

Der russische
Schaffner-Gentleman hilft
der Dame beim Aussteigen.

Im Nachtzug tagsüber
schön sitzen

Wenn ich in
einen deutschen
Speisewagen komme,
denke ich immer an
den in der Transsib.

Gut aussehen UND
nicht frieren!

Hoher Kaukasus, russische Seite: vergnügter Oktobertag in Dombai

Siebzig Zentimeter Eisdecke über gut 1600 Metern Baikalwasser

Bei trockener Kälte ist alles halb so wild.

Wegen der Anomalie des Wassers entstehen am Baikal-Ufer zu Tagesrandzeiten famose Eiswürfel.

Im Ural geht man im Winter mit Jacke aufs Klo.

Mein polnischer Held, der Robert. Wer ihn dabeihat, kann auch genüsslich auf Grund laufen.

Beängstigend, wie professionell ich am Steuer dreinblicken kann.

Die Ruhe nach dem Sturm – da liegt es nun so unschuldig da ...

Wer da rechts sitzt, hat die Kapitänsmütze auf – und hoffentlich alles im Griff.

Unter Deck – unser Büro, Küche und Schlafsaal für die nächste Woche

Mein Kameramann und ich: eingespieltes Team und (fast) immer Zeit für ein Späßchen

Die bösen Dornenkronen: vorsichtig mit Metallhaken anlupfen, dann ab damit in die Wüste

Sonst fressen die fiesen Biester die lebenden Teile der Korallen kahl.

Zwölf Monate anzugfrei! Mein famoses Sabbatjahr geht los …

Vorher und hinterher wird der Magen desinfiziert – mit einem Schluck Whiskey.

Raus aus der Komfortzone und ran an den Fleischtopf

Ich würde keinen zu großen Rucksack mitnehmen ...

Immer dabei: mein Anklips-Makro-Objektiv fürs Handy

Und das kann man damit sehen ...

... oder das hier.

Kleine, aber irre nützliche Investition: unten wasserdicht, oben flauschig

Schon Jahrhunderte vor dem Hype auf Basaren erhältlich: feste Seife

Wenn man die Angst mal so richtig unter die Lupe nimmt, wird sie kleiner.

Harmloses Schlangenexemplar, taugt nicht zum Angeben ...

Der wackere Skorpion – kurz nachdem ich fast draufgetreten wäre – weiß bis heute nicht, wer von uns beiden sich mehr erschreckt hat.

Meine schlimmste Kindheitsfantasie: wahr geworden (und ich hab's überraschenderweise überlebt)

Gehört zum Inventar und frisst Mücken – man sollte den Gecko am besten gleich mitbuchen.

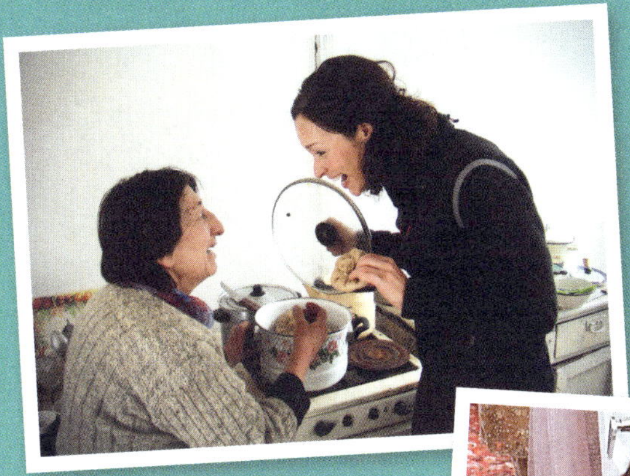

Bei jeder Begegnung bin ich außer der deutschen Touristin auch Botschafterin für mein Land.

Freundlich sein ist erstens einfach, und zweitens macht's mich froh.

Begegnung ohne Sprache – dafür mit Zahnpastalächeln

Hier werden die Zähne im Freien geputzt.

In der Natur die
Augen für Kleines
offen halten.

Ob aus Stein oder aus Pflanze – die Botschaft ist: Du darfst gut zu dir sein.

Okay – das hier ist vielleicht nicht ganz so zufällig entstanden.

Nein, das ist nicht eso – das ist ’ne ganz feine Sache!

Füße in kaltes Wasser, und der Kopf wird frei – versprochen.

Der Arzt an Bord, das bin ich

Und der hat ein paar Gesundheitstipps zum Umgang mit verschiedenen Reisewehwehchen und eine Auflistung hilfreicher Medikamente für euch. Wem das Pflanzliche eher liegt, für den habe ich auch die alternative (und mitunter durchaus skurrile) Urlaubsapotheke im Angebot. Meine eigene Reiseapotheke wird über die Jahre immer kleiner. Werde ich etwa leichtsinnig? (Geht das trotz Kontrollzwang?) Oder nur vergesslich? Ich glaube, es ist weder noch. Eher haben sich über die Jahre Erfahrungswerte angesammelt, was ich wie oft je gebraucht habe. So eine Art Risiko-und-Ausprägung-Erhebung, und danach entscheide ich jeweils, wie viel ich mitnehmen möchte. Vieles bekommt man zur Not vor Ort. Als mich vor zwei Jahren Corona auf Elba ereilte, gab es dort Hustensaft, Schmerzmittel, Halstabletten und guten Rat. Die schwere Pulle Hustensaft hätte ich auf keinen Fall den ganzen Urlaub lang *prophylaktisch* tragen wollen. Aber es gibt auch Ziele, da besteht sogar die Filmproduktion explizit darauf, dass wir eine amtliche Medizintasche dabeihaben.

Also, vernünftige Menschen und solche, die für andere (inklusive Filmteams) verantwortlich sind, denken an … Achtung, das gibt's als Liste:

- ein Erste-Hilfe-Set mit Pflaster
- Tapeverband
- Desinfektionsmittel
- Schere
- Pinzette
- Mullbinde
- ein paar sterile, größere Wundpflaster

- Jodsalbe
- Schmerzmittel
- ein Breitband-Antibiotikum, eins für die Harnwege (aber da kommt gleich noch was Besseres)
- ein Antiallergikum
- Nasenspray (zum Befeuchten im Flugzeug, oder abschwellendes bei Erkältung)
- ein Fiebermittel
- Halstabletten
- Muskel- und Gelenksalbe
- Reisetabletten
- Vitamine und Elektrolyte zum Auflösen in Wasser (Elektrolyte vor allem bei Reisen in Durchfall-affine Länder)
- Fieberthermometer. Mit Corona in Italien war ich froh, dass ich ein Fieberthermometer dabeihatte. Das macht auch auf mehrmonatigen Reisen Sinn. Ich finde zwar, dass man ganz gut mitbekommt, ob man Fieber hat oder nicht, aber in manchen Situationen, zum Beispiel wenn man ein paar Wochen vorher von irgendwas Fiesem gestochen wurde, möchte man gerne mal nachmessen, um Ernstes ausschließen oder entsprechend reagieren zu können.
- Was ihr speziell braucht, muss natürlich auch mit (Asthmaspray, Herztabletten, Migränemittel etc.)

Dazu gibt's auch hier wieder eine Kategorie *Extras*:

Vaseline. Eine fettige Salbe hilft, bereits zugeheilte Wunden zu schützen, sodass nicht andauernd etwas drankommt. Und für trockene Füße, wenn man viel in offenen Schuhen herumläuft (da geht natürlich auch Handcreme). Ich habe immer zwei winzige Tiegel mit abgefüllter Ringelblumensalbe und Kälteschutzcreme (beide auf Vaseline-Basis) dabei.

Wasserreinigungstabletten. Habe ich wie gesagt zwar schon oft dabeigehabt, aber noch nie benutzt. In Russland oder Georgien gibt es herrliches Quellwasser, in den südostasiatischen Ländern kann man überall frisches Wasser in Flaschen kaufen, im Pamirgebirge allerdings war das Wasser in den Läden aufgrund einer Überschwemmung ausverkauft und der Nachschub fehlte, da gab es nur Bier oder Cola, wenn man etwas Kaltes wollte. Ich habe mich für Warm entschieden und abgekochtes Wasser aus dem Grenzfluss zu Afghanistan in Form von Tee getrunken (und vorbeugend Okoubaka genommen, kommt gleich). Nix passiert.

Schnaps. Bekommt man fast überall vor Ort, würde man meinen. Aber nur, wenn es ein Land ist, in dem auch Alkohol ausgeschenkt wird. Auf einer Expedition im Jahr 2000 durch den Jemen bunkern meine mitreisenden Männer (ich bin die einzige Frau) wohlweislich ein paar Flaschen Whiskey im Duty-Free-Shop. Auf unserer Rundreise sind wir oft auf offene Garküchen angewiesen. Dort sitzt man mit den anderen Gästen, die ihre Kalaschnikows zum Essen an die Wand stellen wie andere ihre Regenschirme, um einen Topf *Ful* (Bohnenbrei, recht scharf aber durchaus schmackhaft) herum. Alle essen aus dem gleichen Topf. Es gibt kein Besteck. ALLE fahren mit den Händen einmal durch die Mitte und dann am Rand entlang. Wenn man Glück hat, ist ein hinreichend großes Läppchen Pittabrot zwischen den Fingern und dem *Ful*. Ich verbiete mir strikt, mich zu fragen, ob die Männer hier sich nach *bestimmten Erledigungen* wohl wirklich immer die Hände waschen – jetzt ist nicht die Zeit für solche Erörterungen, und die Reise ist zu aufregend, um sie mir mit bakteriellen oder viralen Wahnvorstellungen zu infizieren. Daher heißt es vor und nach jeder Mahlzeit: »Desinfizieren!« – und zwar auf Ungarisch, denn wir sind mit dem ungarischen Botschafter unterwegs. »Julischka, kisch Whiskey« (*Julchen, kleiner Whiskey)*, erschallt es fast muezzinartig, und natürlich folgt

Julischka dem Appell. Nach dem Magen-Darm-Trakt desinfizieren wir unsere Hände mit dem Whiskey gleich mit. Ob das nun der entscheidende Trick ist oder die unzähligen rohen Zwiebeln und frischen Knoblauchzehen, die wir morgens mit einem Stück Brot zum Frühstück kauen (die Ungarn wissen, wie man an Vitamine kommt und sich Vampire vom Hals hält), kann ich genauso wenig belegen wie die Nummer mit der Sinuskurve (siehe unten), aber wir bleiben alle – zumindest magenmäßig – zwei Wochen lang gesund und sind insgesamt meist recht fröhlicher Stimmung auf diesem außergewöhnlichen Trip.

Einheimische Hausmittel. Ich finde es immer wieder faszinierend, zu sehen, wie anderswo geheilt wird. In Russland ist mir aufgefallen, dass bei denjenigen, die nicht das Geld für importierte Medikamente haben, ein profundes Wissen über Pflanzen besteht, die bei allen möglichen Malessen helfen. Da nutzt man dann die Mittel aus Mutters reicher Natur, mit geriebenem weißen Rettich bei Erkältungen, wilden Beeren fürs Immunsystem, selbst gepflückten und zu Tee getrockneten Blättern (zum Beispiel von einer bestimmten Rhododendronart) für alles Mögliche von A wie Asthma bis Z wie Zu-krasser-Blutdruck. Aber auch zu uns bekannten Hausmitteln wie Honig haben sie was zu sagen. Der wird nämlich keinesfalls (wie wir Idioten im Westen das machen) in den heißen Tee eingerührt – da verliert er seine Wirkung –, sondern separat gelöffelt. (Und wenn alles nicht hilft, ja, dann hilft ein klitzekleiner Wodka (oder drei).) In Thailand hingegen wird auf die Hälfte aller möglichen Wehwehchen Tigerbalsam geschmiert. Ich meine aber nicht das rote chinesische mit dem Tiger im Logo (das riecht scharf nach Menthol), sondern einen Tiegel mit gelbem oder grünem Deckel und gelber Paste. Sobald man ihn aufschraubt, weiß die Nase: *Das* ist Tigerbalm. Es duftet betörend nach Kampfer, macht (mich zumindest) sofort riechsüchtig und sollte auch nicht zu exzessiv eingesetzt werden, ersetzt aber in Südostasien die halbe Hausapotheke. Mückenstich: Tigerbalm. Kopfschmerzen: Tigerbalm. Blauer Fleck: Tigerbalm. Verstauchung: Tigerbalm. Erkältung: Tigerbalm. Bronchitis: Tigerbalm. Offene Wunde: KEIN Tigerbalm. Und bitte IMMER nur äußerlich anwenden. Einreiben, tupfen, schmieren ist erlaubt, nicht aber schlucken oder auf Schleimhäute schmieren! Es soll sogar als Aphrodisiakum wirken, lese ich gerade. Ohne das näher recherchiert zu haben, wäre hier allerdings mein Rat: nicht einreiben.

Ein Tipp unter Frauen – für die leidgeprüften unter euch, die ab und zu mal eine Blasenentzündung bekommen: Es gibt ein magisches Pulver namens D-Mannose, das man beim ersten Ziepen in Wasser auflöst und ext. D-Mannose ist ein mit Glukose verwandter Zucker und kommt in der Natur in vielen Beerensorten, Äpfeln, Orangen, Pfirsichen, Mangos, Datteln oder Mais vor. Das allein klingt ja schon mal sympathisch. Wird aber noch besser. Die aufgelösten D-Mannose-Moleküle fahren ohne Stopp durch bis in die Blase und lenken dort die heimtückischen Bakterien davon ab, sich an die Blasenwand zu heften, indem sie sie an sich selbst ziehen. Die heldenhaften Zuckermoleküle opfern sich quasi für die gute Sache und sorgen mit ausgebreiten Armen dafür, dass die Blasenwand weitgehend unversehrt bleibt. Habe ich getestet: Funktioniert eins a! In Kombination mit Wärmflasche und viel Wasser oder Kräutertee erspart es tagelanges Ungemach und vor allem ein Antibiotikum. Das Pulver gibt es in Säckchen und ist immer, ich betone IMMER, in meiner Kulturtasche. Ich verschenke auch gerne mal eins, weil ich es so cool finde.

Außer von diesem Wunderprodukt bin ich auch sonst ein großer Fan der alternativen Heilmittel, von daher versuche ich es gerne zuerst mal mit Tee, Salben oder Tropfen. Kaffee hilft bei Kopfschmerzen, Magnesium bei Verstopfung, grundsätzlich viel Wasser bei fast allen Wehwehchen. Ölziehen bei beginnendem Halsweh, das geht so: Morgens vorm Zähneputzen mit einem Esslöffel ein paarmal beherzt über die Zunge fahren (Wölbung nach oben, damit es unten schabt) und abspülen. Dann einen Esslöffel Sesamöl oder Olivenöl in den Mund nehmen und mindestens zehn Minuten hin- und herschlackern und durch die Zähne ziehen (deshalb heißt das so). Danach in ein Stück Küchenrolle spucken und im Hausmüll entsorgen. An der Farbe seht ihr: das hat sich gelohnt. Das Öl bindet Bakterien und Giftstoffe im Mund. Damit lassen sich aufkommende Halsschmerzen super einfangen.

Pflanzliches. Es gibt einen Berg an guten Heilkräutern für die kleineren Wehwehchen auf Reisen, zum Beispiel Arnika für alles, was wehtut und blau werden könnte (oder schon ist), Minze lindert Kopfschmerzen. Auch Sachen, die bei uns nicht unbedingt heimisch sind. Ich habe zum Beispiel mit Okoubaka gute Erfahrungen gemacht. Das wird aus der Rinde eines afrikanischen Urwaldbaums gewonnen und gibt es unter anderem als Tropfen. Es soll dort Stämme geben, die vorsorglich Okoubaka nehmen, wenn sie bei einem anderen Stamm zum Essen eingeladen sind. Vorbeugend für fremdes Essen quasi. Wenn man zum ersten Mal wo ist (sagen wir Ägypten), braucht das Verdauungssystem ja unter Umständen ein bisschen Zeit und ein paar amtliche Durchfälle zum Umgewöhnen. Da kann Okoubaka eine gute Unterstützung sein, aber nur als Vorbeugung, und man sollte dennoch mit gesundem Menschenverstand essen. Wasch es, schäl es oder LASS es. Kein grüner Salat in Ägypten, wenn du zum ersten Mal dort bist. Kein Obst, das du nicht schälen kannst. Mindestens in den ersten Tagen Zähne mit Flaschenwasser putzen. Gib dem Darm Zeit, die neuen Keime willkommen zu heißen und gesund zu integrieren. Wenn es aber schon zu spät ist: Ich bin keine Freundin von Kohletabletten, denn was raus muss, soll auch raus dürfen. Das hat der Körper schon schlau eingerichtet. Kohletabletten sind für mich eher dann eine Lösung, wenn ein Flug oder eine unaufschiebbare Zug- oder Busfahrt streifenfrei überstanden werden muss. Was aber hilft, wenn der Durchfall da ist: versuchen, viel Wasser oder ungesüßten Tee zu trinken, nichts Kaltes, nichts mit Kristallzucker! Bitte auch keine Cola ins ohnehin schon gebeutelte System gießen, dieser Tipp von früher ist längst überholt. Kein Ei, keine Milch, kein Käse, kein Fleisch! Stattdessen unheimlich langweiligen Reisschleim essen. Und wenn das gut geht, den Reis mit geriebenem Apfel oder zermanschter Banane anreichern. Zwieback. Elektrolyte nehmen, und wer Zugang zu Karotten, einem Kochtopf, sauberem Wasser und Salz hat, macht sich die Moro'sche Möhrensuppe. Die geht so: Ein halbes Kilo Möhren in einem Liter Wasser *eine Stunde lang* kochen (erst dann sind die Möhrenmoleküle so klein, dass die Darmbakterien sie mit den Zotten verwechseln und sich daran hängen anstatt ans wehe Gedärm, super ausgebufft!). Zum Schluss mit drei Gramm Salz würzen und mit kochendem Wasser angießen, sodass ein Liter Suppe rauskommt. Portionsweise trinken, und ruckzuck geht's einem besser. Ich hab's erst kürzlich wieder getestet.

Außerdem nehme ich zur Vorbeugung eben Okoubaka. Und ja, *ich* nehme das als (jetzt gibt's bestimmt Haue) Kügelchen. Nun ist es raus. Homöopathie macht se auch noch.

Kügelchen. Wer für das Prinzip der Homöopathie (Gleiches mit Gleichem heilen) offen ist oder bereits davon überzeugt, oder wer es mal probieren mag, weil es so viel Platz und Gewicht spart, nimmt sich folgende Röhrchen mit Globuli mit: Arnika C30 für stumpfe Verletzungen, Verstauchungen und blaue Flecke. Aconitum C30 für Schnitte oder Stürze (alles, was einen kleinen Schock im Gewebe auslöst). Apis für Wespenstiche, Drosera oder Ledum für Skorpionbisse oder Zeckenbisse. Auch als Unterstützung, bis man medizinische Hilfe bekommt, falls die nötig ist. Also bei einem Schlangen- oder Skorpionbiss bitte pronto ins Krankenhaus, dass wir uns da richtig verstehen …

Wer das mit den Globuli totalen Humbug findet, nimmt einfach was anderes mit. Aus der Pharmazie. Peace! Dieser Appell gilt natürlich genauso für die Hardcore-Ökos in Bezug auf Schulmedizin. Eine gute Gelegenheit übrigens, an dieser Stelle mal die eigene Toleranzschwelle zu überprüfen. Wie viel Unerklärliches, Unlogisches, Fremdes oder Widersprüchliches, also ANDERES, bin ich bereit zu akzeptieren? Oder auszuprobieren? Denn solche Dinge werden mir auf Reisen und besonders in unbekannten Kulturen öfter begegnen. Nicht sofort verteufeln, was nicht der eigenen Überzeugung entspricht, sondern erst mal hinnehmen, dass wir alle anders sind und verschiedene Dinge in unterschiedlichen Situationen brauchen. Ja, Toleranz kann man auch im Kleinen üben.

Und zu ebensolcher Toleranzübung (auch meiner eigenen) schreibe ich euch auch noch einen richtig schrägen Tipp auf. Jeder überlege sich in friedvoller Haltung: Will ich *das* ernsthaft probieren oder nicht? Es ist ein Tipp zum Juckreizstillen bei Mückenstichen, den wir vor vielen Jahren von einer Heilpraktikerin auf Bali erhalten haben und den meine Freundin bis heute bei sich selbst und mittlerweile auch ihren Kindern anwendet. Man riskiert kein Leben dabei und hat damit auf jeden Fall einen super Anknüpfungspunkt für kuriose Gespräche. Dazu braucht es einen (wahlweise roten) Kugelschreiber oder irgendeinen anderen Stift. Mit dem zeichnet man eine Sinuskurve mitten über den Stich auf die Haut (muss ja keiner mitkriegen). Wer vergessen hat, wie eine Sinuskurve aussieht: ein bisschen wie ein Fleischerhaken, sie beginnt auf einer gedachten Nulllinie, führt in Leserichtung erst hoch und dann im Bogen wieder runter, kreuzt die Nulllinie (und den Stich), geht weiter runter und führt im Bogen wieder zurück bis hoch zur

Nulllinie. In etwa wie ein liegendes Fragezeichen oder ein gespiegeltes großes S mit etwas längerem Anfang und Ende. (Ihr denkt: »Hä?« Dann googelt mal »Sinuskurve«.) Ja, schmunzelt ruhig oder schüttelt den Kopf, aber probiert's halt trotzdem mal, wenn ihr neugierig seid. Wir jedenfalls sind damals bunt bemalt (weil sehr zerstochen) auf der Insel herumgeturnt, und es hat uns NICHT GEJUCKT. Denn das ist ja das Versprechen: Sinuskurve auf Mückenstich malen – nicht mehr kratzen müssen. Die Erklärung dazu findet man auf diversen abgefahrenen Heilpraktikerseiten. Und auch wenn ich die sehr eso finde – ich habe schon andere Dinge erlebt, die ich mir mit meinem beschränkten Verstand nicht erklären konnte. Mir genügen manchmal die Idee und ein Selbsttest. Ich muss nicht alles zwischen Himmel und Erde verstehen. Durchatmen, es ist NUR ein schräger Tipp. Und übrigens auch NUR ein Mückenstich.

Zum Ausgleich ein ganz praktischer Tipp für tropische Ziele. In Kambodscha haue ich mir in Flipflops den großen Zeh an, und der Schnitt will einfach nicht heilen. Außerdem habe ich einen Mückenstich unterhalb des Fußknöchels, der sich auch seit Wochen da hält und wie blöde juckt. (Ich habe ihn aufgekratzt statt angemalt (ich Idiotin).) Dann laufe ich drei Tage in Socken und Turnschuhen im Angkor Wat herum (Flipflops fand ich dafür ungeeignet) und stelle überrascht fest: Beide Wunden sind verschlossen und bleiben es auch. Manchmal ist die Lösung so einfach. Man kommt halt bloß nicht immer drauf. Also: Bei kleinen, aber hartnäckigen Fußverletzungen für ein paar Tage ab in saubere (!) Socken und geschlossene Schuhe.

Letzter Vorhang für die Mücken: Malaria und die Prophylaxefrage. Nach meinem Baumhaus-Dschungeltrip will ich auch in Kambodscha einen Dschungeltreck machen (jetzt bin ich endgültig angefixt). Noch in Laos lese ich mich (dann doch endlich mal) ein. Überall heißt es, ohne Malariaprophylaxe darf man auf keinen Fall in den Dschungel. Nun habe ich aber leider nichts dabei (und den Tipp mit dem Kuli und der Sinuskurve längst wieder vergessen). Die fancy europäischen Mittel – ein neues Medikament, von dem man angeblich nicht sofort erblindet wie potenziell von den gängigen Anti-Malaria-Tabletten, wenn man sie zu lange nimmt – gibt es zurzeit nur in Deutschland. Ich frage mich also, wo ich vor Ort einen Arzt finden kann, der mir etwas verschreibt, was ich vorsorglich einnehmen oder zumindest dabeihaben kann, falls mich eine Malariamücke niederstreckt. Im tiefsten Malariagebiet im Urwald ist mit Citronella oder Lavendelöl nicht viel auszurichten, außer dass die Mücken sich köstlich amüsiert auf die Schenkel hauen. Ich lande bei einer weißhaarigen Krankenhausärztin in der laotischen Hauptstadt Vientiane. Sie hört sich mein Reisevorhaben aufmerksam und milde lächelnd an. Amüsiert es sie, dass diese zu groß geratene Langnase unbedingt in den Dschungel will, sich aber einen Fleck ins Hemd wegen Mücken macht? Schließlich fragt sie mich, warum ich *überhaupt* etwas einnehmen will.

»Weil man das so macht?«

(WEIL ICH SONST STERBE?!)

Und dann sagt sie den entscheidenden Satz, den ich nie wieder vergessen werde und der mich seitdem a) begleitet und b) beruhigt: »Schau dir die Einheimischen an. *Mach es wie die Locals.* Ahme nach, was sie tun (okay – vielleicht nicht alles), dann brauchst du auch keine teuren Medikamente.«

In Bezug auf Malariaprophylaxe bedeutet das: Während der Dämmerung morgens und abends einfach mal für ’ne halbe Stunde drinnen bleiben. Im Zelt oder in der Unterkunft. Lange Ärmel und lange Hosen anziehen. Zur Not sogar mal Socken, auch in den Tropen. Denn bei Twilight sind die Malariamücken am liebsten unterwegs. Und benutze Mückenspray. Im Malariagebiet das mit

Deet. Sehr giftig und sollte man abends abduschen. Für drei Tage kann man das aber mal aushalten. (Länger ist tatsächlich nicht so toll, irgendwann löst sich die Haut vom Schienbein. Man kann es, wie wir in einem unfreiwilligen Selbsttest herausgefunden haben, auch prima als Nagellackentferner zweckentfremden, daher bitte in Maßen einsetzen.)

Noch ein *local* Tipp: Ich habe beobachtet, wie Frauen in Thailand, Laos oder Kambodscha, wenn sie mit dem Moped unterwegs sind und eine Hand frei haben (sagen wir mal, sie fahren hinten drauf mit), ein großes Heft oder eine Zeitung als Sonnenschutz hochhalten, damit ihr Gesicht *keine direkte Sonne* abbekommt. Erst finde ich das noch merkwürdig anzuschauen, dann übernehme ich es. Keine direkte Sonne auf ganz helle Haut. Deshalb sieht man mich auch im Hochsommer gerne mit Halstuch oder Sarong um den Hals und auch immer mit Kopftüchlein oder Kappe. Diese magischen Worte *act like a local* nehme ich mir seitdem gerne zu Herzen.

Zum Abschluss auch dieses Kapitels noch was aus der Schwarm-Intelligenz. Meine Instagram-Erhebung hat noch folgende Produkte fürs Arztköfferchen ergeben:

- Klammerpflaster, 4-Seitenklebepflaster, Blasenpflaster, Kinesiotape als Blasenvorbeugung
- Hirschtalg gegen »Wolf« (den man bei exzessivem Laufen oder Radeln von scheuernden Innennähten an den Oberschenkelinnenseiten bekommen kann)
- Elektronischer Mückenstichheiler
- Traubenzucker für den Hunger-Ast oder Kreislauf-Notfall

Ausgefuchste Tipps und Life-Hacks aus der Reisetrickkiste

Tropische Ziele mit mindestens achtzig Prozent Luftfeuchtigkeit und affenartiger Hitze – da denke ich an Dschungelbuch, Krabbelzeug, sattes Grün, hohe Bäume, Lianen, Lendenschurz, bunte Paradiesvögel, surreal große Blüten … und surreal große Schweißflecken. Ich radle bei knapp vierzig Grad und siebzig Prozent Luftfeuchtigkeit durch die historische Tempelanlage der ehemaligen thailändischen Königsstadt Ayutthaya, rieche den Duft der Frangipani-Bäume … und den von *irgendetwas* unter meinem Arm. Aber ach komm schon, das müffelt anders als zu Hause, das wird schon gehen. Außerdem bin ich hier nicht die Einzige, die um den Titel transpiriert. Bei südostasiatischen Zielen rund um den Monsun habe ich mich daran gewöhnt, leicht zu müffeln und doll zu kleben. Alle tun das. Die Haut ist feucht und schwitzt den lieben langen Tag in ihrer Mission »Körper-Kühlung« vor sich hin. Das hat den Vorteil, dass ich mich hier nach dem Duschen – so wie zu Hause immer – nie eincremen muss. Jede Hautzelle ist spitzenmäßig durchhydriert, ganz ohne teures Serum. Glatt und zart wie mit zwanzig fühle ich mich hier.

Und ich kenne einen spitzenmäßigen Life-Hack von den Thailänderinnen und (!) Thailändern. Bei ihnen habe ich mir abgeschaut, dass man mit *Babypuder* nach dem Duschen Wunder bewirken kann – sofern man die dreieinhalb Sekunden zwischen handtuchtrocken und schon-wieder-nassgeschwitzt erwischt. Man bestäubt in Windeseile Hals, Nacken, die Ellenbeugen, bewirft die Achseln, beklatscht die Kniekehlen mit dem Puder, die Zehenzwischenräume und, ja (ganz besonders), auch den Schritt. Vorne, hinten, ich sagte ÜBERALL. Babypuder bei drückender Hitze zaubert ein wattiges Wohlgefühl in jede noch so schmale Gasse. Und man verlässt die Unterkunft in der Gewissheit, den ganzen Tag relativ bezaubernd zu duften, *egal* wie man schwitzt. Wie auch übrigens sämtliche Einheimische! Denn sollte es tatsächlich mal in einem Überlandbus nach Schweiß duften, liegt das hundertpro an irgendwelchen Rucksackrookies, die den Trick mit dem Puder noch nicht kennen, niemals jedoch an den Achseln der Einheimischen. Also: unbedingt mal ausprobieren. Was sag ich: Es ist mein *obligatorischer* Lebenskniff für tropische Gefilde – und für *überall*, wo man schwitzen, sich aber nicht immer sofort waschen kann.

Es gibt noch ein paar andere großartige Kleinigkeiten, die ich auf Reisen nicht mehr missen möchte. Entweder tragen sie zum Wohlgefühl bei, sind irre praktisch, können Leben retten, oder sie halten mir übermäßige Reizüberflutung vom Leib. Die meisten stehen auf meiner Packliste unter *Helferlein*. Hier kommen sie, in loser Folge:

Ohrstöpsel. Haste Ohrstöpsel, haste Seelenfrieden. Deshalb haben die das auch Ohro*pax* genannt (wobei ich die Schaumstoff-Variante in den Regenbogenfarben lieber mag als die wabbelige Knetmasse in Ohrenschmalz-Nude). Einer der Sinne, die mein Nervensystem befeuern, wird dadurch vorübergehend einfach mal stumm geschaltet. Manchmal hört man anfangs sein Herz lauter schlagen oder das Rascheln des Ohrs auf dem Kissen beim Atmen, wenn man auf der Seite liegt. Seitenschläferinnen empfehle ich, nur das *Luftohr* abzuisolieren und das *Kissenohr* freizulassen. Drückt auch weniger. FAQ: Ja, ich höre den Wecker trotzdem. Auch die Türklingel, auch die Feuerwehr. Dafür höre ich weniger Fluglärm, Straßenverkehr, Schnarchen, Hühnergackern, alles, was sich im Umfeld tummeln könnte.

Nächste Frage: Wie krieg ich die Dinger rein, sind meine Ohren groß genug? Fürs Normohr (und meine eher kleinen Horchexemplare) gilt: Es lohnt, die Dämmschutzdinger eine Weile sehr geduldig klein zu rollen, bis sie sich zu einem winzigen bunten Würstchen zusammengezogen haben. Danach muss es schnell gehen. Mit Daumen und Mittelfinger die Breitseite festhalten (Würstchenzange), gleichzeitig mit dem Zeigefinger auf die stumpfe Seite wandern und zack, rein damit. Achtung, der Zeigefinger bleibt drauf, denn hier offenbart sich der Ohrstöpselprofi! Finger *so lange* drauflassen, bis sich das Würstchen in Sicherheit fühlt und im Gehörgang ausbreitet, in etwa wie ein Dübel. Langsam zehn Schäfchen zählen und erst dann loslassen. Ach, kann man da gut schlafen.

DIY-Schlafmaske aka schwarzes Tüchlein. Schaltet den zweiten Sinn gleich auch noch ab. Gut, im Winterhalbjahr am Polarkreis braucht man den nicht, aber ich habe schon im Juni nachts im Hotelzimmer in Tallinn gelegen und die Sonne lugte mir frech ins Gesicht. Es gab dort keine Jalousien, nur helle Gardinen. Da war meine praktische DIY-Verdunklung Gold wert. *DIY* (do it yourself) wird »di-ei-whei« ausgesprochen und klingt ganz entfernt wie ein chinesischer Künstler. Das passt auch, geht es doch hier um die englische Abkürzung für etwas Selbstgemachtes, eine Kreation. Jetzt wird also gebastelt. Dafür zweckentfremde ich ein sehr altes, dunkles T-Shirt und zerschneide es in zehn mal zwanzig Zentimeter große Stücke (gerne ein bisschen größer, die rollen sich nämlich beim Waschen ein). Je älter das T-Shirt, desto öfter gewaschen und umso weicher ist es. Den Rest kann man der Schuhputzkiste vermachen. Es darf natürlich auch eine handelsübliche Schlafmaske sein, aber ich persönlich kann schon den Gummizug nicht haben und möchte nicht mit Strichen im Gesicht aufwachen, wenn ich auf der Seite gelegen habe. Die bleiben bei meiner Konstitution bis nachmittags auf der Backe. Und ich mag den Geruch nicht und will die nicht erst x-mal waschen müssen. Daher ist das hier meine Top-Lösung. FAQs: Warum gleich mehrere? Damit ich Ersatz habe, falls ich mal eins im Hotel liegen lasse oder eins in der Wäsche ist. Wie befestige ich die Gesichtsjalousie? Indem ich sie mir auf die Augen lege. Auf dem Rücken liegend muss das glaube ich nicht erklärt werden. Auf der Seite liegend sollte ich sie ein wenig über die oben liegende Schläfe ziehen, damit der Lateralpunkt nicht zu weit unten ist. Aber verrutscht das nicht im Schlaf? Ja klar! Egal – du schläfst doch dann. Es ist eher als Einschlafhilfe gedacht.

Kopfhörer *mit* Kabel. Finde ich für lange Reisen als Backup oder Alternative zu Bluetooth-Öhrchen sehr schlau. Macht unabhängig von Strom, sonst bräuchte man eventuell noch eine Powerbank. Und dafür auch wieder ein Ladekabel. Wer Gewicht sparen will, nimmt die alten Dinger mit.

Sarong. Oder ein anderes großes, leichtes, rechteckiges Tuch. Der Sarong an sich ist die eierlegende Wollmilchsau. Wer in die Wärme fährt und noch keinen hat, darf gerne vor Ort die Augen offen halten und an einem Straßenstand zuschlagen. Mir fallen auf Anhieb vierzehn Gelegenheiten ein, bei denen ein Sarong ein echtes Schätzchen sein kann:

1. Sonnenschutz: beim Laufen, auf dem Moped, im TukTuk und überall sonst, wo kein Schatten zu finden ist (Tropen, Wüste, Warteschlange unter freiem Himmel). Anwendbar für Kopf, Nacken, Schultern und Arme – im Prinzip wie eine Burka
2. Kälteschutz: gegen irrsinnige Klimaanlagen bei Taxifahrten oder Bankbesuchen (Asien, USA)
3. Bettdecke: entweder als ganz dünne, wenn man etwas auf der Haut liegen haben möchte, obwohl es sehr heiß ist,

weil zum Beispiel ein Ventilator weht; oder als zusätzliche Schicht zur Decke, wenn es irgendwo mal gar nicht ohne Klimaanlage gehen sollte, weil es unerträglich heiß ist, aber mit Klimaanlage sofort arktisch kalt. Habe in dem Rahmen übrigens festgestellt, dass eine Einstellung von kuschligen sechsundzwanzig Grad Celsius (oder achtundsiebzig Grad Fahrenheit) nicht unmittelbar zur Mega-Erkältung führt, wie einem das bei achtzehn oder zwanzig Grad auf dem Display sonst passieren kann. (Außer man ist in Nordamerika aufgewachsen und abgehärtet.) Die Decke und den Sarong braucht man dann aber trotzdem noch.

4. Umkleidekabine
5. Badeanzug: In Laos gehen die Einheimischen zum Baden im Sarong in den Fluss, nehmen ihn dann jeweils partiell ab um sich zu waschen, und kommen blitzeblank mit dem ebenfalls sauberen Sarong wieder heraus.
6. Ersatzklamotte: Meine Wanderhose musste in Kambodscha zum Schneider, weil ich nach vier Monaten Rucksacktour meinen Bürospeck komplett verloren hatte, da war der Sarong ein gelungener Ersatzrock für zwei Tage. Oder wenn die Hose einfach mal gewaschen wird.
7. Massageunterlage: Meistens ist ja eine da, manchmal aber eben bereits mehrfach benutzt und mit dem Odeur und Ölresten etwaiger Vorgänger. Wer es gerne frisch und »eigen« haben möchte, kann sich dann auf seinen Sarong legen.
8. Als Rock: zum Ausgehen, wenn man die Trekkingsachen leid ist oder sich etwas weiblicher fühlen möchte. Auf Bali tragen übrigens auch Männer Sarongs und sehen darin wirklich schön aus. Würdevoll sogar. Einfach mal ausprobieren, ihr Lieben!
9. Handtuch: das man dann spart

10. Schnuffeltuch: bei Heimweh oder Krankheit
11. Strandmatte: danach als Massageunterlage, Handtuch oder Schnuffeltuch disqualifiziert
12. Körperbedeckung: im Tempel als Überrock oder Schultertuch. Achtung: Wer in kurzer Hose und Top unterwegs ist, braucht zwei!
13. Schattenspender: im Sinne von Gardine, Markise, Sonnensegel …
14. Raumteiler: Ich hörte gerade von einer Frau, die ihren Sarong im Flugzeug zwischen ihrem und dem Nachbarsitz aufhängt, wenn ihr der Geruch, der Habitus oder einfach die *Vibes* nicht passen (bisschen schräg, aber zählt).

Wärmflasche. Hilft gegen Heimweh, Rückenschmerzen, Regelschmerzen, Nackenschmerzen, kalte Füße, Schlafprobleme, Aufregung, Einsamkeit. Ich bin überzeugt: Die Wärmflasche ist die beste Freundin der Alleinreisenden. Meine Familie hat mir eine geschenkt, als ich in jungen Jahren für ein Praktikum nach London gegangen bin. Da war sie monatelang jeden Abend im Einsatz (wunderbar gewärmte Nächte trotz Eis an der Innenseite der englischen Fenster, plus: kein Heimweh.) In der Mongolei, wo wir viele Male in der kalten Steppe gezeltet haben, hat sie mir jeden Abend den Schlafsack vorgewärmt und beim Einschlafen das Fußende eingeheizt.

Moskitonetz oder Mückenschläger. Fangen wir mit dem Netz an. Gut, ich würde es nicht unbedingt mit auf eine Reise mit Hotels oder gemauerten Unterkünften mitnehmen, aber wenn es mal in Hüttenbungalows oder einfachere Hostels geht, lohnt der Aufwand. Nimmt halt ein bisschen Platz im Gepäck weg. Ich würde nicht das einfachste nehmen, sondern eins mit Aufhängungs-Schleife und mindestens so groß, dass man den gesamten unteren Rand unter die

Matratze klemmen kann. Hält auch Krabbeltierchen ab, wie Käfer oder Kakerl- … Nein, ich spare mir das.

Der kleine fiesere Kollege vom langmütigen Moskitonetz ist der Mückenschläger, der ist ja im Kapitel über störungsfreies Zelten bereits zum Aufschlag gekommen. Eines von beiden – Schläger oder Netz – dabeizuhaben sorgt immens für Seelenfrieden auf dem Platz, also vor Ort.

Makro-Objektiv. Ich habe mittlerweile keine gute Kamera mehr dabei, sondern fotografiere nur noch mit dem Smartphone. Shame on me. Dafür habe ich mir ein kleines Makro-Objektiv zum Draufklemmen gekauft, von dem ich sehr begeistert bin. (Ich bin allerdings sehr schnell begeistert von allem, was sehr klein ist und womit ich Dinge in der Natur finden kann.) Keine zehn Euro! Übrigens auch ein witziges Geschenk für jemanden, der bald verreist und nicht viel mitnehmen kann.

Und jetzt Vorhang auf für: mein Kopftuch. Jajaja, es geht auch eine Kappe. Es geht auch *ohne* Kopfbedeckung. (Nur nicht in der prallen Sonne.) (Auch nicht bei Wind, wenn man Locken hat.) (Oder keine Haare.) (Schon gar nicht, wenn's kalt ist und man empfindliche Ohren hat. Dann auch keine Kappe.) (Oder wenn man keine Zeit zum Haarewaschen und -legen hatte.) (Korrigiere daher: Es. Geht. Nicht. Ohne. Zumindest bei mir nicht.) Kürzlich nimmt meine jüngere Schwester mich auf die Seite, um mich modisch zu *beraten*. »Julia, ich kann dein Kopftuch nicht mehr sehen. Sei mir nicht böse, aber *I f…ing hate it.*« Ich empfinde das als eine relativ *direkte* modische Beratung und recherchiere daraufhin im Familienkreis, ob da was dran sein kann (und um Allianzen pro Kopftuch zu bilden). Der BEWUB äußert sich unaufgeregt und diplomatisch. »Och. Wieso, ist doch süß.« Deshalb ist er ja auch der Beste Ehemann Weit Und Breit.

Aber ich werde woanders fündig. Wer Ablehnung sucht, findet sie immer. Denn siehe da, mindestens eine Nichte und ein Neffe haben sich der Anti-Kopftuch-Bewegung bereits angeschlossen (wenn sie sie nicht sogar losgetreten haben, das kriege ich noch raus). Ihr Feedback kommt subtil und indirekt: Sie beauftragen meine ältere Schwester – ihre Erzeugerin –, mir mitzuteilen, wie bekloppt mein Kopftuch aussieht. Das tut weh, wo ich mich damit doch äußerst individuell auf dem deutschen Reisemoderatorinnenmarkt platziert meine. Ich möchte daher an dieser Stelle das *Plädoyer für ein Kopftuch* nochmal aufnehmen.

Erstens: Ohren bedecken heißt Leben retten. Überall, wo ein scharfer Wind weht (Mongolei, Steppe) oder Sand in der Luft ist (Aralsee, Wüste).

Zweitens: Lockige Haare, die auch nur für fünf Minuten Wind abbekommen haben, zu kämmen tut verdammt weh. Um mir das zu ersparen, nehme ich modische Out-of-Dates gerne in Kauf. Kommt klar, Kinder.

Drittens: Das Kopftuch wiegt nichts, nimmt kaum Platz ein, bringt Farbe ins Spiel. Es kann hervorragend als modisches (ODER AUCH UNMODISCHES) Accessoire eingesetzt werden.

Die gängigen Bandanamuster finde ich übrigens optisch weniger spannend. Für meine sechswöchige Seidenstraßenreise über windige Viertausender, durch brüllend heiße Wüsten bis zum fast vollständig ausgetrockneten Aralsee habe ich sogar ein paar eigens für mich genähte Kopftüchlein am Start. Zwei wurden aus Tischläufern umfunktioniert, die ich in einem Dekoladen entdeckt habe. Nehmt das, Familie. Ich bin *punk*.

Mikrofaserhandtuch. Bei diesem Tipp bin ich gespalten. Ich gebe ihn dennoch gerne weiter, denn so ein Ding hat eins a Vorteile: Es wiegt nichts und ist keine große Investition. Trotzdem bin ich – wahrscheinlich als Einzige – kein Ultra-Fan. Ich mag das Gefühl auf der Haut nicht ... Es rubbelt und saugt anders als ein stinknormales, hundertmal gewaschenes Frotteehandtuch (neue, superfluffige Hotelhandtücher kommen da auch nicht ran – sehen nur gut aus, saugen aber nix).

Feste Seife. Ist nicht mehr so ein hipper Tipp wie noch vor ein paar Jahren. Mittlerweile gibt es Shampoo, Spülung, Seife oder Creme in *fest*. Für die Faulen gibt es im Outdoorladen sogar Seifen*blättchen* im Spender. Alternativ kann man vor Ort (überall, wo es Schafe und Ziegen gibt, zum Beispiel an der Seidenstraße) ein Stück echte Kernseife aus Schafs- oder Ziegenmilch auf dem Basar kaufen, damit lassen sich sowohl schmutzige Klamotten als auch das gesamte Selbst schrubben. Trocknet allerdings ein bisschen die Haut aus, da muss die feste Körperbutter gleich auch mit. Alternativ packt ihr euch die angebrochene Gästeseife im Hotel ein. Das ist nachhaltig, weil sie ohnehin weggeschmissen wird, sobald sie offen ist. Dafür ein kleines Behältnis dabeihaben (wie das von den Ohrstöpseln oder eine leere Streichholzschachtel – und Seife nach Gebrauch trocknen lassen).

Salz. Ich packe mir im Flugzeug immer das Doppelsäckchen mit Pfeffer und Salz vom Tablett ein. Und das vom Tomatensaft. Erstens, weil ich nichts wegschmeißen kann, zweitens, weil ich fades Essen nicht mag. Das schleppe ich dann wochenlang in der Vordertasche vom Rucksack mit, bis es durch intensive Scheuerung so dünn geworden ist, dass man, ohne es zu öffnen, damit streuen kann. Das würzt dann die Taschentücher und die Kopfhörer und die Kaugummis. Manchmal aber erlebt es noch den großen Moment, wo ich ein geschmackloses Gericht damit aufpeppe und mich wie ein Schnitzel freue, wie schlau ich doch mal wieder war. Alternativ kann man natürlich auch einen von diesen entzückenden winzigen Salz- oder Gewürzstreuern aus dem Outdoorladen mitnehmen, die überdies als Schlüssel- oder Rucksackanhänger fungieren und gleichzeitig signalisieren: Hier ist ein ausgemachter Feinschmecker unterwegs.

Um dieses Kapitel zu würzen, möchte ich NOCH MAL ein paar einmalige Investitionen anregen, die sich für mich schon zigfach bezahlt gemacht haben, und fast auf jeder Reise mitmüssen, daher hier noch mal kurz als

Einkaufs- oder Wunschzettel:

- Innenschlafsack aus Seide (aka Jugendherbergsschlafsack)
- Schlafsack mit ausreichender Warmhalteleistung (die kann man in manchen Outdoorläden in der Kältekammer testen – einfach mal ein Nickerchen im Kühlschrank machen)
- Wattierte Weste zum Drunter- oder Drüberziehen (und zum Sehr-klein-Rollen)
- Gescheite Sonnenbrille, die auch beim Schuhezubinden nicht runterfällt
- Nierenwärmer (entweder aus Fleece in Bunt oder aus Wolle/Merino in Sanitätshaus-Optik)

Nun sind die Packlisten komplett. Habe ich etwas vergessen? Bestimmt. Ich vergesse immer etwas, da kann ich noch so geile Listen schreiben. Das ist normal, und menschlich, und okay. Machen wir unseren Frieden damit.

Sich anständig vorbereiten heißt das Ziel würdigen

Es gibt da etwas, das zur Vorbereitung gehört, aber nicht ursächlich mit Packen zu tun hat. Nennen wir es »das Ziel würdigen«. Das intensive Einstimmen auf die Reise. Dafür kann man ein paar Blogs lesen, online nach Geheimtipps suchen oder ganz oldschool einen Reiseführer studieren. Den man sich vielleicht im ersten Anflug von Euphorie gekauft oder geschenkt bekommen hat und der nun ungeöffnet und unbeachtet ein tristes Dasein als Briefbeschwerer fristet. Hier will ich mal ganz laut sagen, warum es sich lohnt, in den Reiseführer auch reinzuschauen. Nicht nur steigert es – wenn es ein guter ist und einem nicht schon beim Querlesen die Füße einschlafen – die Vorfreude, es gibt auch ein wenig Trittsicherheit vorab.

Für meine Filmreisen habe ich je nach Land zwischen drei und sieben Reiseführer auf dem Schreibtisch (zunächst als Briefbeschwerer), die ich nacheinander querwälze, mit Klebezetteln versehe und die mir helfen, eine Idee zu kriegen, wo ich unbedingt hinmöchte und um was ich mit Sicherheit eher einen Bogen machen werde. Manchmal finde ich es schade, wenn jemand von einer Reise berichtet und bei näherem Erzählen und Nachfragen herauskommt, dass ihm ein paar entscheidende Glanzstücke in dem Land schlicht durch die Lappen gegangen sind, weil er einfach nichts davon wusste. Oft liegt das daran, dass durch die Art der Reisevorbereitung und -organisation, durch Sprachbarrieren oder einfach Schüchternheit vor Ort kein Kontakt zu Einheimischen entstanden ist. Wer nicht das Privileg oder das Glück hat, andauernd Einheimischen in die Arme zu laufen, weil er anders gestrickt ist als ich, und vielleicht auch nicht pausenlos mit Kamerateam im Schlepptau unterwegs ist, sollte sich auf diesen guten Freund besinnen: den Reiseführer.

In einem, der mir gefällt, finden sich statt lähmend ausführlichen Kircheninneneinrichtungsbeschreibungen Tipps abseits der ausgelatschten Touristenpfade. Orte, die besonders sind und die ich sonst nicht finden würde. Der kleine See mit dem Imbiss auf dem Wasser, die besondere Lichtung im Wald, der unfassbare Ausblick, der nicht ausgeschildert ist, das familienbetriebene Restaurant, wo nur in Landessprache bedient, aber für dreifuffzich sensationell gekocht wird. Was ich auch gern lese, sind Tipps, wie man sich am besten verhält, wenn man mit Einheimischen in Kontakt kommen möchte. Und was man dafür besser sein lässt. So etwas wie: beim Eintreten einer Behausung auf die Schwelle treten, Leute unaufgefordert umarmen, pünktlich kommen, unpünktlich kommen, keine Blumen mitbringen.

Dann mag ich diese extra Seiten mit kleinen Mythen und Anekdoten aus dem Land. Ich möchte mir einbilden, dass die da nicht zum Platzausfüllen drinstehen, sondern weil sie helfen können, die Seele oder DNA einer Volksgruppe oder eines Kulturkreises zu erfassen.

Hintendrin kommt meine Lieblingsrubrik: Phrasen in der Landessprache, die es lohnt, auswendig zu lernen, wie: Guten Tag, Ja gerne, Nein danke, Das ist aber lecker, Gern geschehen, Ich komme aus Deutschland, Ganz schön schön hier, Ein Bier und ein großes Wasser bitte, Wir würden dann jetzt bezahlen, Vielen Dank und auf Wiedersehen, Gute Nacht allerseits. Und ein paar Zahlen. Ich *liebe* das. Zwanzig Sätze lernen und polyglott rüberkommen. Gut geblufft ist halb gewonnen.

Klar, kann man sich auch alles vor Ort vom Handy übersetzen lassen, dafür braucht man dann WLAN, und/oder eine zweite Sim-Karte, wenn man nicht das komplette Reisebudget nur für

Roaming verbraten will. Oder man lernt ein paar Phrasen vorab per App, das mache ich auch gerne, vor allem auf langen Fahrten. Es hält mein Gehirn elastisch und erscheint mir eine schöne Geste vor Ort. Wichtig ist, dass man das Wissen dort dann einfach unaufgeregt auch mal einsetzt, ohne sich einen Fleck ins Hemd zu machen. Wenn mich keiner versteht, kann ich ja wechseln. Ich möchte auch davon abraten, mit den gelernten Vokabeln beim Bestellen den Restaurantbetrieb komplett zum Erliegen zu bringen, bloß weil man für vier Mitreisende verschiedene Menüs mit Sonderwünschen ordert und das nicht so flott auf die Kette kriegt. Also ein bisschen abwägen und das richtige Maß finden. Es genügt ja die freundliche Geste, dann darf man gerne in eine vertrautere Sprache wechseln. Sind die gerade gestresst? Dann lieber gleich auf Englisch bestellen. Ist nicht viel los? Dann radebrechen, bis der Chefkoch kommt. Alternativ lernt man den Satz: Ich spreche leider kein Hebräisch/Arabisch/Ungarisch – darf ich's auf Englisch sagen? Habe ich in Israel so gemacht und kam gut an. Natürlich spricht dort *jeder* Englisch, ich hätte mir die Frage auch sparen können, aber es geht eben um die Haltung und schafft eine respektvolle, freundliche Atmosphäre, auf der es sich gut durch den Reisetag segeln lässt.

Will sagen: ein paar Phrasen lernen, vor Ort genau hinhören, um sich akustisch einzugrooven, sich dann selber trauen und: Herzen einsammeln.

Ganz hervorragend kann man sich übrigens auf eine Reise einstimmen, indem man vorab – und das möchte ich aus gewissen Gründen ausdrücklich empfehlen – ein, zwei Reisereportagen über das anvisierte Reiseziel in der Mediathek anschaut. Über wirklich fast jede Region gibt es einen schönen Film von meinen Kollegen oder mir. In Tuschetien (Georgien) ist uns keine Wandergruppe begegnet, die meine Reportagen nicht gesehen hatte. Das war nicht nur ein super Gesprächsöffner, sondern auch lustig und hat mich natürlich gerührt. Die Autorenseele braucht Feedback. Man kriegt das sonst ja nicht so mit.

Wie auch immer ihr es anstellen mögt – lesend, online oder vor dem Fernseher –, ein bisschen Information und Einstimmung vorab steigern das Reisefieber und die freudige Erwartung. Versprochen.

Und jetzt geht's ans Eingemachte.

Teil 3

... und dich selbst gleich mit

Unaufgeregtes Reise-Coaching zum Mitnehmen

Psychologisches Tieftauchen,
aber wir bleiben
im Nichtschwimmerbereich

Reise beherzt und entdecke dich selbst

Dann bewegst du dich nicht nur geografisch, sondern auch an innere Orte

Dass man beim Reisen ziemlich viel in Bewegung ist, ist klar. Die Stadt, das Land, ach was, der ganze Kontinent will ausführlich entdeckt und erkundet werden. Dabei sind wir aber nicht nur äußerlich unterwegs, sondern auch innerlich. Denn wie heißt es so treffend:

Jede Reise ist (auch) eine Reise zu dir selbst.

Den Satz liest du nicht zum ersten und sicher auch nicht zum letzten Mal. Da kann ich dir den hier auch noch gleich um die Ohren hauen, der ist noch ne Spur unbequemer:

Egal, wo du hinfährst, du nimmst immer dich selbst mit.

Deshalb geht es in diesem Teil des Buches um die inneren Aspekte des Reisens. Egal, wo ich hinfahre, in welches noch so entfernte Land, lerne ich nicht nur viel über seine Regionen und die Menschen vor Ort, ihre Gewohnheiten oder ungeschriebenen Gesetze, sondern auch so einiges über mich selbst: Was mag ich, was stört mich, worauf reagiere ich (und wann reagiere ich über), was habe ich so noch nie erlebt? Welche Verhaltensweisen lerne ich bei anderen schätzen, die ich gerne übernehmen möchte, welche könnte ich stattdessen endlich mal ablegen? Die Interaktion mit anderen hilft mir, zu erkennen, wie ich selber ticke. Klar, Interaktion bekomme ich auch zu Hause, aber da ist natürlich das meiste eingespielt und vertraut, während auf Reisen vieles neu ist und meine Marotten einen Tick schonungsloser unters Brennglas kommen. Das ist nicht immer nur angenehm, aber ich will ja wachsen, da brauche ich jetzt nicht rumzujammern.

Da draußen braucht es oft bloß einen kleinen Anstupser, damit etwas in Bewegung kommt. Ich selbst bin es schon, ich wandere, fahre oder fliege, laufe Sehenswürdigkeiten ab oder mäandere mit dem Rucksack so vor mich hin. Das ist die äußere Dynamik. Die kann man sich wie diese Schaukel mit den fünf Metallkugeln vorstellen, denen man stundenlang beim Rechts-links-Anticken zuschauen kann. Die erste Kugel könnte für die äußere Dynamik stehen, die letzte für die innere. Die drei Kugeln dazwischen könnten sowas wie der Schnelldurchlauf für einen Prozess sein, der allerdings nicht immer ganz so fix abläuft wie bei dem Kugelspiel. Da können Stunden, Tage oder Wochen vergehen. Fakt ist: Es kommt etwas in Bewegung. Mal in diese Richtung, mal in die andere. Bewege ich mich äußerlich, bewege ich mich innerlich – und andersrum. Aber warum bemerke ich das auf Reisen eher als im Alltag, wo ich ja auch ständig herumwusele?

Erstens: Ich habe plötzlich Zeit. Mein Gehirn ist nicht den ganzen Tag im Erledigen-Modus und auf Stressbewältigung oder Schadensbegrenzung gebürstet. Da haben dann auch mal leisere Gedanken eine Chance, an die Oberfläche zu kommen. Die sind bestimmt schon eine Weile da, gehen aber ganz oft im Strudel unter und hatten bisher keine Chance auf Aufmerksamkeit.

Zweitens: Auf Reisen erlebe ich Dinge, die nicht meinen üblichen Gewohnheiten entsprechen, Stichwort: *Komfortzone verlassen*. Die habe ich ja im ersten Teil schon ein paarmal erwähnt, und die zu ergründen ist wichtig. Zur Komfortzone zählt alles, womit ich im Leben bestens vertraut bin. Das muss nicht zwingend Komfort im positiven Sinne sein wie etwa Gemütlichkeit, es kann auch ein hoher Stresslevel sein – eben alles, an was mein Gehirn und ich uns über die Jahre gewöhnt haben. In der Informatik nennt man das den *Default Mode*, meinen Ruhe- oder Grundzustand. Sobald ich mein gewohntes Umfeld verlasse, ist der in Gefahr. Wie er aussieht, wird mir oft erst in dem Moment bewusst, wenn Dinge plötzlich anders laufen als normal. Ach guck an, *das* ist meine Komfortzone! Oder besser, *war*, denn offenbar bin ich gerade nicht mehr drin. Das kann einen aus der Bahn werfen, nerven, verzweifeln lassen oder sogar richtig wütend machen. Im Gehirn geht jedenfalls die Alarmanlage an und die Kelle hoch: *Achtung, Achtung! Komfortzone wurde soeben verlassen! Bitte SOFORT zurückbegeben und in Sicherheit bringen!* Genau die Reaktion provozieren wir andauernd, wenn wir eine abenteuerliche Reise machen.

Drittens: Wir begeben uns nicht nur physisch zu realen Orten, sondern auch psychisch zu unseren inneren Welten. Über kurz oder lang stoßen wir dort zu Untiefen vor. Plötzlich sehen wir uns im übertragenen Sinn am Rand einer persönlichen Talsohle, in der Gefühls-Wüste, vor unüberwindbaren Hindernissen und Grenzen. Alles innerlich, wohlgemerkt. Manchmal findet sich auf der Reise auch eine Szenerie, die bei späterem Reflektieren zu meinem inneren Zustandsbild gepasst hat. Ich realisiere oft erst im Nachhinein, dass da im Innenleben etwas umgestürzt (oder eine Lawine ins Rollen geraten) ist, weil ich zunächst noch von den äußeren Eindrücken absorbiert werde. Entweder begeistert mich gerade etwas restlos, oder ich werde körperlich voll beansprucht oder muss mich gerade tierisch über etwas aufregen. Natürlich sind das auch bereits innere Vorgänge, aber noch nicht die tieferliegenden, *noch* unterbewussten, vielleicht sogar *seelischen* Prozesse.

Da diese beim Reisen ohnehin fast unvermeidbar hochkommen, können wir sie uns auch beherzt anschauen. Von meinem polnischen Bootsbruder *Robertcik* haben wir schließlich gelernt: Wer ins kalte Wasser springt, setzt nicht nur ungeahnte Kräfte frei, sondern kommt in der Regel auch als *Bisschen-mehr-Held-als-vorher* wieder raus.

Manches Innerliche kommt schon bei der Reiseplanung hoch. Beim einen überwiegt die unbändige Vorfreude, bei der anderen schwingt Hadern mit, manchmal sogar Angst. Die Kombination aus all den Gedanken und Gefühlen hat übrigens einen Namen: Reisefieber. (Ja genau, deshalb heißt auch das Buch so.)

Es wäre natürlich jedem zu wünschen, dass immer die Freude überwiegt, gepaart mit Neugier und der Lust am Entdecken. Dass die lauter sind als die Vorbehalte. Her mit dem frischen Hirnfutter, den Eindrücken und der ganzen Inspiration! Denn nirgendwo kann man so viele neue Erfahrungen sammeln wie unterwegs. Ganz viel draußen sein und die Natur erleben. Menschen begegnen, die man sonst nicht treffen würde. Und nirgendwo kann man so viele andere Lebensweisen und Perspektiven kennenlernen. Man hört fremde Sprachen, probiert abenteuerlich anmutende Speisen, wird mit ungeschriebenen Gesetzen konfrontiert und bekommt bei allem die Gelegenheit, die eigene Justierung zu prüfen. Die man dann gegebenenfalls etwas lockern oder nachölen (oder gar abmontieren?) möchte.

Muss ich mir den Stress überhaupt antun?

Zu Hause ist es doch auch ziemlich schön ...

Kann ich nicht einfach mal zwei Wochen auf dem Sofa oder meinem Balkon chillen? Kannst du. Darfst du. Sollst du. Vor allem wenn du ansonsten Job zu wuppen und Kinder, Haustiere, etwaige Schwiegereltern und BEWUB zu versorgen hast. Ja, Augen auf für die psychologischen Komponenten des Reisens! Die dabei erste, wenig überraschende Erkenntnis: Reisen ist anstrengend, mit Aufwand und allerhand Unbequemlichkeiten verbunden. Dabei gibt es natürlich Abstufungen, je nachdem, ob ich mir eine exzessive Abenteuertour mit dem Biwak zwischen den Zähnen plus Route durch wasweißichwieviele Länder vornehme oder ob ich stattdessen lieber mal für dengelige sechs Wochen in der Hängematte auf einer Südseeinsel herumbaumele und als Hauptsache NICHTS vorhabe. Oder ob ich einen Winter lang eingeschneit auf einer Berghütte ohne Zugang zur Zivilisation am Kamin sitzend Spuckebläschen produziere.

Jeder und jede von euch weiß selbst am besten, was er oder sie möchte. Keiner wird zu irgendwas gezwungen. Wir reden schließlich von Urlaub. Unter Umständen ist übrigens auch Wo-Sein-und-Spuckebläschen-Machen nicht ohne, sofern man sich nicht mit Romanen oder Social Media vom Wesentlichen – dem NICHTS-Tun – ablenken lässt. In meinem Berghütten- und Inselszenario gibt's natürlich weder Strom noch Empfang, ist klar. Denn sonst könnte man der Konfrontation mit sich selbst ja bequem aus dem Weg gehen, und über die Erholung hinaus wird dann vermutlich nicht so viel Erkenntnisgewinn eintreten wie beim Pilgern auf dem Jakobsweg. Wer von vornherein keinen Erkenntnisgewinn sucht, wird auch nicht enttäuscht. Und das ist okay. Es ist ja schließlich Urlaub, und vor allem muss das nicht gemessen oder bewertet werden, nach dem Motto: Wer den krasseren Urlaub macht, ist der Geilere.

Herumliegen und Dümpeln ist einwandfrei – nicht jede Reise braucht zum ultimativen Selbstfindungstrip zu werden. Einfach nur erholen und mal etwas anderes als Alltag haben. Nach zig privatreisenden und berufsreisenden Trips gilt für mich allerdings: Mit dem Herausforderungsgrad einer Reise steigt die Chance auf persönlichen Gewinn – auf abgefahrene Erlebnisse und spannende, witzige Geschichten, auf neues Wissen, unvorhersehbare Perspektiven, überraschende Einsichten, Inspiration, Hirnfutter. Je fremder das Ziel oder die Tour, desto transformierender wird sie für mich auch innerlich. Geistig und seelisch. Und desto länger hängt sie mir nach. Ich subsumiere das unter *Inneres Wachstum*. Bäm.

Das mit dem inneren Wachstum ist eine knifflige Sache. Und hängt auch schon wieder mit dem Verlassen der Komfortzone zusammen. Nur außerhalb deines alltäglichen Lebensbereiches wirst du neue Menschen treffen und Neues erleben. Deshalb heißt die Zone außerhalb der Komfortzone auch Lernzone oder Wachstumszone. Nur in der habe ich die Chance, persönlich zu wachsen und dazuzulernen.

Reisen ist ein prima Übungsparcours für alle möglichen Lebenssituationen, also für das Leben an sich. Wer sich auf eine Reise begibt, setzt sich fast immer dem Unerwarteten aus. (Wie im richtigen Leben.) Es kann unkomfortabel werden. (Wie im richtigen Leben.) Es kann was richtig Aufregendes/Schönes/Tolles passieren. (Wie im … – ich denke, jetzt ist es klar.) Man kann sich eins a vorbereitet haben, und es passiert trotzdem was anderes. (Murphys Gesetz.) Warum soll ich dann überhaupt wegfahren (wenn es da so ist wie im richtigen Leben)? Weil ich im Unterschied zu zu Hause auf Reisen leichter (und inkognito-er) ausprobieren kann, wie das ist, mal anders als gewöhnlich zu agieren oder zu reagieren.

Man weiß ja nie so richtig vorher, wie sich das am Reiseort dann wirklich anfühlt. Wie es da aussieht, wie die Stimmung sein wird, wie die Leute drauf sind, ob mir das Essen schmeckt, ob ich gesund bleibe. Wie das Wetter wird, wie ich auf das Klima reagiere. Das Unvorhersehbare ist Trumpf, und mit jeder absolvierten Reise ist für mich das Grundgefühl gestiegen, dass es gut wird. Egal, *wie* es wird.

Mittlerweile habe ich gelernt (aha!), dass sich nach einer langen Anreise für mich der erste Tag oft nicht so klasse anfühlt. Früher hat mich das belastet, und es kam immer gleich ein Anflug von Heimweh. Jetzt weiß ich, dass das bei mir normal ist – und nie lange anhält. Wenn es geschieht, gestehe ich mir zu, dass es sich blöd anfühlen darf. Ich bekämpfe es nicht mehr und bewerte es auch nicht als gut oder schlecht. (Und damit bekämpfe und bewerte ich *mich* nicht mehr.) Dass mein Nervensystem ein zartes Pflänzchen ist und beim vorübergehenden Umtopfen erst mal mit den paar Reizen über der Norm klarkommen muss, weil alles anders ist als zu Hause auf der Fensterbank, ist halt so. Ich komme eben nur über diesen etwas unangenehmen Übergang in die Wachstumszone.

Jetzt fragst du dich vielleicht, wie *du* in die Wachstumszone kommst. Gibt's da eine allgemeingültige Wegbeschreibung? Muss erst jeder ein Sabbatical nehmen und für ein Jahr mit dem Rucksack durch die Welt vagabundieren? Sollen wir alle den Jakobsweg ablatschen? Oder auf Schweigeretreat gehen? Ich kann dich beruhigen. Man braucht sich dafür nicht gleich als Erstes die Everest-Besteigung vorzunehmen oder mit der Machete einen Weg im Urwald freizuschlagen. Meist reicht es schon, sich etwas vorzunehmen, bei dem sich *viel* Vorfreude und *ein bisschen* Manschetten die Hand geben. Eine gesunde Mischung aus »Au ja!« und »Au Backe!«.

Du kannst sogar vorab schon mal üben: Mach einfach etwas, das du noch nicht kennst. Mach etwas anders, als es deinen Gewohnheiten entspricht. Ganz früh aufstehen, wenn du sonst ausschläfst, alleine in die Kneipe an der Ecke gehen, wenn du sonst zu Hause das Spiel guckst, Fremde nach dem Weg fragen (oder nach sonst was), wenn du das normalerweise nicht tun würdest. Etwas, das dir mindestens ein bisschen unangenehm ist und dich Überwindung kostet. Wenn du das dann gemacht hast, wirst du dazu ein Gefühl haben. War doch gar nicht so schlimm. Ist mir leichter gefallen als erwartet. War schon ganz schön krass, aber hey – *ich hab mich das getraut.* Du wirst um eine Erfahrung reicher sein und bist – tadaa! – einen Schritt aus deiner Komfortzone getreten. Darauf kannst du stolz sein und dich darüber freuen. Und dann nimmst du dir gleich etwas Neues vor, das du dich als Nächstes traust.

Eine Frau ist mal nach einer Lesung auf mich zugekommen und hat sich bedankt: Nun hätte sie endlich den Anstoß gefunden, allein auf eine größere Reise zu gehen. Dazu anzustiften ist mir ein Herzens-Anliegen, weil es eine solche Freude sein kann, wenn man merkt, dass man wächst. Dass man an Situationen reift, souveräner wird, an Selbstvertrauen gewinnt, freudiger wird. Klar, manchmal gibt's auch Wachstumsschmerzen, aber meine Erfahrung ist: Selbst die blödesten Situationen sind rückblickend ganz okay. »Gut, dass mir das passiert ist«, denke ich dann. »Jetzt hab ich's verstanden.« Irgendwann hat man so viele Erfahrungen gesammelt, dass man es schafft, noch *während* etwas Blödes geschieht, zu denken: »Wer weiß, wozu es gut ist? Wer weiß, was sonst passiert wäre? Wovor bewahrt mich das vielleicht gerade?« Man hört die Geschichten von verpassten Flugzeugen oder Zügen, wo jemand sich schwarzgeärgert hat. Um später die Augen aufzureißen, als klar wurde, was es tatsächlich bedeutet hat, ausgerechnet diesen Zug oder den Flug nicht zu bekommen. Es muss nicht gleich etwas Lebensbedrohliches sein. Ich verbiete mir, an so etwas zu denken, wenn mir mal der Zug vor der Nase wegfährt. Ich denke dann eher, wer weiß, vielleicht hätte jemand mit einer ultrakrassen Erkältung neben mir gesessen oder vielleicht mache ich im nächsten Zug eine bereichernde Begegnung.

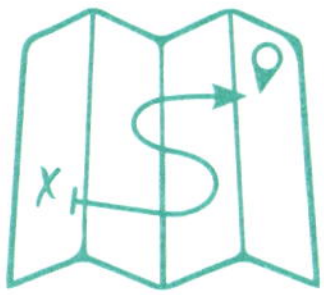

Ja, aber … Das liebe Hadern

Tausend gute Gründe, etwas nicht zu tun

Wenn ich mein Gegenüber frage: »Wo würdest *du* denn gerne mal hinfahren?«, kommt selten die Antwort: »Och, ich find's hier eigentlich ganz schön, ich möchte bitte nicht weg.« Meistens gibt es einen versteckten Traum, oder gleich mehrere. Manchmal klingt der ziemlich machbar, in anderen Fällen unverschämt kühn. Ich mag es sehr, wenn jemand ins wilde Schwärmen gerät. Allerdings habe ich schon oft erlebt, welche Ernüchterung dann oft folgt: »Geht aber nicht.«

Und auf die Frage: »Warum nicht?«, geht's los. Es gibt ja immer tausend Gründe, etwas nicht zu machen. Oder nicht machen *zu können*. Sind wir uns einig. Der Job, das aktuelle Projekt, der fehlende Urlaub, die mangelnde Zeit, der ausgebliebene Lottogewinn, diese Kinder, diese Katze, die pflegebedürftigen Eltern, der Partner, der nicht mitzieht, die Schulpflicht, die Miete. Dann gibt es vielleicht auch körperliche Einschränkungen wie zum Beispiel mangelnde Fitness, mangelnde Sehkraft, mangelnde Beweglichkeit, mangelnde Immunabwehr. Und noch mal tausend andere triftige Gründe: Ich kann doch meine Kolleginnen nicht im Stich lassen, und schon gar nicht meinen Garten, ich kann auch meine Termine nicht im Stich lassen, ich kann mich selbst doch nicht im St… Oh! Warte mal. *Das* kann ich ganz gut. Lasse ich eben *mich* im Stich. Ja, ich denke, das wird gehen. Ich bin's gewohnt.

WIE OFT MACHEN WIR DAS? Diese Frage tröte ich dir mit dem Megafon direkt ins Ohr.

Es liegt mir fern, die mannigfaltigen Hinderungsgründe für das Verfolgen eines Traums kleinzureden. Ich finde selbst immer wieder x gute Motive, etwas nicht zu tun oder *jetzt* nicht zu tun. An einer Stelle bin ich aber streng: Wer einen Sermon von Erklärungen ablässt, warum sein Traum nicht wahr werden kann, und sich dabei als Opfer der Umstände verkauft, die ihn um den Traum betrügen (nach dem Motto »Ich *werde* ja durch die Umstände daran gehindert, ich kann ja nichts dafür, dass ich jetzt nicht weg kann«), betuppt nicht nur die anderen, sondern vor allem sich selbst. Niemand ist ganz ungewollt betroffen. Man ist – selbst wenn es sich nicht so anfühlt – fast immer auch aktiv am Nichtgeschehen beteiligt (im Sinne von »*Ich* lasse zu, dass mich das und jenes davon abhält«). (Ich sage *fast*, weil es tatsächlich – im Extremfall – schlimme Ausnahmen gibt, warum jemand nicht frei ist, sich an einen anderen Ort zu begeben …)

Für alle anderen gehört zur Wahrheit jedoch auch: Jedes einzelne Mal, wenn ihr etwas tut oder sein lasst, trefft ihr eine aktive Entscheidung – dafür oder dagegen. *Ich* lasse etwas geschehen, *ich* lasse mich hindern, *ich* lasse etwas mit mir machen. Nein, da sind keine Ausreden erlaubt. Das darf jetzt mal wehtun. Solange man sich der eigenen Entscheidungskraft und des eigenen Gestaltungsspielraums bewusst ist, ist *Nicht-Wegfahren* überhaupt nicht verwerflich. Nur das Jammern darüber. Wir treffen *immer* eine Entscheidung. Nicht wegzufahren ist kein Schicksal, sondern eine Entscheidung.

Das will ich kurz erklären. Eine Entscheidung enthält immer sowohl einen Gewinn als auch einen Preis. Jede, grundsätzlich. Wenn ich meinen Traum nicht ausleben kann, weil … (Gründe siehe oben), dann treffe ich die Entscheidung, dass mir etwas anderes wichtiger ist, als jetzt diesen Traum zu verwirklichen. Und wenn ich ehrlich zu mir selbst bin, formuliere ich das auch so. Zum Beispiel: Es ist mir wichtig, für meine Eltern da zu sein, daher kann ich jetzt nicht ein Jahr nach Australien gehen. Es ist mir wichtig, dieses Projekt abzuschließen, deshalb werde ich den Pferdetreck durch die Mongolei erst nächstes Jahr oder noch später machen. Es ist mir wichtig, meine angespannte finanzielle Situation nicht weiter auszureizen, deshalb spare ich noch ein wenig oder versuche es zumindest. Es ist mir wichtig, bei meiner Frau zu sein, die lieber nicht wegfährt, deshalb gebe ich die Reise in die Anden dran. Der Gewinn dabei ist: die Fürsorge und der Familienverbund, die Karriere, Licht am Ende des Kontostands, Erhalt der Ehe. Beim letzten Beispiel würde ich als Coach allerdings ein wenig nachbohren, ob sich nicht ein guter Kompromiss zwischen Reisen und Zuhausebleiben findet. Aber das nur am Rande. Wichtig ist, weder den pflegebedürftigen Eltern noch dem Arbeitgeber oder dem reiseunlustigen Partner einen Vorwurf zu machen. *Die* haben die Entscheidung nicht getroffen. Die haben sich *zur Verfügung* gestellt, damit du lernst, was dir wichtig ist.

Ich merke gerade, wie wichtig es *mir* ist, dass wir (vermeintlich) Erwachsenen volle Verantwortung für unser Handeln übernehmen. Es ist so leicht, mit dem Finger auf andere oder auf die Umstände zu zeigen. Wenn eine Frau schon lange davon träumt, mit dem Wurfzelt auf dem Motorrad von Nord- nach Südafrika zu reisen und unterwegs ihre Dienste als Scherenschleiferin anzubieten, aber ausgerechnet jetzt überraschenderweise und ungeplant Zwillinge erwartet, wird sie die Reise vermutlich verschieben. Sonst wird's eng im Beiwagen. Dann wird sie vermutlich noch ein bisschen weiter davon träumen (achtzehn bis zwanzig Jahre), aber: Sie trifft eine *aktive, erwachsene* Entscheidung. Weder die Kinder noch deren Vater brauchen sich später anzuhören: »Ihr seid schuld, dass ich damals nicht wegkonnte.« Falls es Menschen da draußen gibt, die solche Vorwürfe kennen, dürft ihr euch ab jetzt gerne dagegen auflehnen. Ich erlaube es ausdrücklich. Ihr seid nicht schuld, dass eure Eltern dieses oder jenes nicht gemacht haben, denn *ihr* habt die Entscheidung nicht getroffen, das waren *die.*

Letztes Beispiel: Jemand (ich zum Beispiel) möchte ein Sabbatjahr zwecks großer Reise einlegen, bekommt aber ausgerechnet jetzt ein mega Angebot innerhalb der Firma für ein Prestigeprojekt und damit verbunden einen eins a Karriereschritt. Sie nimmt den Job an. Das heißt: Sie *entscheidet* sich, den Job anzunehmen – niemand hält ihr die Pistole an die Schläfe. Dann kann sie nicht sagen: »Mist, ich *kann* jetzt nicht weg, ich armes Schwein.« Die korrekte Aussage lautet: »Ich *möchte* jetzt (noch) nicht weg. Jetzt ist mir wichtig, hierzubleiben und einen guten Job zu machen.«

Ich hatte eine solche Situation und habe mich für den Job entschieden. Weil mir Karriere zu machen damals eben wichtig war und weil ich meinte, mir das beweisen zu müssen. Mein Gewinn war Anerkennung, Erfahrung, eine gute Reputation und, ja, auch Status. Der Preis, den es gekostet hat, waren das weitere Aufschieben meines Reisetraums und ein geringfügiger Verrat meines Freiheitsbedürfnisses. Und ein klitzekleines bisschen Gesundheit ist dabei draufgegangen. Dieser Traum kam auf den Stapel »Wiedervorlage in ein paar Jahren« und hat mich tatsächlich Mitte dreißig wieder eingeholt. Da habe ich mich dann anders entscheiden, für die Auszeit. Mein Gewinn war, endlich ohne Zeitdruck zu reisen und ein paar Monate verpflichtungsfrei die Welt zu entdecken. Ich habe aber auch einen Preis gezahlt. In dem Fall war das die Aufgabe meiner in Stein gemeißelten finanziellen Sicherheit und Stabilität. Und in der Folge das Noch-mal-auf-Start-Gehen als totale Anfängerin in einem neuen Beruf – aber das spielte bei der ersten Entscheidung (für das Sabbatjahr) noch keine Rolle.

Bevor wir alle Schnappatmung bekommen: Hier und jetzt geht es »nur« darum, eine Reise zu machen, und nicht gleich darum, das eigene Leben für immer umzukrempeln. (Falls doch, wäre eine längere Reise natürlich ein geeignetes Trainingscamp mit Disziplinen wie »Eigene Komfortzone verlassen« und »Neue Perspektiven einnehmen lernen«.)

Deine nächste Frage lautet vielleicht: »Aber was mache ich, wenn ich hadere? Ich kann die Zweifel nicht einfach so abstellen.« Ein guter Coach würde unaufgeregt sagen: »Wenn du es genug willst, findest du trotzdem einen Weg.« Damit hat er oder sie auch recht und bekommt dafür gutes Geld. Wenn es ein richtig guter Coach ist, fragt er oder sie dich: »Was hindert dich denn alles? Komm, wir schreiben das mal auf.« Denn was für Außenstehende so einfach und ein bisschen dahergesagt klingt (»Du schaffst das schon«), fühlt sich eben für einen selber *von innen* oft unüberwindbar komplex an.

Also: Hefte raus! Was hindert mich?

Wenn du das alles notiert hast, wird dir möglicherweise schon allein deshalb ein bisschen wohler sein. Es ist immer gut, etwas rauszulassen. Danach kannst du dir Punkt für Punkt einzeln vornehmen und richtig beleuchten.

Beispiel: Du möchtest schon dein Leben lang nach Neapel fahren und dort einen Pizza-Back-Kurs machen.

Aufgabe: Notiere, was dich bisher daran gehindert hat.

Du schreibst: Na ja, ich habe so schlimme Sachen von der Mafia gehört. (Und bevor du dir das von dir selber wegwischen lässt, nimmst du dich mal bitte schön ernst.)

Und fragst dann: Und was noch?

Du schreibst: Außerdem habe ich gehört, dass da manchmal Touristen entführt werden …

Du fragst: Und was noch?

Du schreibst: … und eine Niere entnommen bekommen.

Weiter fragen: Und was noch?

Du schreibst: Ich hab Angst, dass ich nicht gerettet werde, weil gar keiner mitbekommt, dass ich fehle.

Du fragst: Und was noch?

Du sagst: Nix. Das reicht doch wohl.

Wenn du dir selbst und deinem Problem freundlich begegnen möchtest, ist es hilfreich, wenn du weder beim Fragen noch beim Antworten etwas bewertest oder deinen inneren Kritiker, Zyniker, deine Eltern, Geschwister oder sonst wen zu Wort kommen lässt. Nicht werten, nur dir selbst ganz genau zuhören. Und immer wieder »Und was noch?« fragen.

Nun kannst du auf deinen Antworten ordentlich rumkauen.

Erst mal analytisch: Wie viele Übergriffe der Mafia gibt es im Schnitt in Neapel? Wie viele Nieren werden pro Jahr geklaut? Wie groß ist das Risiko demnach?

Aber auch un-analytisch: Wie fühle ich mich, wenn ich daran denke? Was macht es mit mir? Zum Beispiel: Ich bin traurig, weil ich den Back-Kurs deshalb nicht machen kann. Oder ich bin empört, dass die Polizei und die Regierung das nicht in den Griff kriegen. Oder ich bin enttäuscht, weil meine Angst mich davon abhält, richtig Pizza machen zu lernen.

Du bist dir jetzt schon über ganz schön vieles klar geworden. Nächster Schritt: Was wären Vorsichtsmaßnahmen? Was kannst DU tun, damit du für dich das gedachte Risiko minimierst? Und was kannst du auf der nicht-sachlichen Ebene tun, um dich besser zu fühlen? Zum Beispiel: Den Pizzakurs nicht alleine machen, sondern etwaige Mitbackende anheuern. Dich gut vorbereiten, damit du dich zum Beispiel nicht verläufst und in seltsamen Vierteln von Neapel landest. Den Aufenthalt so planen, dass du immer vor Einbruch der Dunkelheit in der Unterkunft sein kannst. Unnötige Wertsachen zu Hause lassen. Einen Selbstverteidigungskurs machen (bei der Mafia etwas naiv, das will ich gern einräumen – aber schaden kann's trotzdem nicht).

Und jetzt der Motivations-Teil, jetzt lass deine Fantasie spielen: Wie wird sich das anfühlen, wenn ich erst mal in Neapel bin? Wenn ich ein gemütliches Zimmer in der Altstadt mit Minibalkon und Blick über die Dächer habe? Wie wird sich das anfühlen, wenn ich morgens über Kopfsteinpflaster zur Espressobar an der Ecke springe und fröhlich »Buon giorno, un caffé!« brülle? Und wie wird das erst, wenn ich immer besser im Teig-in-die-Luft-Werfen und Dabei-auf-Italienisch-Schwadronieren werde?

Welches Gefühl wird das in dir auslösen?

Desinteresse? Langeweile? Dann such dir einen neuen Reise-Traum.

Große Freude? Dann nimm die mit. Die wird jetzt genüsslich gefühlt!

Letzter Schritt: Bitte noch einmal hinspüren. Hat sich mein Gefühl zu meinem Traum verändert? Ist er machbarer geworden oder noch mehr in die Ferne gerückt? Falls du jetzt noch immer haderst, kannst du dich fragen: Wie wichtig ist mir diese bestimmte Reise wirklich? Angenommen, ich hätte nicht mehr unbegrenzt Zeit zur Verfügung, würde ich sie dann trotzdem machen wollen? Würde ich sie vielleicht sogar *unbedingt* machen wollen? Oder ist es einer von diversen Träumen, und ich finde auch etwas anderes, das mich glücklich macht?

Dieses Vorgehen funktioniert bei jeder Art von Reise (oder sonstigen Vorhaben). Außer den faktischen Neins und den benennbaren Gründen schwingt meist EIN Hinderungsfaktor über allem in der Luft. Finger hoch, was das sein könnte …?

Yes! It's *Angst.* Manschetten. Muffensausen. Schiss inne Büx. Angst, irgendwo auf der Skala von »gewisses Grundrauschen im Herz-Bauchbereich« über »ein bisschen Schiss« über »doch recht veritable Angst« bis hin zu »existenzieller Mega-Panik«. Eventuell Angst vor etwas spezifisch mit der Reise Verbundenem. Letztere, also die höchste Ausprägung, würde der Psychologe wohl als *Phobie* einstufen und sollte tatsächlich im Rahmen einer Therapie beackert werden. Eine Phobie sollte durchaus ernst genommen, kann aber (mit etwas tapferer Arbeit) auch abgelegt werden. Ich klammere sie hier trotzdem aus: andere Liga.

Kurioserweise sind viele der Hinderungsgründe in dem Moment null und nichtig, sobald jemand vom Leben eine tickende Uhr vor die Nase gehalten bekommt. Ich finde das Szenario »Stell dir vor, du hättest nur noch drei Monate zu leben« zwar recht brutal, aber es hilft dabei, herauszukristallisieren, was einem ernsthaft wichtig ist und was nur so mittel. Das funktioniert auf die brutale Tour plastischer als mit einem Satz wie »Stell dir vor, du hättest keine Limitierungen mehr«. Bei »Hallo! DIE UHR TICKT!!« bist du sofort ganz wach und nicht mehr im Larifari-Modus. Und plötzlich spielt auch Angst nicht mehr die Hauptrolle. Aber eine Rolle spielt sie immer noch. Deshalb schauen wir sie uns jetzt mal sehr genau an, die liebe Angst.

Ängste zähmen – Ängste nutzen (ja, das geht!)

Wie man sich sukzessive vom großen Bibbern befreit

Angst hat man hauptsächlich im VORFELD, weil im Kopf viel Platz ist, sich die kniffligsten Szenarien auszumalen: Höhe! Spinnen! Enge! Durchfälle! Tod und Verderben am Wegesrand! Und vieles mehr …

Reden wir also über die *kalten Füße* bei und trotz Reisefieber. Ich kenne sie gut. Heute habe ich sie zwar nur noch selten, früher fror ich da unten dafür ganz ordentlich. Beim Reisen macht man vieles zum ersten Mal, und das darf ruhig auch mal Angst machen.

Vor vielen Jahren eröffnete mir eine Freundin und Kollegin an einem verregneten Novembertag auf dem Rückweg aus der Kantine, dass sie mit ihrer Schulfreundin fürs Frühjahr eine Wanderreise nach Nepal plant. Als sie so erzählt und ich immer größere Ohren und Augen bekomme, schlägt sie vor: »Komm doch mit! Vielleicht finden wir noch eine vierte Person, damit es mit den Zimmern aufgeht.« Weder weiß ich irgendetwas Substanzielles über Nepal, noch habe ich JEMALS eine Reise mit dem Rucksack gemacht (ich besitze nicht mal einen). Außerdem habe ich keine Ahnung, wie viel man da so wandert und ob ich überhaupt fit dafür wäre, aber: Ich bin angefixt. Ungefähr zwölf Minuten später habe ich Urlaub für den kommenden März eingereicht, meinen Kontostand gecheckt, meinen Pass auf Haltbarkeit geprüft, meinen Freund gefragt, ob's ihm recht ist, einen Fitnessoptimierungsplan ersonnen, Wandersfrau Nummer Vier rekrutiert und ein diffuses Kribbeln ob des bevorstehenden Abenteuers verspürt. Das, ihr Lieben, ist amtliches Reisefieber.

Was dann allerdings kommt, damit habe ich nicht gerechnet. Ab dem Moment des Entschlusses und meiner Buchung schlafe ich keine Nacht mehr durch. Ich wache regelmäßig in den frühen Morgenstunden mit schlimmer Angst im Bauch auf. Mein Unterbewusstsein scheint zu ahnen, dass da was Großes kommt. Die Angst steigert sich mit näherrückendem Reisetermin. Ich erzähle keinem davon, zumindest nicht in der Detailtiefe, wie es sich wirklich für mich anfühlt. Aus irgendeinem Grund fürchte ich, in Nepal zu sterben. Ich hab's ja schon erzählt, dass ich erst später – nach der Reise – den Satz höre: »Man fährt auch nicht nach Nepal, wenn man nicht sein Leben ändern möchte.« Ja, warum sagt einem das keiner VORHER? Wieso steht das nicht als Disclaimer in der Buchung? Achtung, Sie sind im Begriff, Ihr Leben zu ändern. Richtig doll zu ändern. WOLLEN SIE DAS? Nur dann bitte hier auf Bezahlen klicken. Ich kann natürlich nicht sagen, ob diese Behauptung Allgemeingültigkeit hat, bei mir hätte sie jedenfalls gepasst. Und ehrlich gesagt bin ich froh, dass ich nicht vorher wusste, was diese eine Reise so alles lostreten würde. Manchmal ist es ganz gut, wenn man so etwas erst im Nachhinein begreift.

Für den Moment sind wir einfach nur vier Frauen Mitte/Ende dreißig, die ein Abenteuer vor sich haben. Unsere Vorbereitungstreffen sind legendär. Jede von uns proklamiert, worauf sie auf keinen Fall verzichten will. Wir beraten elementare Grundsatzfragen wie, ob wir ungeschminkt wandern, weil geschminkt uncool wäre, aka ob wir bereit sind, auf allen Fotos alt auszusehen. Eine von uns postuliert, unter gar keinen Umständen ohne ihren Augenringe-Übertüncher (Concealer) zu wandern. Die dritte schwört, sie wird sich *jeden* Tag die Beine rasieren, zur Not im eiskalten Fluss.

Wir buchen einen zwölftägigen Treck mit Wanderführer und, ähem, Reiserucksacktransportservice und erhalten eine seitenlange Packliste vom Veranstalter zur sorgfältigen Abarbeitung. Darauf stehen unter anderem Klappspaten und Knirps. Nicht etwa für Regen, sondern für den Fall, dass eine von uns Durchfall bekommt und es *sehr* schnell gehen muss. Dann könne man seinen Schirm (oder gleich ein paar) auf dem Weg aufspannen, um etwas Privatsphäre zu haben. Ich stelle mir vor, wie ich einen Knirps aus dem Gepäck zerre, auseinanderfalte und aufspanne, wobei natürlich der Schirmstoff von den Speichen rutscht, der Griff verbiegt und wie immer nicht oben einrastet, *während* ich unheimlich dringend aufs Klo muss. Heimlich studiere ich die Stornierungsbedingungen (nix zu machen), und meine nächtlichen Angstepisoden expandieren. Kraft meines Managerinnendaseins organisiere ich einen fachkundigen Nepalkenner (meinen Chef), der uns erzählen soll, was wir *wirklich* mitnehmen müssen und worauf tatsächlich zu achten ist. Er rät unter anderem zu einer Thermoskanne, die hundertprozentig dicht ist, damit sie nicht – wie bei ihm – im Schlafsack am Fußende ausläuft, woraufhin er diverse Folgenächte im nassen Schlafsack bei Minusgraden im offenen Unterstand verbringen musste. Jetzt bin ich noch mehr bedient. Aber ich darf mir nichts anmerken lassen, schließlich habe ich mit der bevorstehenden Reise schon angegeben wie zehn Bergsteiger im Everest-Basecamp und habe reichlich Anerkennung von der Rollkoffer-Pauschalurlaub-Fraktion meiner Flughafenkollegen eingeheimst.

Es gibt ein äußerst vergnügtes Foto von uns im Outdoorladen, denn wir brauchen alle je einen Reiserucksack *und* einen Tagesrucksack, und zögern das bis wenige Wochen vor Abreise hinaus. Was man auf dem Foto nicht sieht: In der Nacht davor schlafe ich kaum, weil mir so schwindlig ist. Ich probiere alles: Fuß rausstellen, Horizontale, Vertikale, im Bett sitzen, halbschräg liegen, Augen zu, Augen auf, atmen, etwas trinken, etwas essen, alles. Der Schwindel lässt aber nicht nach, und ich denke, wie unangenehm, jetzt sterbe ich schon vorher. Um kurz vor sieben rufe ich diejenige von den Wandersfrauen-to-be an, die am nächsten bei mir wohnt. Ich flehe sie an, mit mir ins Krankenhaus zu fahren, weil ich mittlerweile auch das Sehen nicht mehr scharf stellen kann und es mir zu peinlich ist, wegen *Schwindel* einen Krankenwagen zu ordern. Auf Taxi komme ich gar nicht erst. Meine im Umkreis wohnende Familie darf davon auf keinen Fall erfahren, also kann ich auch keine meiner Schwestern bitten, und mein Freund ist 400 Kilometer weit entfernt. Leicht besorgt begleitet mich meine Freundin ins örtliche Krankenhaus, wo mir ein junger »Arzt« auf den Zahn fühlt und Blut abnimmt. Anschließend spricht er sein Urteil: Patientin total unterzuckert (trotz Frühstücksbrei um fünf!), soll mal anständig frühstücken und einen großen Kaffee trinken. Zum Schluss sagt er: »Nach Ihrer Reise sollten Sie sich sicherheitshalber von einem Arzt untersuchen lassen.«

Schlagartig ist mein Schwindel verflogen. »ACH, SIE SIND GAR KEIN ARZT?« Ich erfahre, dass er Auszubildender im Medizinischen Dienst ist und seinen Durchlauf in einem örtlichen Krankenhaus macht. Noch heute erzählt meine Freundin unter Lachtränen, wie ich aus der Wäsche geschaut habe. Eins muss man dem jungen »Arzt« jedoch lassen: Ich bin in Nullkommanix zurück im Normalzustand. Zack, geheilt.

Rückblickend (und nach erfolgreich absolvierter Coaching-Ausbildung) ist mir klar: *So* kann sich Angst vor Veränderung anfühlen. Eine Vorahnung tief unten im Bauch, dass da jetzt etwas in Bewegung kommt. Das ganze System sperrt sich dagegen, denn wieso was ändern? So wie es jetzt ist, hat es doch immer funktioniert. So ist es von Körper und Gehirn gelernt, egal ob's der Seele damit (noch) gut geht. Ein kleiner Teil des Gehirns namens Amygdala droht mit Streik und skandiert: »Never change a running system! Läuft doch alles spitze hier, und zwar seit meiner frühesten Kindheit! Veränderung ist nicht, ich fahre dasselbe Programm wie immer ab, Ende der Durchsage.« (Ich glaube, die Amygdala ist auf

Lebenszeit verbeamtet.) Manchmal muckt die Seele dann aber auf und flüstert dem Körper zu (während sie auf ihren Menschen zeigt und dabei die Augen rollt): »Kannst *du's* ihm sagen, auf mich hört er ja nicht.«

Jedenfalls glaube ich, dass der Schwindel, den ich bis dahin nie hatte, etwas mit der Vorahnung zu tun hatte, dass ich an meinem Leben substanziell etwas ändern wollte und mich bereits auf den Weg gemacht hatte. Wer weiß: Wenn ich es nicht getan hätte, hätte mein Körper mir vielleicht ein stärkeres Signal geschickt. Dauernde Kopf- oder Rückenschmerzen, Verdauungsprobleme, Spannungsgefühle, Müdigkeit, all das können Signale sein, dass es Zeit ist, etwas zu ändern. Auch wenn sich dann – zum Beispiel mit Schwindel – kurzfristig das System querstellt. Rückblickend weiß ich auch, dass meine nun tatsächlich erfolgte Lebensänderung (Trennung, Sabbatjahr, neuer Job, neue Stadt) selbst dann unvermeidlich gewesen wäre, wenn mir jemand alles prophezeit hätte, was in der Folge dieser Reise geschehen würde, und ich vor lauter Angst Nepal abgeblasen hätte.

Jede meiner drei Wander-Buddies hat übrigens vor der Abreise ein anderes Thema (jenseits der kosmetischen Fragen), das sie für sich klären will. Die Selbstständige, ob sie den Laden verkaufen soll, die Angestellte, ob sie ihren Job kündigen und sich selbstständig machen will, die Dritte, ob sie ihrem Partner kündigen oder den Vertrag auf unbefristet setzen möchte. Und ich? Postuliere überzeugend: Bei *mir* muss sich nichts ändern. Traummann, Traumjob, Traumarbeitgeber – alles fein. Wenige Wochen nach der Rückkehr bin ich frisch getrennt, noch ein paar Wochen später sitze ich mit Kloß im Hals bei meinem Chef im Büro und fabuliere mit feuchten Augen von einer Auszeit, die ich dringend brauche. Der Rest ist Geschichte.

Manchmal ist es gut, wenn man nicht alles vorher erfährt. Das Unterbewusstsein hingegen weiß vermutlich lange vorher Bescheid.

Ich möchte eine Lanze für die Angst brechen. Angst ist nichts, was verteufelt werden oder wofür sich irgendjemand schämen muss. Die unangefochtene Reiseberichts-Ikone Elizabeth Gilbert, deren »Eat, Pray, Love« ich gefeiert habe, sagt, Menschen ohne Angst seien ihr suspekt. Angst ist manchmal gar nicht so schlecht. Sie kann sogar sehr hilfreich sein, und zwar als Warnung vor echter Gefahr für Leib und Leben. Für mich ist Angst verspüren immer ein sicheres Zeichen, dass ich gerade im Begriff bin, meine Komfortzone zu verlassen (oder es soeben getan habe). »Obacht, Frollein, da könnte was passieren, das wir nicht trainiert haben«, hupt das Finkernagel'sche Hirn zur Warnung. Jaha, ich hab's gehört.

In der Theorie ließe sich Angst vermeiden, wenn man sein Leben lang in der Komfortzone (im Zimmer) bleiben würde. Das würde allerdings auch jegliches Wachstum und jegliche Lernfortschritte verhindern. Stagnation. Stillstand hält aber eben nicht lange an, aus ihm wird irgendwann Rückschritt. Hat schon Konfuzius gewusst. Der hat es sogar noch ein bisschen krasser formuliert: »Stillstand ist Rückschritt, Aufhören des Strebens, geistiger Tod!« Oder hier, eine japanische Weisheit: »Fürchte dich nicht vor den Veränderungen, sondern fürchte dich vor dem Stillstand.« Es geht wohl *nur* das eine oder das andere, Wachstum oder Verfall. Der Zustand dazwischen, die Pausetaste, hält nicht lange. Aber wenn das so ist: Was wählen wir dann?

Wenn man erst mal akzeptiert, dass Angst einfach dazugehört und dass es keinen einzigen (gesunden) Menschen gibt, der keine Angst verspürt, dann ist das ja durchaus etwas, womit sich arbeiten lässt. Also, was mache ich dann mit der Angst?

Ich könnte sie mir zum Beispiel sehr genau ansehen. Es gibt nämlich diesen Reflex, genau das nicht zu tun. (Schau da nicht so hin!) Ich kann noch so deutlich spüren, dass die Angst irgendwo neben mir lauert, in meiner Nähe, aber vielleicht nicht ganz im direkten Blickfeld. Doch ich blicke stoisch, fast trotzig daran vorbei. Mit meinen selbst gebastelten Scheuklappen. Was macht die Angst in diesem Fall? Verschwinden? Nö. Im Gegenteil. Sie wirkt trotzdem auf mich, dieses Miststück, und unter Umständen wird sie durch das Nichthinsehen sogar größer. Sie fängt an, unkontrolliert rumzuturnen und wild vor meiner Nase herumzuwedeln. Sodass ich mich nicht mehr auf irgendetwas anderes konzentrieren kann.

Na warte. Vielleicht wäre es nun eine Überlegung wert, sie mir mal so richtig vorzuknöpfen. »Du setzt dich jetzt dahin und hältst einen Augenblick die Klappe.« Dann könnte man die Angst direkt anschauen (wer zuerst wegguckt, hat verloren) und (Achtung, der Coach spricht) *wahrnehmen*. Dann, wenn es nottut, könnte man sie auseinandernehmen und die Teile sortieren. Einiges unters Mikroskop legen. Ist das meins? Gehört das (noch) zu mir? Oder ist das etwas aus der Kindheit? Da hatte ich ja immer Angst vor xy, aber stimmt, die brauche ich nicht mehr. Kann weg.

Nach einer Weile entschlossenen Hinsehens, beherzten Fragens und Antwortens wird die Angst beherrschbarer und bekommt eine klare Größenbegrenzung. Plötzlich kann ich sogar entdecken, dass etwas *Gutes* darin liegt. Und schwups, ist sie etwa kleiner geworden? Tatsächlich. Okay, sie ist noch da, aber sie hält mir nicht mehr Mund und Nase zu. Solange sie sich benimmt, kann sie von mir aus noch bleiben. Ich könnte meine Angst, die mir beim Packen im Nacken sitzt, an die Hand nehmen und sagen: »Schön, dass du da bist, hast mich ja lange genug begleitet und vor Schlimmerem bewahrt. Ich mache eine Reise, und du kannst nichts dagegen tun. Von mir aus kannst du sogar mitkommen. Aber dass eins klar ist: Ab jetzt habe *ich* hier das Sagen.«

Ich überlege, was zu meinen heftigsten Angsterfahrungen beim Reisen gehört. Eine fällt mir sofort ein, weil sie mich fast übermannt hat und weil sie so körperlich spürbar war. Ich habe ja schon mit meinem Dschungeltreck in Laos angegeben und vom

Übernachten im Baumhaus erzählt. Wovon ich noch nicht berichtet habe, ist von der *zweiten* Nacht. Nach dem ersten Tag war ich ja noch euphorisch und bin mit einem unfassbaren Glücksgefühl eingeschlafen. Dramaturgisch gesehen hätte ich mit einem Downer rechnen können. Nach einem zweiten vergnügten Dschungelerkundungstag und einem Abendessen in sehr gelöster Stimmung setzt sich unser bis dahin konstant gut gelaunter laotischer Guide zu uns und verkündet, es komme ein großer Sturm mit Gewitter auf uns zu. Bei Sturm-mit-Gewitter dürfe man nicht im Baumhaus bleiben, sondern müsse es evakuieren. Daher sollen wir doch bitte alle in Klamotten schlafen und unsere Sicherheitsgurte und Taschenlampen ans Bett legen. Im Fall der Fälle sollen wir *nichts* anderes mitnehmen. *Keine* Zeit mit Schuhezubinden verschwenden, zur Not evakuieren wir barfuß. *Wenn* es so weit kommt, dann heißt es nur noch »Hopphopp, alle vom Baum runter«. Bis zu diesem Punkt komme ich noch klar, doch da lauert der kleine Twist, der meine Angst Polka tanzen lässt: Das Evakuieren ist nur so lange möglich, wie Blitz und Donner noch *mehr als zwei Sekunden* voneinander entfernt sind. Ab dann darf nicht mehr evakuiert werden, weil (ich flippe gleich aus) *Drahtseile Blitze anziehen*. Wenn also Blitz und Donner nur noch weniger als zwei Sekunden voneinander entfernt zu hören sind, bleiben wir im Baum (und beten). Ich sag's noch mal: Dann bleiben wir im Baum! Plötzlich ist es sehr still am Tisch. Die Stimmung ist hau-den-Lukas-artig auf den Nullpunkt gerast, hat BONG gemacht, und nun fürchten wir uns gemeinsam, Männer wie Frauen. Die Jungs überlegen, ob sie Gewitterwache schieben sollen. Irgendwann ziehen sich alle zurück, und es wird still im Baumhaus. Meine Ohren sind auf Feinstempfang eingestellt. War das gerade ein Grollen? Wird das lauter? Kommt es näher? *Alles* ist anders als gestern Abend beim Einschlafen. Kein glucksendes Gefühl, kein Überschwang. Irgendwann in der Nacht wache ich auf, höre *wirklich* Gewittergrollen in der Ferne und sehe

Blitze. Ich zähle die Sekunden. Sie sind noch ein paar Kilometer weit weg. Ich denke, könntest ja mal den Sicherheitsgurt so hinlegen, dass du da nachher, wenn wir evakuieren, nur noch reinsteigen musst (der gerät immer durcheinander). Ich knipse meine Taschenlampe an, und zsss! geht sie aus! (ERNSTHAFT, JETZT???) Aber nix Batterie, *darauf* wäre ich ja vorbereitet. Das wäre Kindergeburtstag. Nein, BIRNE! Die Sch...birne ist kaputt. Ausgerechnet in dieser Sch...nacht mit dem Sch...gewitter muss die Drecksbirne kaputtgehen, wo ich sie in den letzten Monaten wasweißichwieviele Male beim Lesen, auf dem Weg zum Klo, nach Hause, sonstwo und sonstwann benutzt habe. Ist sie da jemals kaputtgegangen? Natürlich nicht. *Madame* wartet ab, bis ich *einmal* im Leben a) in einem Baumhaus schlafe, b) es mitten in der Nacht ist und c) ein Gewitter auf das Baumhaus zukommt. Ist doch keine Art! Die kaputte Birne setzt jedenfalls unglaublich viel Stress frei. Ich fürchte mich amtlich. Bin gleichzeitig verzweifelt, empört und ratlos. Mache mir Vorwürfe, möchte auf den Arm. Will an den Hersteller schreiben und mich bitterbös beschweren.

Im Geiste sehe ich das Gewitter herannahen, alle aufwachen, ihre bestens funktionstüchtigen Taschenlampen anwerfen, in ihre eins a bereitgelegten Sicherheitsgurte und Turnschuhe mit Klettverschluss steigen, sich kurz wundern, wo der achte Mann ist, dann beschließen, eigenes Leben retten geht vor, und sich in Sicherheit vom Baum runterzippen, während ich, mit beiden Beinen (barfuß) im Sicherheitsgurt verheddert, das Moskitonetz um Hals und Mund (»mmmmhhhhhh«) im Stockdunkeln geknebelt hyperventiliere, bis ich vom Blitz getroffen und zu Kurzgebratenem werde. Das ist doch ganz große Sch... hier. Es ist übrigens auch der Punkt, wo ich mir eingestehen muss: Tja, Julia, bist wohl doch noch nicht ganz angstfrei. Das gibt eine Vierminus.

Während mein innerer Sturm tobt, zieht das Gewitter da draußen fast unbemerkt in eine andere Richtung. Irgendwann schlafe ich trotz meiner schwarzen Gedanken wieder ein (was soll ich auch groß machen ohne die Dreckstaschenlampe), und am Morgen danach sind wir fast ein bisschen enttäuscht, dass wir die Nummer mit der Not-Evakuierung und der Nacht am Boden des Dschungels nicht auch noch gemacht haben.

Das ist das *eine* Angst-Erlebnis. In der Retrospektive durchaus eine der unterhaltsameren Geschichten, aber während mir das alles passiert ist, war es für mich schrecklich.

Das andere preisverdächtige Angst-Erlebnis ist unsere Festnahme am Ende der *Ostwärts*-Dreharbeiten in Russland. Mit Pässe abgenommen bekommen, abgeführt und angeschrien werden, vergitterten Zellen auf der Polizeistation und Händen, die zwischen den Gittern rausragen, einem Wachleiter, der unverfroren die deutsche Botschaft in Moskau belügt (»Hier sind keine Deutschen«), und der veritablen Angst, hier bei Wasser und Brot zu verrotten und von der Welt vergessen zu werden. Ich habe das Ganze in meinem ersten *Ostwärts*-Buch ausführlich und genüsslich beschrieben. Knaller-Story zum Erzählen! Aber eben erst im *Rückblick*.

Ich gehe mit Elizabeth Gilbert mit: Menschen, die nie Angst verspüren, sind auch mir ein wenig unheimlich. Und übrigens: Auch jetzt habe ich Angst. Dass das Buch hier keiner lesen will. Oder mir mittendrin nichts mehr einfällt, was ich noch zu sagen hätte. Oder dass alles, was ich hier schreibe, bereits von jemand anderem, Klügerem, Besserem, Wichtigerem gesagt wurde. Die Angst kann ich wahrnehmen und von allen Seiten ansehen, aber dann auch wieder kräftig ausatmen und sagen: Ja, stimmt, kann alles passieren. Ich mach's *trotzdem*. Mit ganzem Herzen und im Vertrauen, dass alles gut ist. Zack, ommm.

Jetzt darf jeder mal fünf Minuten Bilanz über das eigene Leben ziehen und sich fragen: Wie viele Dinge in meinem Leben habe ich *nicht* getan, aus Angst, dass ich sie nicht schaffe oder vielleicht versagen könnte? Und wie viele Dinge habe ich *trotz* Angst getan? Vielleicht habe ich mir vorher ins Hemd gemacht, aber: Ich habe mich getraut! Nun vergleichen. Bei wem die Anzahl der trotzdem-gemachten Dinge größer ist als die der lieber-nicht-gemachten, der darf sich auf die Schulter klopfen. Die anderen dürfen sich (sehr liebevoll natürlich) die Frage stellen, ob da jetzt nicht auch ein bisschen *Hättichdoch* im Hinterkopf brummt, ein leises Bedauern um verpasste Möglichkeiten aufkommt. Wenn nicht, fein. Dann muss auch nichts geändert werden. Wenn doch, ist die folgende Frage erlaubt: Was macht mein Leben eigentlich lebenswert, und wann würde ich es als richtig *gelungen* betrachten?

Für jeden bedeutet ein gelingendes Leben etwas anderes: Bei der einen überwiegt das Bedürfnis nach Sicherheit gegenüber dem nach Abenteuer, bei dem anderen Lernfreude und Neugierde gegenüber Beständigkeit. Die dritte Person mag eine gute Mischung aus allem. Wir sind alle anders gestrickt, sind unterschiedlich aufgewachsen, haben Erfahrungen gemacht (oder nicht gemacht), die uns bis in die Gegenwart prägen. Manches ist Typsache, vieles ist biografiebedingt. Die Tatsache, dass *ihr* dieses Buch in den Händen haltet und bis hierhin freiwillig (und hoffentlich ohne Knarre am Kopf) gelesen habt, könnte darauf hindeuten, dass ihr zur Spezies der Eher-Entdeckungswilligen gehört.

Zum Abschluss der Fünfminutenbilanz dürft ihr euch noch fragen, worauf ihr am Ende eures Lebens zurückschauen möchtet. Was soll da stehen, wie es war? Was möchtet ihr auf jeden Fall gemacht haben? Was soll ins Große Video eures Lebens rein? Ist alles prima so, wie es ist? Ist schon ganz viel auf der Haben-Seite? Oder ist da auch noch 'ne ganze Schippe Unerfülltes?

Ich habe diese Bilanz gerade mal gemacht und kann fröhlich verkünden: Wenn ich auf mein bisheriges Leben zurückblicke und mir anschaue, in wie vielen Situationen ich zwar Angst hatte, diese aber durchgestanden und dann *am Ende* etwas erreicht habe, womit ich nicht unbedingt rechnen konnte, worauf ich heute vielleicht sogar stolz bin, dann sind das ganz schön viele. *Das* sind für mich die Erlebnisse, die mein Leben ausmachen.

Angst ist gut. Vertrauen ist besser.

»Ich will mit dem Rucksack durch Südamerika.«

»Mach's.«

»Ich will mit dem Rucksack durch Südamerika, aber ich hab *ein bisschen Angst.*«

»Dann mach's *mit* ein bisschen Angst.«

Jetzt habe ich mich lang und breit über das Thema Angst ausgelassen. Das ist wichtig, weil viele unangenehme Gedanken und Gefühle in Wirklichkeit mit Angst zu tun haben oder darauf zurückzuführen sind, dass wir, wenn wir uns an etwas stören, verzweifelt sind oder uns ärgern, *eigentlich* vor etwas Angst haben. Davor, nicht ernst genommen zu werden, nicht (mehr) dazuzugehören, in Gefahr zu geraten, zu sterben. Jetzt wollen wir uns mal ein bisschen von der Angst befreien. Und in dem Zusammenhang kommen zwei weitere Player ins Spiel, Mut und Vertrauen.

Mut kann mir helfen, wenn ich etwas machen will, *obwohl* ich Angst habe, ganz gleich in welcher Abstufung. Die Angst geht dadurch nicht weg. Ich lege den Mut wie eine Decke darüber, damit die Angst mich nicht lähmen kann. Ich mache es *trotz* der Angst, oder schöner: Ich mache es *mit* der Angst. Das ist okay, es geht aber noch besser.

Die nächste Stufe wäre nämlich, die Angst zu wandeln und zu verlieren. Der Schlüssel dazu, oder wenn wir beim Bild der Decke bleiben wollen, ist Vertrauen. Dafür muss die Decke nämlich anders beschaffen sein, und zwar nicht mehr aus Mut. Sobald man nämlich Vertrauen über die Angst legt und irgendwann die Decke lupft, wird man feststellen: Huch – keine Angst mehr da! Oder sie ist sehr, sehr klein geworden und dadurch nicht mehr handlungsbestimmend. Mit wachsendem Vertrauen schwindet die Angst und wird gut handhabbar.

Das ist der Unterschied zwischen Mut und Vertrauen: Mut und Angst können gleichzeitig da sein und übereinander liegen. Sobald aber so richtig Vertrauen ins Spiel kommt (dass alles gut geht, dass alles gut *ist*, wie es ist), *kann* es keine Angst mehr geben. Vertrauen löst Angst auf. (Und andersherum: Angst kann auch Vertrauen auflösen. Aber wir suchen ja hier nach Lösungen, deshalb konzentrieren wir uns auf das Szenario »Vertrauen löst Angst auf«.)

Sobald genug Vertrauen da ist, wird deshalb auch kein Mut mehr gebraucht, macht Sinn, oder? Ins Vertrauen zu kommen, kann man üben, ist aber etwas schwieriger, als sich Mut anzutrainieren, weil man da an jahrelang gelernte und eins a kultivierte innere Prozesse im Unterbewusstsein heranmuss. Mut zu fassen geht dagegen schneller. Aber wir komme ich ins Vertrauen? Vertrauen wächst mit guten Erfahrungen. Je mehr gute Referenzerfahrungen du sammelst – zum Beispiel auf Reisen –, umso weniger wird Mut nötig sein, weil du an Vertrauen (in das Gute, in andere Menschen, in das Universum oder irgendeine Form von göttlicher Führung) und Selbstvertrauen (in dich und deine Fähigkeiten) gewonnen hast. Also raus mit dir, die Welt will entdeckt und nach bestärkenden Erfahrungen abgesucht werden!

Und falls du noch nicht der mega gechillte Vertrauens-Guru bist, den nichts mehr anficht, sei milde mit dir. Nimm deine Angst an die Hand und mache die Reise mit ihr zusammen.

Riesenangst vor Mini-Tierchen

Oder eine weitere haarsträubende Geschichte zum Fürchten

Das eine ist die eher diffuse, unterschwellige, vielleicht etwas ungerichtete Angst. Vor Veränderungen, Unglück oder Katastrophen. Aber es gibt auch noch die akute, unmittelbare Angst. Nun wird's konkret. Es ist ja zum Beispiel schon putzig, was manche von uns (inklusive mir) sich für einen Fleck ins Hemd machen, wenn es um sechs- oder acht- oder nullbeinige Wesen geht. (Okay, abgesehen von den tatsächlich so richtig gefährlichen Viechern, da ist der Fleck im Hemd schlau.) Ab und zu höre ich Aussagen wie: Australien?? Da könnte ich nie hinfahren, da gibt es doch Schlangen! Gut, Schlangen sind nicht ganz die Rubrik *kleine Tierchen*, aber vielen von uns reicht ja bereits die Vorstellung, einer Spinne zu begegnen, die die Ausmaße der herkömmlichen Hausspinne oder eines Weberknechts übersteigt, um doch dieses Jahr noch mal an die Ostsee zu fahren. (Aus diplomatischen Gründen spare ich mir hier meinen Kommentar zum Thema Quallen.) Ich hatte diverse eindrückliche Begegnungen mit Vielbeinern auf der bezaubernden Insel Bali. Und ich möchte betonen, dass auch sämtliche Viehzeug-Geschichten oft erst im Rückblick so richtig lustig sind. Außer, man hat extrem viel Humor und kann der Situation bereits am Höhepunkt des Geschehens ihre Komik abgewinnen. Das ist die hohe Kunst.

Ich muss nicht extra erwähnen, dass Bali überirdisch schön daherkommt, die Leute dort immer lächeln und auch das Essen ein Traum ist. Das findet ihr alles im Internet heraus. Was man nicht sofort erfährt, sind die kleinen Skurrilitäten des Alltags, die meine Freundin (die schon mit in Nepal war und ihren Urlaub an den Anfang meiner Auszeit gelegt hat) und mich von Tag eins an dort begleiten und zu allen menschenmöglichen Reaktionen von A wie Lachkrampf bis Z wie Panikattacke führen. In einer elegischen Minute auf dem Hinflug schreibe ich in mein Tagebuch, dass es *jetzt* nur noch weniges gibt, vor dem ich noch Angst habe – nachdem ich mich überhaupt für diese mehrmonatige Rucksack-Reise entschieden, das Sabbatjahr durchgefightet und alles getan habe, was damit an Loslassen verbunden war. Ich hier, angstfrei und für alles bereit.

Weit gefehlt! Gleich in der ersten Nacht werde ich eines Besseren belehrt: Circa zehn bis zwölf Sekunden nach Licht aus höre ich ein merkwürdiges Geräusch, so eine Art Fresskratzen. Und sage zu meiner Freundin, die am anderen Ende des Zimmers unter einem eigenen Moskitobaldachin gebettet ist: »Hörst du das auch?«

Sie: »Oh nein – ich dachte, das wärst DU!«

Es folgen Minuten panikerfüllter Stille, und ich realisiere: Sie wird mich nicht retten.

Nach weiteren Minuten des Mutansammelns, in denen ich parallel meine Taschenlampe suche (immer im Hellen bereitlegen!), fasse ich mir ein Herz – denn ich habe ja vor wenigen Stunden noch großspurig notiert, dass ich ab jetzt angstfrei bin – und spüre der Quelle des Grauens nach: Es kommt aus meiner Sporttasche. Darin ist auch eine Tüte Gummibärchen, fällt mir jetzt ein. Beim Anknipsen der Deckenlampe hört das Geräusch auf, doch wir beide wissen: Sobald wir die Tasche aufmachen, sind wir so gut wie tot. Da ist mindestens eine Riesenkillerratte oder eine bunt schillernde Vogelspinne drin, die uns auffrisst, bevor wir geblinzelt haben. Wir schmieden tapfer einen Rettungsplan: Ich leuchte die Tasche an, um das Ungeheuer in Schach zu halten, und meine Freundin zieht sie am Henkel mit dem vom Hotel (wohl für solche Zwecke) bereitgestellten Regenschirm vorsichtig nach draußen, auf unsere Sonnenterrasse mit Meerblick. Das klingt *jetzt* so witzig, aber ich habe wirklich Angst! Draußen angekommen klettern wir auf den Rand des dort platzierten *Außen*bettes und wissen nicht so recht, was nun. Man stelle sich kurz zwei große Frauen mit zitternden Knien auf dem Rand eines Terrassensofas vor, die mit furchtvollen Blicken auf eine Sporttasche starren und sich ausmalen, was da jeden Moment für ein Alien herausspringt.

Genau dieses Bild bietet sich dem freundlichen Sicherheitsmann, der das Szenario auf seinem nächtlichen Rundweg durch die Bungalow-Anlage entdeckt und sogleich zu Hilfe eilt. (Erkenntnis: Wenn du in Panik gerätst, abwarten. Kommt schon jemand.) Zu unserem Erschrecken leert er das Täschlein nach und nach direkt vor unseren Füßen aus. Es findet sich nichts mit Beinen in der Tasche. NICHTS! Ich überzeuge ihn, dass die Riesenspinne unmöglich unbemerkt an uns vorbeigezogen sein kann. Daraufhin untersuchen wir (wenn ich »wir« sage, meine ich den Securitymann) die Seitentasche. Und siehe da: Es kommt ein dicker Käfer zum Vorschein (gefühlte fünf Zentimeter), nassgeschwitzt und ziemlich erschöpft, weil er die Gummibärchen zwar wittern, aber nicht erreichen konnte – er hat den Eingang zum Hauptfach nicht gefunden. *Das* kleine Käferchen hat so einen Lärm gemacht? Respekt. Der Retter hält ihn uns unter die Nase und ruft fröhlich: »Look: typical Balinese!« Wir sind erleichtert und ein bisschen verlegen.

Der Kratzekäfer soll nicht das einzige *Tierchen* meiner gesammelten Reisen bleiben. Es gibt weitere illustre Exemplare in meinem Urlaubs-Exotarium, und ich will euch gern an meinen Erfahrungen mit ihnen teilhaben lassen:

Der Gecko. Vor dem muss man nun wirklich keine Angst haben (ha, der hat ja auch nur vier Beine). Er wohnt in Südostasien in jedem guten Haushalt und ist ein äußerst nützliches Tierchen, weil er nämlich Moskitos frisst. Ich freue mich daher immer, wenn ich einen entdecke, und habe auch schon in einem Hotel gefragt, ob ich einen bekommen könnte, weil so viele Mücken im Zimmer sind. Der Gecko selbst lebt jedoch gefährlich. Sein Liebesspiel vollzieht er nach meiner Beobachtung in schwindelnder Höhe, ungeniert auch öffentlich, zum Beispiel im Restaurantbereich. Das Publikum scheint ihm den gewissen Kick zu geben. Außer es wird ihm zu viel, dann fällt er aus großer Höhe aufs Buffet. Dort bleibt er eine Weile postkoital-ohnmächtig liegen, bevor er sich wieder nach oben begibt, um weitere Kamasutra-Übungen mit seiner Partnerin zu vollziehen. Das ist Resilienz in Reinform. Mal 'ne Scheibe von abschneiden.

Die Spinne. (Arachnophobe springen bitte weiter zur Abhandlung über die Kakerlake.) Wie wir alle wissen, gibt es das Spinnentier in verschiedensten Ausführungen: klein, groß, hell, dunkel, langbeinig und zittrig, borstenhaarig und blitzschnell, unauffällig und okay-isch oder eben, und jetzt wird's dramatisch, schlicht furchterregend. Meine schlimmste Angstvorstellung schon in frühster Kindheit ist die der gemeinen Klospinne, die mir in einem äußerst fragilen Moment auflauert, um mich dann böswillig zu Tode zu erschrecken. Und in meinem Kinderzimmer kann ich sogar mal eine Spinne *hören*, die über den kurzflorigen Teppich auf mein Bett zuflitzt (um mich umzulegen). Ich finde gerade noch die Kraft, das Licht anzumachen, und da ist *wirklich* eine unterwegs auf mich zu. Ich schwöre.

Was Bali betrifft, so weiß ich schon aus dem Reiseführer, dass es dort Spinnen gibt und man da eben durchmuss, aber gleich auf der ersten Fahrt vom Flughafen zur Unterkunft fragt meine Freundin mit einem Blick aus dem Autofenster leise: »Kann es möglich sein, dass ich von hier aus Spinnen da *drüben* an der Hauswand sehe, oder bilde ich mir das ein?«

Keine Einbildung, leider.

Nun soll man sich ja seinen Ängsten stellen, und ich habe gelesen, dass es durchaus hilfreich sein kann, sich einer Konfrontationstherapie zu unterziehen. Dafür ist allerdings erfolgsentscheidend, die Angst komplett zu durchleben und nicht abzubrechen. Ganz wichtig. Es soll sogar Menschen mit überwundener Spinnenangst geben, die sich nach erfolgreicher Therapie eine Spinne im Terrarium halten. Ich denke, stattdessen fahre ich einfach irgendwann mal wieder nach Bali.

Denn zurück zur Klospinne. Was soll ich sagen, es gibt meine Kindheitsfantasie wirklich, und zwar in einer Pension auf Bali, und die ist ein bereits ausgewachsenes, gut gebautes Exemplar, das man ebenfalls aus Autoentfernung gesehen hätte. Okay, keine wie an Halloween. Enthaarte Beine hat sie schon, es ist ja ein Urlaubsort, dazu aber einen amtlich fleischigen Körperumfang. Sagen wir mal zwei Kubikzentimeter Körpervolumen. Mein Angstthema gehe ich mit folgender Einstellung an: Ich *traue* mich, jetzt sofort zur Rezeption zu marschieren und um Evakuierungshilfe für die Spinne zu bitten, *ohne* dass mir das peinlich ist. Ist auch nur so mittelschlimm. Es führt dazu, dass eine beherzte, mit Putzlappen bewaffnete Zimmerfrau mir voran in mein Bad schreitet, um mit diesem etwas ungerichtet auf dem Toilettensitz herumzudreschen. Die Spinne verschwindet von dort seitwärts in die Gardine (oh Wunder), die Zimmerfrau verschwindet ebenfalls. Ist jetzt alles nicht so richtig besser für mich. Das Tier *ist* ja noch irgendwo … Das Angstthema löst sich erst im weiteren Verlauf meines Rucksacktrips etwas, in einer echten Konfrontationstherapie. Ich erspare uns allen die Details, nur so viel: Irgendwann ist es einem einfach wurscht genug.

Ich hatte also meinen Anteil an Spinnen-Storys bereits und komme inzwischen (meistens) klar. (Sonst rufe ich den BEWUB.) Wer von euch beim Gedanken an Krabbeltierchen nicht mehr schlafen kann und bereits dabei ist, die gebuchte Tropenreise wieder zu stornieren, dem möchte ich folgenden Tipp ans Herz legen: Ein Moskitonetz im Gepäck hat noch immer für Schutz und Seelenruhe gesorgt. Für euch gilt unbedingt: eine Größe auswählen, die über ein Einzel- oder Doppelbett passt und lang genug ist, dass man die Seiten unter der Matratze einklemmen kann. Ein leichter Karabiner kann auch dazu, alternativ ein Stück Schnur. Eine Holzschraube mit Haken braucht nicht auch noch mit – meistens hat irgendein handwerklich begabter Rucksack-Vorgänger bereits einen Haken dafür in die Decke gezimmert. Viele Unterkünfte mit Krabbelvieh haben sogar eigene fest installierte Moskitonetze, denn die wissen ja, wie herrlich wir verzärtelten Touris aus dem globalen Westen uns anstellen können. Dann hilft es, Pflaster oder Tapeverband dabeizuhaben, falls schon Löcher drin sind.

Kakerlaken. Der Name spricht für sich: igittigitt. Die Kakerlake herself tut eigentlich nichts, außer ein bisschen an einer Wand oder der Decke herumzufläzen und Touristen zu erschrecken. Manchmal versteckt sie sich extra dafür. Ich kann herrlich Kakerlakenschreie loslassen. Das ist gut für die Lunge und meist auch für die Stimmung im Bungalow beim abendlichen Nachhausekommen. In Malaysia finde ich einmal eine Kakerlake in der Plastiktüte mit den Sachen aus der Reinigung. Sie ist recht sauber, und ich bilde mir ein, dass sie etwas heller ist als ihre Kollegen. Möglicherweise ist ihr auch schwindlig. Wer so schreckhaft ist wie ich, gewöhnt sich an, vorsichtshalber sein Handtuch vor dem Abtrocknen auszuschütteln, und stellt auch die Schuhe zur Sicherheit vorm Anziehen einmal mit Schwung auf den Kopf. Ansonsten: Lasst euch beim Tänzchen filmen, das geht hundert pro viral.

In Laos habe ich mal eine gigantomanisch große Kakerlake, bestimmt acht Zentimeter lang, am Kopfende meines Bettes sitzen – da braucht es viel Vertrauen ins Moskitonetz. Ich entwickle im Laufe dieser Reise eine ausgefeilte Kakerlaken-Technik. Wenn es mich allzu sehr stresst, dass eine mitwohnt, fange ich sie mit dem

Zahnputzbecher (oder einem Glas), unter den ich eine Postkarte schiebe, und parke sie auf diese Weise über Nacht. Das macht ihr nichts, sie sitzt ja sowieso im Wesentlichen nur rum. So schlafen wir beide gut, und wenn ich aufbreche, darf auch sie wieder raus. Grundsätzlich hilft mir der Gedanke: Sie ist ja hier geboren. Sie war lange vor mir da, sie gehört hierhin. Also darf sie auch bleiben.

Schlangen. Jetzt wird's dramatisch (ja, ich weiß, die haben *keine* Beine, aber ebendrum). Eine Schlange lässt sich selten bis nie blicken, dafür ab und zu am Wegesrand die Hüllen fallen. Eine solche Schlangenhaut wird uns auf einer bis dahin recht entspannten Wanderung zu einem Urwald-Wasserfall präsentiert. Ihre Haut ist museumswürdig groß. Ich habe – ups – sofort das Bild einer Handtasche vor Augen. Später sehen wir eine große, giftgrüne Schlange *in echt* vor uns auf dem Wanderweg. Sie schlängelt sich in einer beeindruckend geschmeidigen Seitwärtsbewegung vor uns ins Gebüsch, und schon ist sie verschwunden. Meistens ist in so einem Moment ja die Faszination größer als das Realisieren der akuten Gefahr. Das kommt erst zeitversetzt und entlädt sich zum Beispiel in einem Zittern. Mein Tipp: Besser keiner Schlange begegnen. Falls doch: Unbedingt Ruhe bewahren. Sich ruhig, aber zügig entfernen. Sie *auf keinen Fall provozieren.* (Keine Fotos, keine Reels.)

Mein Mann lernt das auf einer anderen Reise auf die ganz harte Tour. Im Sanitärbereich einer thailändischen Unterkunft wundert er sich, dass die Schwingtür nicht von innen zugeht. Also gar nicht. Er denkt, Mann, die klemmt aber ganz schön, die Tür, und wirft sich mit beiden Händen dagegen. Das gleich mehrmals, viel hilft viel. Als sein Blick nach oben wandert, fällt ihm vom oberen Türrahmen eine dicke leuchtendgrüne Schlange vor die Füße. Dann geht alles ganz schnell: Er springt olympiawürdig über das abgestürzte Reptil nach draußen, ruft irgendwas mit Schlange, ich stimme von der Frühstücksterrasse mit ein (Snake! Snakesnakesnake!), zwei Männer vom Personal flitzen mit einem langen Stock herbei und vertreiben das gute Tier, ohne es (oder sich) zu schonen und ebenfalls unter beachtlichem Gebrüll. Dann huldigen sie meinem plötzlich sehr blass gewordenen Mann: »VERY dangerous snake! You very lucky.« Und wir sitzen erst mal eine ganze Weile nur so da. Ich beobachte unter Vertilgung unserer beiden Frühstücke (er hat keinen Hunger), wie sich sein Adrenalinspiegel langsam wieder normalisiert, er fängt nämlich irgendwann an zu zittern. Eigentlich ist das eine sehr coole Funktion des Körpers: Durch das Zittern der Muskeln baut der Körper den Adrenalin-Überschuss ab, der wird ja nun nicht mehr gebraucht. Als der liebe BEWUB wieder anfängt zu scherzen, kommt auch der Appetit zurück (Frühstück ist allerdings leider alle). Wir mutmaßen, dass die arme Schlange ganz schön blaue Flecken bekommen hat und Anzeige gegen Unbekannt wegen Körperverletzung stellen wird. Auch aus Rechtsschutzsicht also: In Schlangengegenden drinnen wie draußen erhöhte Aufmerksamkeit. Es ist auf jeden Fall eine der spannenderen Storys, die wir später zu Hause erzählen. Natürlich nur den Freunden, die keine ausgewiesene Schlangenangst haben. Und ja, ich weiß: Hast du kein Foto, ist es nicht passiert. Damit muss ich jetzt leben.

Skorpione. Ich habe noch nie einen abseits der Horoskopseite in der Zeitung gesehen. Bis ich auf Bali in offenen. Wanderlatschen beinahe rückwärts in einen hineintrete. Glücklicherweise bin ich nicht allein unterwegs – meine wackere Reisebegleitung schaut genau in dem Moment auf den Boden und brüllt mich an: »STOPP!« Gleichzeitig reißt sie mich am Arm nach vorne. Ich denke, was hat sie denn? Und folge ihrem Blick auf den Boden hinter mir. Da sitzt ein Skorpion, zwei Drittel so lang wie mein Fuß und ehrlich gesagt ziemlich schön. Petrolblau gepanzert mit leuchtendroter Giftblase. Wie eine Laterne hält er sie in die Luft, als wolle er sagen, komm nur näher, Babe, ich mach dich alle. Mein Puls geht schlagartig nach oben, und auch die Balinesen um uns herum rufen ganz aufgeregt durcheinander. Die allerdings vor Begeisterung. Unser Dschungelführer, mit dem wir gerade von einem Ausflug mit Bonbonpapier-Großreinemachen im Urwald zurück sind (ein Umweltfreund, der im Hauptberuf Anwalt ist), übersetzt, dass die Männer den Skorpion wegen seiner leuchtenden Giftblase fangen wollen. Skorpiongift ist vermutlich das 895. Aphrodisiakum im asiatischen Raum. Kleinen Moment, ich recherchiere ... aha: Das Gift des Skorpions hilft angeblich bei Nervenleiden wie Epilepsie, Schmerzen oder Schlaganfall und neuerdings sogar in der Krebstherapie. Dazu müsste das Tier allerdings mühevoll, unter großem Risiko und vor allem sehr oft gemolken werden. Das haben die Leute hier nicht wirklich vor. Sie wollen die Giftblase abtrennen, fertig. Der Anwalt macht aber seinen Job und boxt den Skorpion raus – dieser kehrt unversehrt in die Natur zurück. Davor mache ich noch ein eins a Foto (ha!). Und dann dauert es eine ganze Weile, bis sich mein Puls und mein Blutdruck wieder senken.

Ich hätte noch mehr Tierchen auf Lager, aber ich merke, das wird hier *mein Haus, mein Auto, mein Swimmingpool.*

Warum ist mir das überhaupt wichtig?

Die Tiere waren eben vor uns da, wie schon gesagt. Wir können sie weder ändern noch ausmerzen. Wir können nur ein bisschen was für unsere Sicherheit und unser Wohlbefinden tun, wie ein Moskitonetz mitnehmen und Räucherstäbchen anzünden (mögen Insekten nicht so), und ein wenig Statistik betreiben. Im Sinne von *positiver* Statistik. Ich rede mir gerne ein, dass es wahrscheinlicher ist, einen Dachziegel auf den Kopf als einen Skorpionstich in den Fuß zu bekommen. Oder dass aus der Bananenkiste (oder aus dem Klappliegestuhl) eine bunte Vogelspinne *wird*, die mich mit Haut und Haar verschluckt. Wer jetzt »hä?« denkt, sucht im Netz nach dem Badesalz-Sketch »Die Spinne in der Yuccapalme« von 1991. Alternativ »Bunte Vogelspinne« googeln.

Die Angst vor allen möglichen Krabbeltierchen und vor Begegnungen mit größeren Tieren ist völlig natürlich. Die hat unseren Vorfahren möglicherweise das Leben gerettet, weswegen es evolutionär jetzt uns gibt und nicht eine Erde voll Menschen ohne diese Angst. (Oder keine Menschen mehr.) Ich finde deshalb nicht, dass sie unterdrückt werden muss. Aber: Ein jeder und eine jede kann sie ansehen (ja, genau, das hatten wir oben schon mal) und sich überlegen, was mache ich damit? (Dagegen.) Wie sorge ich vor? Was habe ich dabei, falls ich doch gebissen oder gestochen werde? Denn es wäre ja schade, wenn meine Angst dazu führt, eine Reise zu unterlassen, die ich eigentlich schon lange auf meiner Wunschliste habe. Dann hätten die schlechten Gedanken gewonnen. Ich habe daher je nach Ziel dabei: etwas zum Abwehren (siehe oben), etwas für wenn's passiert ist (Stichkühler als Gel oder Roller, Anti-Allergikum, das batteriebetriebene Ding, das den Mückenstich punktuell auf fünfundsechzig Grad aufheizt, woraufhin die Proteine zerstört werden, woraufhin es nicht mehr juckt. Weil es wehtut. Danach juckt der Stich aber wirklich weniger. Kleiner Tipp dazu: beim Anwenden *aus*atmen, dann fühlt es sich nur noch wie drei Nadelstiche von möglichen hundert an. Eine paar weitere Urlaubs-Mittelchen schlage ich im Kapitel *Arzt an Bord* vor.

Ganz kurz noch ein Tipp, den wir auch schon mal hatten, weil er so gut ist und die Geschichte dazu so nett: beobachten, wie wohl die Einheimischen auf die Tierchen reagieren. In Thailand bitte ich einmal die Besitzerin einer kleinen Bungalowanlage, mit mir ins Zimmer zu kommen, weil ich *Bugs* im Bett entdeckt habe (und schlussfolgere, da sei es nicht sauber). Sie lacht fröhlich, sammelt zwei verstörte Käferchen ein und ruft: »Bug, bug, nice! For my children to play!« Daraufhin schäme ich mich ein wenig und beschließe, an meiner Einstellung zu arbeiten. Die Tierchen waren eben vor mir da.

Was sich übrigens nicht verändert hat: Ich erschrecke mich heute wie damals immer noch filmreif, wenn eine dicke Spinne im Bad sitzt, oder bei einer Kakerlake in südlichen Gefilden. Ich mag die auch heute noch nicht anfassen und an einem Bein baumelnd nach draußen befördern. Was ich aber besser kann als früher, ist, mich zu beruhigen und einen Plan zu fassen. Dafür gibt es einen Trick, der auch für andere akute Angst- oder Stresssituationen hilfreich sein kann. Bei jeglicher Nervosität, Flugangst, Lampenfieber, aufsteigender Panik gilt: länger aus- als einatmen. Was denn, das war's? Das war's. Easy. (Das Schwierige ist eher das Drandenken in solch einer Situation.) Dazu eine Eselsbrücke: 4711 merken. Die älteren von uns kennen noch das stark parfümierte, in winzigen hübschen Fläschchen erhältliche *Kölnisch Wasser* (mit dem meine Mathelehrerin sich in vermeintlich unbeobachteten Momenten die Bluse im Achselbereich beträufelte). Warum 4711? Auf *vier* Zeiten einatmen, auf *sieben* Zeiten ausatmen, *elf* Mal wiederholen. Was passiert? Beim Ausatmen wird der Parasympathikus aktiviert. Der gehört zum vegetativen Nervensystem (ja, wer hat jetzt in Bio aufgepasst?) und ist für Ruhe und Entspannung zuständig. Sein Gegenspieler ist der Sympathikus, für Anspannung zuständig.

In einer akuten Stresssituation (Löwe lugt beim Grillen hinterm Baum hervor oder Skorpion steuert auf nackten Fuß zu) ist die 4711-Atmung nicht die erste Wahl, weil ich *aus Gründen* erst mal in die akute Stresssituation verfalle. Soll heißen, der Sympathikus geht steil, und mein Körper haut alles an Botenstoffen raus, was er für Kampf oder Flucht braucht. Dieser Zustand geht sehr oft in Millisekunden in eine Art Schockstarre über, aber das führt hier zu weit. Beim Ansichtigwerden eines Raubtiers oder Reptils will ich jedenfalls gerne einräumen, dass man da nicht als Erstes auf die Atmung achtet. Aber hinterher. Sobald der Sympathikus als *stressmaker* in Situationen wie Spinne-auf-Klobrille seinen Job getan hat und ich realisiere, es besteht jetzt keine Gefahr (mehr) für Leib und Leben, dann kann ich es mit 4711 versuchen. Also mit der Atmung.

Diese Technik hilft wirklich, WIRKLICH in allen möglichen Stresssituationen. Ich hab's oft getestet! Nehmt sie euch mit, übt ab und zu. Das geht überall, im Zug, auf einer Bank, selbst mit Rucksack auf im Gehen – niemand sieht es euch an, dass ihr das gerade macht. Dann habt ihr ein wunderbares Tool dabei für Reisetage oder -momente, in denen es mal irgendwie unangenehm oder stressig werden könnte.

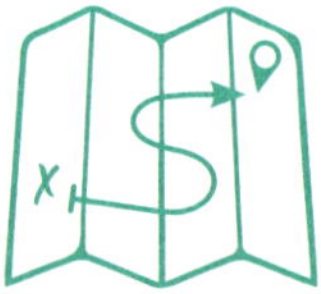

Serendipität auf Reisen

Was das ist, was ich damit mache und wie ich das herstelle

Wer zum ersten Mal eine Solo-Reise unternimmt, ist am Anfang noch nicht daran gewöhnt, so ganz alleine unterwegs zu sein. Alleine an Haltestellen, beim Essen oder am Strand zu sitzen, im Nachtbus, im Zug oder in einem Hostel. Oder alleine wo *hinein*zugehen. Das kann sich erst mal etwas unangenehm und/oder einsam anfühlen.

Als ich das erste Mal alleine Urlaub mache, ist das noch in einem für zehn Tage im Voraus gebuchten Hotel mit Rollkoffer und Flughafentransfer (Rucksack besitze ich noch nicht). Mein damaliger Freund hat (wie so oft) aus beruflichen Gründen (wie so oft) kurzfristig abgesagt, ich wiederum habe aber nur jetzt frei und bin – aus beruflichen Gründen – auch wirklich urlaubsreif. Dann halt alleine. Es fühlt sich komisch an, mein Hotelzimmer auf der griechischen Insel alleine zu beziehen. Da schwingt eine Traurigkeit mit, die eigentlich gar nicht hierhin gehört. *Ich* habe den Ort und das Hotel hier ausgesucht, habe jetzt zehn Tage frei, tolle Bücher mit, und draußen scheint die Sonne. Aber: Waren das vorhin mitleidige Blicke beim Einchecken an der Rezeption, oder bilde ich mir das ein? Werde ich mich hier wohlfühlen? Ist auch ein bisschen dunkel, das Bad. Ui, und jetzt alleine zum Essen. Das wird hart. Mit all den glücklichen Paaren und Familien. Hab ich da Bock drauf …

Im Hotelrestaurant gibt es viele hölzerne Vierertische. Mich zu einer anderen Einzelperson zu setzen ist sowohl theoretisch ausgeschlossen (denkt am Ende noch, ich wolle was von ihr) als auch praktisch: Ich bin die einzige Ganzalleinreisende. Mich zu einem

Paar zu setzen ist allerdings auch keine Option – ich habe auf Hochzeitsfeiern ein-, zweimal erlebt, dass eine Dame revierverteidigend reagiert hat, als ich, zum Beispiel am Gemischte-Freunde-Tisch, fröhlich daherkam und ohne Hintergedanken nette Gespräche auch mit vergebenen Herren geführt habe. (Quatschen kann ich ja.) Da ich dieses Thema noch nicht für mich gelöst habe – lies: es am liebsten allen recht mache –, geht das also nicht. Ich will hier keinem den Urlaub versauen, dann lieber mir selbst (würde ich heute anders entscheiden). Und außerdem, wenn ich ganz radikal ehrlich bin, bin ich gerade auch nicht im Kommunikationsmodus, sondern im Einpersonenselbstmitleidstunnel. Also richte ich mich an einem sonst leeren Vierertisch ein, lehne Harry Potter, Band Fünf, an einen Kerzenständer und hole mir was vom Buffet dazu. ALLEINE. Ich schäme mich dabei ein bisschen. Es ist mir unangenehm, weil ich mich frage, was die Leute wohl denken … (Ach, die Arme, wieso ist die alleine hier, sieht doch eigentlich ganz gut aus, sicher frisch getrennt oder, schlimmer noch, *geschieden*. Oder nee, noch schlimmer, *verwitwet*. Schreckliches Schicksal. Nun muss sie alleine Urlaub machen. Einfach traurig.) So bastle ich mir meine Situation zusammen. (Achtung, Profi-Info vom Coach: Es ist nicht nur unfassbar anstrengend, immer und andauernd antizipieren zu wollen, was die Leute wohl denken. Es geschieht außerdem mit einer Trefferquote, die so unterirdisch mies ist, dass ich jedem raten möchte: LASS ES SEIN! Hör auf, dich zu fragen, was andere Leute denken. HÖR JETZT SOFORT DAMIT AUF. STOP IT!! Abgesehen davon ist es sogar übergriffig. Die anderen Menschen denken mit 95-prozentiger Wahrscheinlichkeit nicht das, was du glaubst. Sie denken nämlich GAR nicht über *dich* nach. Die haben ihren eigenen Kram, und der geht dich nichts an. Eventuell, und das wäre richtig krass, denken sie sogar an *gar nichts*. Weil sie sich aufs Essen konzentrieren. Also hör jetzt sofort damit auf und bleib bei dir.)

Harry und Hermine lassen mich das einige Tage und diverse Mahlzeiten lang zuverlässig durchziehen, bis mich eines Abends eine glockenhelle Stimme aus Hogwarts heraushollt. »Willste dich nicht zu uns setzen?«, flötet sie. Eine zierliche junge Frau im geblümten Röckchen mit Sonnentop und frischer Urlaubsbräune ist unbemerkt an meinen Tisch geflipflopt. Ich habe sie gestern und vorgestern schon in den wenigen Momenten, in denen ich vom Buch aufgeschaut habe, gesehen und dafür bewundert, dass sie lächelnd überall und mit jedem ein fröhliches Schwätzchen hält: in der Schlange am Buffet, mit dem Gastropersonal, an Tischen vorbeikommend. Immer freundlich, immer irgendwie vergnügt. Als ob sie alle schon irgendwoher kennt. Als ob ihr noch nie jemand blöd gekommen wäre. Ich weiß nicht, ob sie gerade zu mir gesagt hat: »Du *isst* ja so alleine!« oder: »Du *bist* ja so alleine!«, weil meine Ohren plötzlich rauschen, aber sie winkt mit den Armen zu einem anderen Tisch hin. »Wir sind da hinten – wenn du magst, komm dazu.«

Auf der Hotelterrasse ist es schlagartig still geworden. Kein Mucks ist zu hören. Keine Stimmen, kein Stühlerücken, nicht mal ein verdammtes Messer quietscht auf Porzellan. Sogar die Panflötenbeschallung scheint für einen Moment ausgesetzt zu haben. Hörsturz? Erdbeben? Alle Augen sind plötzlich auf *die junge Alleinreisende* gerichtet.

Wie wird sie reagieren?

Nimmt sie an?

Wird sie wohl mitgehen?

KANN SIE SPRECHEN?

Ist *das* der Anfang einer wunderbaren Freundschaft, einer fürs Leben, und wir sind alle gerade Zeuge davon? Wird die arme »Witwe« mal irgendwann die Patentante der zukünftigen Kinder der kleinen Frohnatur? Und, sollte die Große jemals heiraten (unwahrscheinlich), wird dann die Kleine womöglich ihre Trauzeugin? Kann es sein, dass wir hier gerade einen *Magischen Moment* erleben, so richtig wie im Film?

Das Publikum ist zum Zerreißen gespannt.

Es passiert, was öfters in solchen Situationen passiert: Ich werde unheimlich rot. Damit wir uns richtig verstehen, wir reden hier nicht von einem zarten Rosarot, was noch als frische Sonneneinwirkung durchgehen könnte, nein: Wir reden von richtig amtlich rot. Deshalb kann ich auf keinen Fall das Risiko eingehen, *noch* mehr Aufmerksamkeit auf mich zu ziehen, indem ich meine knapp einsachtzig aus- und das Buch zuklappe, dabei den Kerzenleuchter umniete, das Tischtuch in Brand setze, nur um dann beim Aufstehen am (brennenden) Tischtuch hängen zu bleiben und *alles* abzuräumen, was ich am Buffet aufgesammelt habe, und ungewollt die Hotelterrasse brandzuroden. Und das alles *nur,* um mit dieser unverständlich menschenfreundlichen Fremden an ihren Tisch zu gehen? Zu weit weg der Tisch, zu groß das Risiko, zu viel der Aufmerksamkeit, heute für die zarte Seele nicht beherrschbar. Ich antworte sehr leise mit einem: »Das ist total lieb, aber lieber nicht.« Um sofort hinzuzufügen: »Also *heute* nicht. Aber vielleicht morgen?« Hauptsache, die hören alle auf, uns anzuschauen, und klappern jetzt ganz schnell wieder mit ihrem Besteck. Denn Lust hätte ich schon. Aber bitte ohne Publikum.

Vom nächsten Tag an frühstücken und dinieren wir zu dritt und verabreden uns sogar ein paarmal für den Strand. Während sie unheimlich schlaue Dinge aus einem Politikmagazin zur Diskussion stellt, trage ich Passagen über Geburtswehen aus Susanne Fröhlichs »Frisch gepresst« vor. Als Patentante ihrer zukünftigen Kinder ist das ja quasi meine heilige Pflicht – jemand muss sie vorbereiten. (Außerdem ist Harry Potter zu schwer.) (Für die Strandtasche.)

Dieser erste Urlaub alleine liegt jetzt über zwanzig Jahre zurück, und ich habe überhaupt keine Probleme mehr damit, allein unterwegs zu sein. Ich habe sogar richtig Gefallen daran gefunden. Es ist mir mittlerweile herzlich egal, was die Leute darüber denken, dass ich allein unterwegs bin, was ich ja oft bin, für Lesungen zum Beispiel. Obwohl ich mich mit Hotelbars immer noch schwertue – was sollen denn die Leute de… Aber ich finde da auch nichts zu tun. Dann lieber in der Lobby sitzen und was lesen. Jedenfalls weiß man nie, ob und wo man welche Begegnungen haben wird, und ob oder was daraus entstehen könnte. Ja, es kann auch etwas Nerviges oder Lästiges passieren. Aber: Man darf durchaus die Möglichkeit *einräumen*, dass Begegnungen etwas Gutes, Hilfreiches, Nährendes haben können. Oder einfach gute Laune machen.

So, und jetzt kommt die angekündigte Erklärung: Das Einräumen und Zulassen dieser Möglichkeit und auch das Erschaffen der Gelegenheit dafür nennt man Serendipität. Meiner Meinung nach ein ganz wichtiges Ding für Reisen, die was Besonderes werden und die mich wachsen lassen sollen.

Mittlerweile habe ich also, WIE WIR ALLE WISSEN, nur noch selten Scheu, Leute anzuquatschen. Vor der Kamera schon mal sowieso nicht. *Da* habe ich ja ohnehin einen guten Grund, eine Mission, für alle sichtbar, mein Verhalten ist damit genehmigt. Ich belatschere Menschen »für einen guten Zweck«, für die Zuschauerinnen und Zuschauer nämlich. Kurioserweise ist da die Angst, zu stören oder blöd abgewiesen zu werden, quasi nicht mehr vorhanden.

Sie ist es aber auch sonst nicht mehr. Das ist entweder meinen Lebensjahrzehnten geschuldet – oder den vielen guten Erfahrungen, die ich in der Zwischenzeit gesammelt und abgespeichert habe und die mir bewiesen haben: Es passieren jeden Tag schöne Dinge. Früher, so bis zu meinem dreißigsten Lebensjahr vielleicht, habe ich außer den schönen Erfahrungen auch die weniger schönen, die schlechten, die peinlichen, die unangenehmen abgespeichert.

Ich glaube, das ist relativ normal. Das Gehirn will einen ja schließlich schützen, damit eine unangenehme Sache nicht ein weiteres Mal passiert. Ist lieb gemeint. Trotzdem sage ich heute: Thank you, but: *no thank you*.

Heute speichere ich vor allem die guten und schönen Begegnungen ab, von denen ich dann zehre und die mich für die nächsten Begegnungen prägen. Außerdem glaube ich, dass das Sitzen im Schneideraum sein Übriges dazugegeben hat, dass mein Gehirn viel mehr gute Begegnungen abspeichert als schlechte. Ich sehe solche Begebenheiten ja zwanzig, dreißig, vierzig Mal. Und schreibe einen Kommentartext dazu, den ich später einspreche. Das heißt, ich bin viel mehr mit den herzlichen, berührenden und oft auch sehr lustigen Begegnungen beschäftigt, als wenn es mir nur »einmal« passiert wäre und ich es daher schneller wieder vergesse. Weil es in meinen Filmen viel um Hilfsbereitschaft, Gastfreundschaft, Gemeinschaft, neugierigen Austausch und wachsende Freundschaft geht, prägt das natürlich auch für die Zeiten ohne Kamera. Vielleicht lässt sich das auch erreichen, wenn man Fotos oder Videos – so man sie von solchen Situationen besitzt – immer mal anguckt, sich drüber freut, sie rumzeigt und davon erzählt ... Möchte das mal jemand ausprobieren?

Noch eine Story zu Serendipität. Auf einer Reise durch Israel beschließen der Beste Ehemann Weit und Breit und ich, für einen Tagesausflug von Jerusalem nach Tel Aviv keinen Mietwagen zu nehmen, sondern eine Mitfahrgelegenheits-App auszuprobieren. Über die kann man die achtzig Kilometer mit Berufspendlern zurücklegen und beteiligt sich dafür am Benzin. Gleichzeitig verbläst man weniger CO_2, schont die Umwelt, spart Geld und: kommt mit *Locals* ins Gespräch. Abends auf der Rückfahrt nach Jerusalem sitzt links neben mir ein ziemlich aparter Israeli und stellt sich mit einem hollywoodwürdigen Zahnpastalächeln vor.

»Hi, I'm *shy*. But I'm not.«

Ich bin kurz irritiert, schüttle seine in amerikanischer Manier (und ehrlich gesagt wenig schüchtern) ausgestreckte Hand und entgegne fröhlich: »Me, too! I'm Julia.«

Dann stelle ich ihm meinen Mann zur Rechten vor. Die beiden schütteln sich vor meiner Nase die Hände, und für meine Begriffe kommt er auch dabei nicht besonders scheu rüber. Trotzdem sagt er auch jetzt wieder: »I'm shy.« Und einen jüdischen Nachnamen. Es stellt sich heraus, sein Vorname ist *Shai*. Der erste Lacher von vielen an diesem Abend. (Und den Gag bringt er heute garantiert nicht zum ersten Mal.) Auf der Rückbank des verstaubten Nissans kommen wir ins Quatschen, erzählen nacheinander, was wir so tun. Ich berichte, dass ich Dokumentarfilme mache und wir zu Besuch bei meiner Schwester sind, die für eine Weile in Jerusalem lebt und arbeitet. Dass ich das erzähle, hat etwas mit *Serendipität* zu tun. Jedenfalls fragt er kurz vor der Rückkehr in unser Viertel, ob wir schon mal *Shabbat* gefeiert hätten. Haben wir nicht. (Wie auch? Ich denke, das ist alles geheime Sache und wir sind ja eher christlicher Herkunft.) Er freut sich. »Gebt mir mal eure Nummer, ich bespreche das mit meiner Familie, und dann kommt ihr am Freitagabend zu uns.«

Wie cool ist das denn? Noch während wir ihm fröhlich hinterherwinken, kommentiert der BEWUB grinsend: »Das ist ja hier wie bei *Ostwärts*.«

Wie bei *Ostwärts*, bloß ohne Kamera. Und zwar ganz ohne. Es wird einer der außergewöhnlichsten Freitagabende meines Lebens. Wir werden durch die Bürokolleginnen meiner Schwester bestens vorbereitet und bekommen eingeimpft, was man zu Besuch bei konservativen Juden beachten sollte. Merke auf: Es sind keine Orthodoxen mit Schläfenlöckchen und schwarzen Klamotten (die würden uns definitiv nicht einladen), aber es sind Sich-an-die-Regeln-Haltende, sie nennen sich selbst *observant jews*, übersetzt würde das »befolgend« oder »beachtend« heißen.

Wir kaufen koschere Süßigkeiten im koscheren Gebäckladen. Streng genommen sind die jetzt schon nicht mehr koscher, weil *wir* sie angefasst, beziehungsweise die Tüte *getragen* haben. Tragen ist Arbeit, und die ist am Sabbat verboten. Da drücke ich jetzt mal ein Auge zu und unsere Gastgeber hoffentlich auch. Geht ja um die Geste.

Wir werden am Abend sehr freundlich von Shais Eltern in ihrer Wohnung in einem hell gemauerten Mehrfamilienhaus in Empfang genommen und verteilen uns zu sechst auf zwei Sofas: Shais Eltern, wir Deutschen, Shai und seine Frau. Auf dem Teppich spielen zwei niedliche Söhne. Nummer drei ist unterwegs, ein Mädchen. Ich bin befangen, will hier nichts falsch machen. Obwohl meine Schwester uns beruhigt hat, ihre Kollegen haben erzählt, dass wir gar keine Last sein können: Es sei eine gute Tat für Juden, ab und zu mal »Ungläubige« (das sage *ich* jetzt) zum Sabbat einzuladen. Gibt so was wie Karmapunkte, wenn ich es richtig verstanden habe. Wie die Nächstenliebe bei den Christen, die Gastfreundschaft bei den Muslimen oder Jeden-Tag-eine-gute-Tat bei den Pfadfindern, so in etwa. Also werde ich mich nicht allzu verrückt machen wegen der Umstände. Aber trotzdem. Seit meiner Schulzeit, meiner ersten Israelreise 1989 mit dem Besuch in Yad Vashem und nach all den Recherchen zu und Besuchen von Gedenkstätten in Deutschland und Polen bin ich mir konstant der *Großen Schuld* gewahr, sodass ich auch hier, auf dem Sofa, einen Kloß im Hals habe und mit dem Impuls spiele, etwas unglaublich Flaches zu sagen in der Art von: »Es tut mir *so* leid, dass das mit euch passiert ist. Dass meine Vorfahren über Generationen so krass drauf waren und euch das angetan haben. Also dass im Prinzip *wir* euch das angetan haben.« Und dass wir uns dafür schämen (zumindest sehr, sehr viele von uns) und von Herzen wünschten, es wäre nicht passiert. Aber ich bin unentschlossen und schlucke es hinunter.

Beim Essen erzählt die Gastgeberin ihre Familiengeschichte. Diese in Kurzfassung: Die Urgroßeltern der Kleinsten im Raum haben die Schoah – *das Unheil* – gerade so überlebt und sind nach New York gegangen. Die Großeltern (bei denen wir jetzt sitzen, zwei Anfang-Sechziger) sind vor ein paar Jahren mit ihren Kindern (inklusive Shai) nach Jerusalem übergesiedelt. Man nennt das *Alijah machen*. Das ist hebräisch und bedeutet so viel wie »hinaufziehen« – im biblischen Sinn *hinauf auf den Berg Jerusalem*, um dort »die Feste zu feiern«. Heute bedeutet *Alijah machen*, nach Israel auszuwandern: Jeder Mensch jüdischen Glaubens darf nach Israel ziehen und dort leben. Den Preis, den das viele Umsiedeln andere kostet, beziehungsweise das *Wie* zu kommentieren, spare ich mir heute. Erstens ist es nicht mal eben so in ein paar Sätze zu fassen – zu viel Schuld, zu viel Schmerz auf allen Seiten –, zweitens sind wir hier zu Gast, und drittens steht es mir nicht zu, dafür habe ich zu wenig politischen Einblick.

Mir bleibt allerdings eine Äußerung in Erinnerung, als wir dann doch irgendwann zaghaft auf die Siedlungspolitik und die Militärs zu sprechen kommen. Jeder junge Mensch in Israel (mit Ausnahme der Ultraorthodoxen) geht zum Wehrdienst, Männer für zweieinhalb, Frauen für zwei Jahre, und ich erlaube mir den Kommentar, dass ich das bemerkenswert finde. Daraufhin entgegnet unsere Gastgeberin: »Weißt du, Julia, wir haben schmerzlich gelernt: Wenn wir uns nicht *selbst* verteidigen, wird es niemand anders tun, das hat uns die Geschichte gezeigt. Wir sind ein kleines Land, umgeben von Feinden. Vor vielen Jahren wurde uns mal militärischer Beistand fest zugesagt, und am Ende wurden wir doch im Stich gelassen. Daraus haben wir unsere Lektion gelernt. Jetzt beschützen wir uns selbst und verteidigen uns mit allen Mitteln.« Das ist für mich ein nachvollziehbares Narrativ, warum Israel so wehrhaft ist.

Einfach mal zuhören, ohne etwas irgendwie zu *finden.* (Die Journalistin hat nie Urlaub.)

Der Abend ist voll mit Ritualen wie Hände waschen, singen, beten, erzählen mit drei Generationen. Dazu gibt es unverschämt leckeres Hähnchen mit Zitronen und Orangen, Gemüse, Suppe und Brot. Eins der vielen Sabbatrituale berührt mich besonders. Das Gastgeberehepaar legt erst der Schwiegertochter die Hände aufs Haupt und spricht einen leisen Segen, dann ihrem Sohn Shai. Anschließend segnen Shai und seine Frau die beiden Kinder. Sie murmeln ihnen etwas ins Haar und legen ein Küsschen obendrauf – es ist ganz viel Zärtlichkeit und Wärme in der Luft. Ganz kurz ist es um meine Fassung geschehen, weil ich das alles so … *liebevoll* finde. Ich frage mich, wie es wohl wäre, wenn alle Kinder auf der Welt einmal die Woche von ihren Eltern in großer Ernsthaftigkeit (religiöser oder unreligiöser Natur) die Hände auf den Kopf gelegt und etwas Liebes gesagt bekämen. Dass sie wunderbar sind, dass sie immer beschützt sein mögen, dass sie wachsen dürfen, dass sie willkommen sind.

Der *Siebte Tag* beginnt ab Freitag Sonnenuntergang – am Sabbat darf nicht nur nicht gearbeitet, kein Geschäft gemacht und kein Sport getrieben, sondern auch nicht gekocht werden. Oder Auto, Taxi, Zug oder Bus gefahren werden. Es werden keine Freunde besucht, und: Es darf kein Strom angeschaltet, kein Feuer entzündet, kein Radio und kein Fernseher eingeschaltet werden. Und jetzt müssen wir alle ganz stark sein: Es darf auch *kein Handy* benutzt werden. Nicht zum Telefonieren, nicht zum Schreiben, auch nicht zum Surfen oder Liken, nicht einmal für Fotos. Nicht mal draufgucken. Nix. Ausmachen. GANZ AUS. Weglegen. Aber zackzack. Digital Detox für vierundzwanzig Stunden. Davon bin ich nachhaltig fasziniert.

Um diese Sabbatregel (von den vielen) zu verstehen, lohnt sich ein kurzes Rückspulen an den Anfang in biblische Zeiten, als es hieß: *Am Sabbat darf man kein Feuer anzünden.* Feuer anzünden ist Arbeit. Am Sabbat wird nicht gearbeitet. Selbst *etwas Tragen* ist Arbeit. Die Auslegung einer so alten Regel für den heutigen Alltag legen Rabbis fest. Dann ist das Gesetz, Ende der Durchsage. Im übertragenen Sinne fallen unter *kein Feuer anzünden* heute auch *Dinge mit Anschalter*. Alles mit Stecker bleibt aus. Deshalb darf nach Sonnenuntergang kein elektrisches Gerät mehr angestellt werden. Was jedoch geht, ist *anlassen*. Also bleibt der Herd ab nachmittags an und simmert vor sich hin, genauso wie der Backofen, meistens läuft in einem Zimmer der Fernseher, und wichtige Lichter werden rechtzeitig vor Sonnenuntergang eingeschaltet. Von ausgebufften Gläubigen.

Tragischerweise mache ich (im Autopilot) das Licht auf dem Gästeklo beim Rausgehen aus. Es fällt mir exakt in dem Moment ein, wo der Ausschalter kippt. Meinetwegen müssen die jetzt bis morgen Abend im Dunkeln aufs Klo. Aber wieder anmachen, ausgeschlossen. Erstens wäre das feige und zweitens, Leute, sieht Gott *alles*. Viel zu riskant, dann lieber beichten. Ich gestehe umgehend meine Missetat, die Gastgeberin nimmt es mit Humor. »Passiert den Kindern andauernd. Die schalten es bestimmt auch wieder *aus Versehen* an.«

Eine pfiffige und überaus diplomatische Lösung, finde ich. Bei den süßen Knöpfen hier muss der Herrgott einfach ein Auge zudrücken.

Bis heute schmerzt es mich, dass es kein einziges Erinnerungsfoto gibt, denn mein Handy habe ich natürlich brav zu Hause gelassen. *Verboten.* Aber die Erinnerung ist lebendig und unauslöschlich, und kommt ganz oft freitags.

Jetzt noch ein paar Worte zu *Serendipität.* Man muss den Begriff übrigens nicht gekannt haben. Niemand soll sich hier doof fühlen. Aber das, was dahintersteckt, kennt jeder. Es hat etwas mit Zufall zu tun und mit so was wie »dem glücklichen Zufall auf die Sprünge helfen«, indem man sich für den Wink des Zufalls bereit macht. Es wird im Internet viel ausführlicher erklärt, als dieses Buch es hier leisten kann, aber vielleicht so viel: Serendipität beschreibt die glückliche Fügung, dass man etwas findet, ohne danach gesucht zu haben. So etwas wie Amerika, die Röntgenstrahlen, Champagner, Earl-Grey-Tee, IPA-Bier, Viagra, Klettverschluss, Klebezettel, Nylonstrümpfe, Penicillin, Teebeutel. Die Welt ist voll von ungeplanten Geschehnissen, aus denen jemand etwas gemacht hat, weil er oder sie erkannt hat: Das hier ist ein *glücklicher Zufall.* Wenn ich mich nun grundsätzlich darauf einstelle, dass etwas Unvorhergesehenes, ABER COOLES passieren könnte, während oder obwohl ich gerade etwas anderes verfolge, und wenn ich durch meine HALTUNG die Möglichkeit (wie oben beim Alleinesitzen im Hotel) dafür ausweite, dieses dann auch zu erkennen, dann fällt das in den Bereich Serendipität. Da helfe ich quasi dem Zufall aufs Pferd.

Ich erklär mal, wie das in der Praxis aussieht, zunächst mit einem Szenario für *keine Serendipität*: Im Sammeltaxi in Israel bin ich nach gefühlten achtzehn Stunden Kunstmuseum so groggy, dass ich auf der Rückbank umgehend meine Kopfhörer einstöpsle und mich berieseln lasse. Bloß nicht jetzt noch smalltalken. Wenn das Zahnpastamodel zu meiner Linken mich trotzdem anquatscht, gebe ich kurze Antworten. Ja, wir sind im Urlaub, vierzehn Tage, nein, ich war schon mal hier, ja, gefällt uns, waren im Kunstmuseum, Jerusalem ist schöner. Bis er aufhört zu fragen. *Keine Serendipität.*

Wenn ich mich aber dafür öffnen möchte, dass etwas entsteht (was man *nie* erzwingen, wohl aber ermöglichen kann), dann biete ich was an. Ich lege durch das, was ich zum Beispiel erzähle, verschiedene Anknüpfungspunkte auf den Tisch, dann kann jemand anders den Faden aufnehmen und weiterspinnen. Und wir sehen, was daraus wird. Die Antworten wären dann zum Beispiel so: Ja, wir sind im Urlaub, total schön, *wieder* hier zu sein, ich war als Jugendliche mal auf Studienreise in Israel, hab mir auf dem Weg zur Klagemauer fast das Rückgrat gebrochen auf den glatten Stufen, war ein schöner Tumult. Wir besuchen meine Schwester, wohnen da und da, sie arbeitet in einem coolen Start-up, mein Mann macht das und das (erzählt er natürlich selbst), ich fabriziere Dokumentarfilme und Reportagen und recherchiere hier für einen Film, ja, schwieriges Thema, etcetera pepe. Was der charmante Sitznachbar daraus macht, ist erst mal egal. Ich habe nicht das erklärte Ziel, dass uns doch bitte schön endlich mal jemand zu einer Sabbatfeier einladen möge. Mit dieser Möglichkeit rechne ich nicht mal, weil ich gar nicht weiß, dass das überhaupt vorkommt. Ich denke einfach nur: interessanter Typ (tolle Zähne!), witzig ist er auch, hat bestimmt was Spannendes zu erzählen, eins a Rückfahrt, rundet das Museum ab, erweitern wir beim Quatschen noch ein bisschen unseren Horizont.

Zur Wahrheit gehört natürlich auch, dass *ich, Julia,* halt gern mal was zum Besten gebe. Es fällt mir leicht, mit anderen Menschen ins Gespräch zu kommen, ich muss nicht mal ihre Sprache beherrschen oder sie Deutsch. Es gibt selten einen Menschen, den ich uninteressant finde. Wir brauchen nicht einer Meinung zu sein. Natürlich kenne auch ich den Impuls, bei bestimmten extremen Haltungen zuzumachen und wegzulaufen oder die Person zusammenbrüllen zu wollen. Dennoch ist jeder Mensch interessant und hat eine erzählenswerte Geschichte. JEDER.

Serendipität fällt mir also leicht und passiert mir deshalb auch oft.

Aber was machen nun die eher Schüchternen unter uns? Nicht reden? Und deshalb auch keine Chance auf Serendipität bekommen? Das wäre schade. Man könnte als kleines Trainingslager damit anfangen, sich innerlich für ein Gespräch zu öffnen. Zum Beispiel auf einer Bahnfahrt. Vorschlag zur Übung: Dem üblichen Reflex, ins Handy zu schauen, widerstehen. Auch nicht ins Buch, auch keine Kopfhörer aufsetzen. Einfach mal alle Kanäle offen halten und auch den Blick öffnen. Entgegen der Gewohnheit (Komfortzone!) Blickkontakt aufnehmen, einfach mal jemanden freundlich anschauen. Man muss den nicht gleich wie irre angrinsen, das wäre a) eventuell zu offensiv und kann b) auch zu Irritation und im schlimmsten Fall zur Aggression führen. Daher ist es wichtig, *wie* man schaut. Freundlich schauen kommt von innen, und das geht so: Ich sammle mich, atme tief ein und aus. Dabei kann ich ruhig noch unscharf geradeaus auf den Boden schauen. Jetzt schön in den Bauch atmen (der Bauchnabel darf sich bewegen) statt der üblichen flachen Stressatmung im oberen Brustbereich. Zweiter Schritt: sich durch einen positiven (oder lustigen) Gedanken innerlich freundlich stimmen. Vielleicht fällt mir etwas ein, das mich sehr zum Lachen gebracht hat, aus einem Film oder einer echten Situation. Oder eine Begebenheit, in der mir so richtig das Herz aufgegangen ist. Das funktioniert ganz gut beim Erinnern an Erlebnisse mit kleinen Kindern oder Haustieren. Irgendetwas, das man niedlich, putzig, berührend oder zum Schmunzeln fand. Die Erinnerung holt man wieder hervor, und meistens öffnet sich dabei im Innern etwas. Wie eine Muschel. Mit dieser »geöffneten« Haltung schaue ich dann einmal in die Runde. Nehme die Leute wahr, bleibe wo hängen, schaue weiter, bin ganz ruhig. Atme weiter tief. Und vielleicht schau ich noch ’ne zweite Runde. Sollte ich Blickkontakt bekommen, nicht sofort wegschauen. Was sich für einen eher schüchternen Menschen wie Minuten anfühlt, sind in Wahrheit nur wenige Sekunden, das fällt daher noch nicht unter Belästigung, also schön mutig weiter gucken. Das war’s schon. Vielleicht schaut jemand anders auch freundlich, vielleicht ernte ich sogar ein Lächeln, bestimmt aber ein paar gute Vibes. Vermutlich nicht von allen im Abteil, aber von denjenigen, die auch auf Empfang gestellt haben. Ich darf so schüchtern bleiben, wie ich bin. Ich muss mich hier nicht verbiegen. Aber, wie gesagt, ich *räume eine Möglichkeit ein*, und das ist schon die halbe Miete. Dann kann etwas geschehen, das ungeplant und unverhofft war, UND ich bekomme es sogar mit, weil ich aufmerksam dafür bin.

Und jetzt kommt's: Das geht auf Reisen noch ein bisschen leichter als zu Hause im gewohnten Umfeld, denn »auswärts« befinde ich mich im Schutz der (vermeintlichen) Anonymität.

Zusätzlich hilft beim Reisen noch etwas rein Äußerliches: Mit der Insignie des Entdeckers – dem Rucksack – drückt man schon *an sich* Empfangsbereitschaft aus. Man wird mit dem Ding tatsächlich leichter angequatscht, habe ich festgestellt.

Serendipität kann man also üben, und Serendipität macht Spaß. Der Begriff ist übrigens ein Kunstwort und hat seinen Ursprung in dem persischen Märchen »Die drei Prinzen aus Serendip«. Drei Brüder gehen auf Reisen, um die Welt zu entdecken. Ihr Vater hat sie klugerweise mit scharfen Sinnen statt mit Reichtum ausgestattet: einem guten Auge, einer feinen Nase, Aufmerksamkeit und Kombinationssinn, dazu mit der Bereitschaft zum Wahrnehmen – nennen wir's Achtsamkeit. (Ob die Jungs auch regelmäßig Morgenmeditationen und Männeryoga gemacht haben, ist nicht überliefert.) Jedenfalls ziehen sie los und machen lauter überraschende Entdeckungen und Begegnungen, *ohne* diese konkret gesucht zu haben. So treffen sie einen Bauern, dem sein Maultier ausgebüxt ist und der wissen will, ob sie es gesehen haben. Auf die Rückfrage, ob es auf dem rechten Auge blind war, ist er sprachlos (und bezichtigt sie sofort des Diebstahls), denn das stimmt wirklich. Die Prinzen können ihm einen Weg zeigen, den das Maultier gegangen sein muss, weil das Gras nur auf der linken Seite abgefressen ist, obwohl es auf der rechten Seite viel saftiger ist. Maultier gefunden, Bauer happy. Bisschen blödes Beispiel, aber: möglicherweise die Geburt des Begriffes *Serendipität*. Oder dessen Zeugung. Fakt ist: Die Prinzen von Serendip sind offen für das, was sich ihnen zeigt, und finden, *ohne vorher gesucht* zu haben. Unverhofft kommt oft.

Danach musste dann noch ein englischer Schriftsteller vor 270 Jahren dieses Märchen lesen, und der hat daraus den Begriff *Serendipity* geschaffen, eingedeutscht *Serendipität.* Serendipität ist es also nur dann, wenn man nicht vorher nach dem gesucht hat, was man später findet. Deshalb kann man sich auch nur in Offenheit oder Achtsamkeit üben, nicht aber im Suchen selbst. Denn ein Zufall, den ich plane, kann ja kein Zufall mehr werden. Also übe ich mich in der Bereitschaft für alle möglichen Zufälle und in der Fähigkeit, diese dann auch im richtigen Augenblick zu bemerken.

In meinem Job nenne ich das Reporterglück: Wenn mein Team und ich sonntagsmorgens *eigentlich* losziehen, um ein ethnologisches Museum in einem kaukasischen Dorf zu besuchen, mit dem Plan, dort etwas über die Tradition der Schapsugen zu erfahren, und dort gerade das gesamte Dorf Hochzeit feiert. Was wir als Filmteam natürlich wahrnehmen, höflich-neugierig auf die Leute zugehen, mit ihnen ins Gespräch kommen und letztendlich mitfeiern und das Ganze aufnehmen dürfen. Und *so* viel mehr über die Tradition der Schapsugen erfahren als im Museum. Das ist Serendipität in Reinform. Und passiert mir ja öfter mal beim *Ostwärts*-Dreh (ist quasi unser Geheimrezept). Man kann es auch Spürsinn oder gute Intuition nennen, vielleicht ist es aber einfach nur die Flexibilität, von einem Plan abzuweichen, sobald etwas auftaucht, das spannend(er) sein könnte. Etwas zu finden, das ich nicht gesucht habe, kann man beeinflussen, indem man seine Einstellung in Richtung Neugier und Offenheit justiert. Mit ein bisschen Risikobereitschaft, denn es kann sich natürlich auch einfach mal nichts Spannendes ergeben.

Unterm Strich lohnt es sich, mit offenen Sinnen achtsam dafür zu sein, was um einen herum alles passiert. Mit etwas Übung erkennt man die Chancen, die an Bäumen hängen und bloß darauf warten, gepflückt zu werden. Ab und zu wird man dann einen bereits eingeschlagenen Weg verlassen. Wer davor oder vorm Scheitern Angst hat und sein Handeln eher auf Vermeidung auslegt, wird automatisch weniger glückliche Zufälle erleben. Klar, auch so kann man ein gelingendes Leben führen oder eine schöne Reise machen. Trotzdem behaupte ich: Neugier wird belohnt. Mut wird belohnt. Flexibilität wird belohnt.

Ich rege mich auf! – Worüber eigentlich?

Wenn mir das verdammte »Ommmm…« mal flöten geht

Manchmal auf Reisen (häufiger auf Drehreise als im Urlaub) wirft mich das Fremde oder Unvertraute im ersten Moment aus der Bahn. Und wenn ich dann sowieso schon gestresst bin, reicht ein kleiner Auslöser, um eine Lawine ins Rollen zu bringen. So passiert auf meiner Anreise für *Ostwärts* in die Mongolei, beim Umsteigen in Moskau. Zu dem Zeitpunkt habe ich noch nichts von *Reframing* gehört (siehe nächstes Kapitel) und will deshalb nach folgendem kleinen Vorkommnis am liebsten sofort wieder nach Hause. Am Transferschalter soll man seine Bordkarte für die Weiterreise nach Ulan Bator abholen, die Reihe der Geduldigen am Schalter ist beachtlich. Weil es jedoch offenbar Mitreisende gibt, die auf dem Weg in ihre Heimat nicht so gerne Schlange stehen und daher einfach direkt an *allen* vorbei nach vorne zum Schalter schreiten, rege ich mich nach kurzer Zeit ein bisschen auf. Bei der dritten Mongolin, die ich beim Vordrängeln beobachte, reißt mir fast der Faden. Aber ommm: Ich bin in einem fremden Land unter Menschen aus anderen Kulturen, ich weiß (noch) nicht alles, erst mal *ausatmen* und *beobachten*.

Hach, wie gern hätte ich wirklich so reagiert. Diesen klugen Schiss kann ich aber leider nur rückblickend rauslassen, nach ausreichend Coaching-Sessions in meiner Ausbildung mit hardcore Persönlichkeitsentwicklung und buddhamäßiger Meditationspraxis. Retrospektiv funktioniert das natürlich top – damals jedoch bin ich innerlich fast geplatzt. Von diesem Wachstums- und Erkenntnisgewinn kriegst du jetzt was ab. Dazu begebe ich mich zu Übungszwecken noch mal gedanklich zurück in die Schlange am Flughafen und bin ganz Profi. Erster Schritt: Nur beobachten, nicht werten. Das geht ganz gut, wenn man dem Gedankenfluss ein »Aha« davorsetzt.

Aha, da geht eine Frau an der Schlange vorbei und stellt sich ganz nach vorne. Aha, anscheinend hat sie es eilig. Aha, das macht etwas mit mir. Aha, das regt mich irgendwie auf.

Im zweiten Schritt fragt sich der Selbsterkenntnis-Profi, welches Bedürfnis da gerade nicht erfüllt wird. Und zwar nicht etwa eins von *ihr*, sondern das von *mir*. Im Angebot heute:

- mein Bedürfnis nach Sicherheit oder Kontrolle (wenn sich alle an die Regeln halten, gibt es kein Chaos)
- mein Bedürfnis nach Gerechtigkeit (die Regeln gelten für alle *gleich*)
- mein Bedürfnis nach Zugehörigkeit (wenn ich jetzt rumzicke, finden mich bestimmt alle doof)
- mein Bedürfnis nach Autonomie (wenn sich jemand vordrängelt, wird meine Wartezeit länger, ohne dass ich das gewählt hätte, außerdem geht mir gerade ohne mein Zutun die Chance flöten, noch einen heißen Kaffee zu besorgen)
- mein Bedürfnis nach Wertschätzung (ich stehe ja nicht zur Dekoration hier rum)

Die Liste ließe sich noch eine Weile fortsetzen, und wenn man jetzt total *zen* wäre und das Ganze von sehr weit oben betrachtete, könnte man sagen: Diese Frau ist mir deshalb begegnet, damit ich mir all dessen *bewusst* werde, welche Bedürfnisse von mir gerade (und vielleicht sogar öfter, oder am schlimmsten noch *generell*) nicht erfüllt werden. Dafür könnte ich ihr ja fast »danke« sagen. Und ihr den Kaffee besorgen, derweil sie vorne in der Schlange ihre Dinge regelt. Aber ich bin kein Zen-Buddhist, und deshalb ist das (noch) keine Option.

Die Frage nach dem Bedürfnis ist schon die Hohe Schule der Selbsterkenntnis. Sie macht aber Sinn und kann im Prinzip jeder mal ausprobieren, der denken oder dieses Buch lesen kann. Denn: In den allermeisten Fällen, wenn *mir* etwas nicht passt oder *ich* mich unwohl fühle, wird ein Bedürfnis von mir nicht erfüllt. »Spannend«, sagt dann der Coach mit einem ganz speziellen Tonus in der Stimme und klingt damit ein klitzekleines bisschen von oben herab. (»Spannend« kann ich ehrlicherweise nicht mehr hören, es kommt mir oft ironisch vor.)

Fassen wir zusammen: Mein konkretes Bedürfnis ist, dass ich in meiner Funktion als Fachgerecht Wartende Passagierin wahrgenommen und gewürdigt werden möchte. Das ist *mein* Thema, *meine* Wahrnehmung. Die Frau, die meine großartige Introspektion hier ausgelöst hat, ist in ihrem eigenen Film. Vielleicht hat sie die Schlange gar nicht gesehen, weil sie sehr, sehr kurzsichtig ist. Oder im neunten Monat schwanger und in den Wehen. Oder sie hält Schlange-Stehen für das größte Glück auf Erden und möchte ganz altruistisch, dass wir anderen alle noch ein bisschen mehr davon kriegen.

Nein, im Ernst: Ich habe mittlerweile eingesehen, dass ich die anderen und ihr Verhalten nicht ändern kann. (Auch wenn ich es nicht immer schaffe, den Impuls, es zu versuchen, zu unterdrücken.)

Die sind halt so, die anderen. Die machen eben auch mal Dinge, die ich a) wahrscheinlich anders machen würde, die ich b) nicht nachvollziehen kann oder die ich c) richtig scheiße finde. UND ich habe gelernt, dass ich dennoch *meinen* Umgang damit ändern kann. Es ist nämlich meine Entscheidung, ob ich mich furchtbar aufrege (was ich heute immer noch ab und zu tue – dass mir da keiner denkt, ich sei neuerdings Dalai Julia). Oder ob ich beschließe, dem nicht so viel Wert beizumessen, und maximal schulterzuckend »Ach, was soll's« seufze.

Kann man das lernen? Ja, man kann. Und das gilt auch für euch. Um zu erklären, wie, muss ich noch mal kurz einen Schritt zurück, zu den Bedürfnissen. Wenn eins meiner Grundbedürfnisse nicht erfüllt ist – was mir (dummerweise) meist gar nicht bewusst ist –, löst das unter Umständen Gefühle in mir aus. Dann stellt sich so etwas ein wie Wut, Ärger, Ohnmacht, Empörung oder Verzweiflung. You name it, you got it. Und das wird mir dann (dummerweise) sehr wohl bewusst. Zwischen dem Auslöser (Frau drängelt sich vor) und meinem Gefühl (ich flipp' hier gleich aus) vergehen nur Millisekunden. Wir stellen mal auf Zeitlupe und finden heraus: *Vor* dem Aufregen (also dem Ausbruch des *Gefühls*) war ein *Gedanke*. Der Gedanke ist (bzw. war) bei mir nur leider nicht: »Aha, da geht eine Frau an der Schlange vorbei, vielleicht hat sie es eilig«, sondern eher: »MOMENT MAL, WIESO STELLT DIE SICH NICHT AN?«, was vollgestopft ist mit Wertungen à la: »Das macht man nicht, das geht ja wohl gar nicht, das ist unhöflich, was denkt die eigentlich, wer sie ist?« und so weiter. Ganz viel Wertung: Das ist schlecht. Nicht machen.

Dazu zitiere ich jetzt mal eben einen klugen Mann namens Viktor Frankl, der etwas Grundlegendes verstanden hat. Frankl war Neurologe und Psychiater, österreichischer Jude, jüdischer Österreicher, Insasse in vier Konzentrationslagern und Auschwitz-Überlebender, ein sich-selbst-bei-der-Stange-haltender Mensch, ein wohlwollendes Stehaufmännchen. Er hat viele schlaue psychologische Zusammenhänge herausgefunden und aufgeschrieben. Und dabei hat er ab und zu mal einen echten Klopper rausgehauen. Erstens hat er gesagt: »Zwischen Reiz und Reaktion liegt ein Raum. In diesem Raum liegt unsere Macht zur Wahl unserer Reaktion. In unserer Reaktion liegen unsere Entwicklung und unsere Freiheit.«

Wenn ich das auseinandernehme, bedeutet *die Macht zur Wahl,* dass ich *meine Gedanken* unter die (Zeit-)Lupe nehmen sollte. Denn nur, weil ich lange antrainierte und dadurch unterbewusste Sofort-Gedanken zu einem erfolgten Reiz habe, kann überhaupt das Sofort-Gefühl von Empörung oder Wut oder Ohnmacht entstehen. In der Schlussfolgerung heißt das: Wenn ich bestimmte Gefühle *nicht* haben will, könnte ich mal versuchen, meine Gedanken zu steuern. Klingt crazy, funktioniert aber. Mit ein bisschen gutem Willen und Übung. Kann ich auch lassen, klar. Bloß ist dann die Frage, ob ich mir wirklich *von mir selbst* den Tag verleiden lassen möchte oder ob ich auf das, was da gerade Doofes geschieht, einfach mal testweise nicht etwas noch Dooferes draufsetze.

Jetzt kommt der zweite Knaller von Viktor Frankl. Der hat auch noch Folgendes vermeldet: »Ich muss mir nicht alles gefallen lassen, nicht einmal von mir selbst.«

Auf dieser starken These will ich auch kurz rumkauen. Vor jedem Gefühl kommt ein Gedanke – davon bin mittlerweile auch ich überzeugt. Da das aber oft in einem Bruchteil von Sekunden passiert, kriege ich das nicht unbedingt so kognitiv mit. Weshalb ich diese Frankl-These vielleicht erst mal Quatsch finde. Oder die Augen zusammenkneife und denke: »Das glaube ich nicht.« Oder die Augen rolle und denke: »Psychogelaber. Was soll das in einem Reisebuch? Spinnt die?«

Ruhig, Brauner. Meine Gedanken sind nun mal die Ursache, warum ich etwas so oder so finde, ob ich in guter oder schlechter Stimmung bin. Deine auch. (Ja, es ist auch möglich, zu fühlen, ohne zu denken. In *manchen* Situationen geht das tatsächlich. Aber nicht in vielen.)

Nun kommt vielleicht die Frage auf, wie und wo lernt man das? Kann man das wirklich beeinflussen? Zurück nach Moskau: Den Raum zwischen dem Reiz (Frau drängelt sich vor) und meiner Reaktion (ich empöre mich nachhaltig) kann ich tatsächlich lernen auszudehnen. Dabei hilft schon mal alles, was mit Achtsamkeit zu tun hat. Oder mit Yoga. Man macht also zum Beispiel entweder a) dolle Atemübungen (wir haben gelernt: länger auuuuussssss als eiiiiinnn) oder übt b) richtig Meditieren (ohne Tempelplingpling und Traumreise, nein: absolute Gedankenstille). Wer das regelmäßig trainiert, ist nach einer Weile insgesamt gechillter und dehnt jeden Tag ein bisschen mehr den Raum zwischen Reiz und Reaktion aus, versprochen. Wenn man täglich übt, zum Beispiel nach dem Aufstehen, dann tun sich irgendwann die ersten winzigkleinen (ja, irgendwann und winzigklein, aber lohnt sich trotzdem) Zeitfenster *komplett ohne Denken* auf. Völlige, reine Leere. Unfassbar angenehm. Hätte ich das mal alles damals gewusst.

Warum erzähle ich das alles? Weil es auf meine Reisen einen großen Einfluss hatte, das zu erkennen und ein Stückchen zu lösen. Zum Beispiel habe ich herausgefunden: Meistens stressen *mich* neue Gesamtsituationen, wenn ich schon aus einer Stresssituation heraus anreise (drei Tage Marathonpacken, Projekte noch fertigstellen, lange Abwesenheit vorbereiten). Wenn ich dazu noch am Reisetag unausgeschlafen bin, einen Flug mit zusammengeklappten Kniegelenken in den Knochen habe, mir ordentlich Erwartungsdruck schaffe und meine, alles perfekt durchziehen zu müssen, steigt die Reiselust gar nicht erst mit ein. Dann stresst mich alles, was nicht meiner Norm entspricht, beziehungsweise, was außerhalb meiner Komfortzone liegt. Dann frage ich mich: Warum ticken die hier so? Ticken die noch richtig? Anstatt *mich* zu fragen, warum ticke *ich* so? Warum macht *mir* das was aus? Das Teufelchen auf meiner Schulter ist dann in Hochform und flötet mir *wenig hilfreiche* Gedanken ins

Hirn. Manchmal werden die sogar hässlich, in der Art von: »Wie kann man so leben? Das ist doch nicht normal.«

»Ist *das* nicht ein wenig hochmütig, Frollein?«, wispert sogleich das Engelchen auf meiner anderen Schulter. »Wie ging noch gleich die Nummer mit der Demut? Komm, wir üben das noch mal.« Also üben wir.

Als Faustregel mache ich mir klar: Jede Erfahrung, gut oder schlecht, erzählt (mir) etwas über *mich*. Natürlich auch über die anderen. Aber wirklich interessant ist der Teil, der mich selbst betrifft, denn das ist ja das einzige Element, das ich proaktiv beeinflussen und steuern kann. Es fängt bei den Gedanken an, die ich zu mir und zu anderen habe und setzt sich in einer Kettenreaktion fort. Und in dem Moment, wo ich meinen (schlechten) Gedanken, und in der Folge eben auch meinen (schlechten) Gefühlen, nicht mehr so ausgeliefert bin, kann auch nicht mehr wirklich irgendwas schiefgehen. Weil es dann sozusagen kein *Schiefgehen* mehr gibt. Gut, ne? Blöde, enttäuschende, unnötige, ärgerliche, grauenhafte Erfahrungen? Bei mir nicht mehr. Die sind nämlich jetzt alle nur noch: *Erfahrungen.*

Es gibt eine sehr schöne, oft auf Postkarten zu findende (zugegeben ein bisschen inflationär eingesetzte) Mahnung, die aus dem Talmud kommen soll (da gibt es geteilte Meinungen, ist aber egal):

Achte auf deine Gedanken, denn sie werden Worte.
Achte auf deine Worte, denn sie werden Handlungen.
Achte auf deine Handlungen, denn sie werden Gewohnheiten.
Achte auf deine Gewohnheiten, denn sie werden dein Charakter.
Achte auf deinen Charakter, denn er wird dein Schicksal.

Wenn man sich das Zeile für Zeile auf der Zunge zergehen lässt, steckt da viel Wahres drin. Alles beginnt mit den Gedanken, und alles endet mit dem Schicksal – im Sinne von: mit dem, was passiert. Wenn man vom Anfang direkt zum Ende vorspult (was Coaches gerne tun), lässt es sich so verkürzen:

Achte auf deine Gedanken … denn sie werden dein Schicksal.

Schluck. Dann so viel wie möglich positiv denken, ist meine persönliche Schlussfolgerung, aber das darf jeder für sich entscheiden. Und wer sich *dafür* entscheidet, liest auch noch das nächste Kapitel.

Das Wundermittel, wenn's mal nicht so klasse läuft: Reframing für den Hausgebrauch

Ältester Trick der Welt
mit neuem Wort aus der Coaching-Kiste

Wer Schwierigkeiten mit positiven Gedanken hat, wenn es offensichtlich gerade mäßig läuft, kann sich in *Reframing* üben. *Frame* heißt *Rahmen*, und *Re-framing* bedeutet so viel wie einem Bild einen neuen Rahmen verpassen. Dabei ist das Bild meine jeweils aktuelle Situation. Ein Beispiel aus Georgien: Auf unserem Weg in die Berge sind wir vormittags zu spät losgekommen, gerade setzt heftiger Regen ein. (Die Straße führt an einem steilen Abhang entlang und ist nicht befestigt, deshalb soll man unbedingt vor Einbruch der Dunkelheit am Ziel in den Bergen angekommen sein.) Hinter einer Kurve geht plötzlich nichts mehr weiter, weil sich ein gigantischer Zementlaster festgefahren hat.

Der dunkle Rahmen, den ich *dem* Bild jetzt geben könnte (und das ist auch mein erster Reflex), ist: »Heute läuft aber auch alles schief! Wir haben ja nichts als Pech. Nicht nur ist das Wetter bescheiden, jetzt muss auch noch ausgerechnet direkt vor uns ein LKW stecken bleiben. Dazu hängen wir auch noch im Zeitplan hinterher und werden heute Abend viel zu spät (wenn überhaupt) ankommen. Das wird hier bestimmt Stunden dauern, und wir vertun unsere Zeit.«

Ohne zu wissen, was Reframing ist und dass es das überhaupt gibt, schaffe ich es aber in der Situation, umzuschalten. Beziehungsweise schafft es mein Alter Ego, das als Autorin arbeitet und wie ein Roboter alles, aber auch alles, zu einer Story verarbeitet. Dieser Teil in mir freut sich: wieder drei Minuten Film gefüllt! Im Prinzip ist das schon Reframing, nur in meinem Fall eher unbewusst eingesetzt. Ein bewusstes Reframing hätte zum Beispiel folgenden glitzernden Rahmen im Angebot: »Kannste nicht bestellen, so was! Heute kriegen wir richtig Abenteuer geboten. Und was ist das bitte für ein Setting: Megagefährliche Straße, dazu auch noch Nebel und Regen. Dafür zahlst du im Spielfilm Unsummen von Geld, und wir kriegen das umsonst! Was für ein Glück, dass wir nicht pünktlich losgefahren sind, sonst hätten wir den Laster-Krimi hier glatt verpasst!«

Klar, wenn man für eine Sendung wie *Ostwärts* arbeitet oder anderweitig beruflich genau *solche* Storys generiert, ist das immer ein gefundenes Fressen, und man kann sich alles dementsprechend schönreden. (Sollte man sogar.) Wenn ich für eine Hochglanzreportage drehen würde und mein Job wäre, nur schöne und opulente Bilder zu liefern, wäre das nicht so leicht. Wenn ich nun überhaupt nicht im erzählenden Gewerbe arbeiten würde, sondern meinen Jahresurlaub und viel Geld für diese eine Reise angespart hätte, nur um dann im Schlamm am Rande eines Abgrunds auf besseres Wetter und den Abschlepper zu warten, wäre Reframing schon die große Kunst. Wer dazu fähig ist: Hut ab! Jedenfalls ist es 'ne ganz feine Sache, die es sich durchaus mal auszuprobieren lohnt. Und so geht's.

Reframing beginnt bei der eigenen Sprache, auch der inneren, unausgesprochenen. Dabei versucht man, negative Formulierungen in konstruktivere Aussagen umzuwandeln. Wenn man da mal eine Weile drauf achtet und ein bisschen übt, hat man schnell ein Supertool für blöde Situationen, um eine optimistischere und lösungsorientierte Einstellung zu entwickeln. Bei erfolgreichem Reframing wird aus dem Problem eine Herausforderung und aus dem Katastrophentag ein Trainingscamp. Schlechtes Wetter ist dann vielleicht der längst überfällige TÜV für die Regenhülle, und Krabbeltierchen sind einheimische Mitbewohner. Humor ist erlaubt, aber Obacht: Mit Ironie oder Sarkasmus wird es kein Reframing. Der positive Effekt aufs Empfinden der Gesamtsituation funktioniert nur bei der nötigen Ernsthaftigkeit in der Umformulierung.

In unangenehmen Lagen hilft es, mal testweise einen anderen Blickwinkel einzunehmen und sich zu fragen, wie andere das »Problem« oder diese Situation aus ihrer Perspektive wahrnehmen würden. Auf Reisen bekommt man gute Gelegenheit dazu, weil man das Gewohnte und Gelernte aus der Heimat ja nicht mitgenommen hat und naturgemäß vieles anders läuft als bekannt. Wenn dir also etwas Unangenehmes oder Ungewohntes passiert und du dich tapfer in die Ergründung der möglichen anderen Perspektiven begibst, kannst du außer dem Blickwinkel auch gleich noch deine Linse überprüfen. Denn auf der Linse, mit der *du* die Welt wahrnimmst, liegt immer der Filter *deiner* ganz persönlichen Geschichte. Er ist durch all deine prägenden Erfahrungen gefärbt, manchmal auch verzerrt. Deshalb lohnt es sich, diesen Filter zwischendurch mal abzumachen, anzuschauen und sauber zu machen. Da stößt du nämlich auf die Überzeugungen und Glaubenssätze, die das subjektive Bild, das sich dir (und nur dir) bietet, beeinflusst haben. Und dann kannst du ja mal testweise eine alternative Perspektive oder einen anderen Filter ausprobieren.

Wer keine Lust hat, jedes Mal gleich in die schonungslose Selbstanalyse zu gehen, dem sei gesagt, dass der Filter auch dann wirkt, wenn man sich dessen nicht bewusst ist. Je mehr ich mir darüber im Klaren bin, desto mehr kann ich steuern, ob ich diesen Filter noch brauche oder nicht. Zum Beispiel den Besondere-Vorsicht-Filter oder den Hygiene-Filter oder den Achtung-Fremde-Menschen-Filter.

Der Augenöffner für meinen Ach-du-Scheiße-Filter war der bereits erwähnte Moment, als unser nepalesischer Wanderführer von dem Mini-Schneebrett aus dem Baum erwischt wurde und sich – anders als ich es getan hätte – weder geärgert noch vermutlich an nasse Klamotten und ergo Erkältung gedacht hat. Er hat die Komik dieser Situation sofort erkannt, und da schimmerte sein heiteres Mindset durch. Daraufhin konnte ich meinen Filter putzen. Und umbenennen in Ach-wie-lustig.

Man kann Reframing auch so angehen, dass man Parallelen oder einen übertragenen Sinn sucht. Beim Stichwort Reisen drängen sich mir dafür sofort geografische Bilder auf. Bei Seekrankheit auf dem Masurischen See: Ist das mein inneres Unwetter, das hier durchzieht, meine Flaute? Oder wenn die Straße blockiert ist und ich mich darüber aufrege: Bin ich vielleicht gerade genauso blockiert? Das kann man ruhig mit Augenzwinkern machen und milde mit sich selbst und der Situation sein, aber es hilft, die Perspektive zu lockern und letztlich dann sich selbst. Und auch nur, wenn's mal doof läuft und die Reise gerade so gar nicht den Spaß macht, den du dir erhofft hattest.

Es geht darum, aus etwas Negativem etwas Konstruktives zu machen. Es macht elastisch im Gehirn. Wenn man Reframing zur Überwindung von herausfordernden Situationen, Ängsten und Ärgernissen oder zum konstruktiven Umgang mit Krisen anwendet, kann man sich selbst einen großen Gefallen tun.

Dafür habe ich noch ein eins a Beispiel aus der Urlaubspraxis.

Wir alle haben ja unsere persönliche Achillesferse, was Stress durch Sinnesreize angeht. Manchmal habe ich den Verdacht, dass das, was mich besonders stört, mir auch besonders oft begegnet. Ich zum Beispiel springe sofort auf Gerüche an. Im Lee einer Zigarre kann man mich sehr schnell durchaus aggro erleben. Toleranz vier minus. Auch Zigarettenrauch kann ich nicht so profimäßig ausblenden.

Meiner Freundin geht es so mit Geräuschen. Seit Jahren wird sie regelmäßig aus besonders ruhigen Momenten durch Motorsägen oder Laubbläser herausgerissen. Wir beide nehmen gerade eine extrem hübsche Unterkunft im Landesinneren von Bali in Augenschein und werden von der Gastgeberin über hübsch angelegte Wege durch einen üppig bewachsenen Garten geführt. Meine Freundin findet es nicht ganz so berückend wie ich, denn offenbar stört sie sich an einer Motorsäge in der Nähe. Sie fragt die Vermieterin, wie lange denn die *Baustelle* noch so in Betrieb ist. Und erntet einen durchaus irritierten Blick.

»Was für eine Baustelle? Ach, das Brummen. Das sind Zikaden.«

Ich finde das ungemein inspirierend für den Rest dieser Reise. Ab sofort sind alle sägenden, knatternden, leiernden Geräusche mit Zikaden verknüpft. So geht Reframing! Um uns herum gibt es plötzlich diverse Haushaltsgerätezikaden, zum Beispiel die gleichmütig schnurrende Staubsaugerzikade. Oder die eben erwähnte Motorsägenzikade. Auch stattliche Triebwerkzikaden sind unterwegs. Auch hier zu Hause. In meiner unmittelbaren Nachbarschaft hat sich eine gut ausgeprägte Laubbläserzikadenpopulation breitgemacht. Die singt immer dann, wenn ich mir vornehme, mal ein Kapitel im Garten zu schreiben. Muss man abkönnen. Wenn es mir jedoch (dank meines Zikaden-Rahmens) gelingt, das auszublenden, ist es Reframing vom Feinsten. Aber das erfordert hartes, kontinuierliches Training. Und auf Reisen, wenn man nicht pausenlos auf Leistung gebürstet ist, sondern mal rumspinnen kann, bieten sich mannigfaltige Möglichkeiten zum Üben.

Kleines Notköfferchen für Heimweh

Kloß im Hals und Krokodilstränen im Schlafsack

Natürlich gibt's unterwegs auch mal dunklere Momente. Wenn ich eine längere Auslandsreise mache, sind die ersten Tage besonders anstrengend, weil vieles ungewohnt ist und ich noch nicht eingegroovt bin. Im Anschluss beginnt eine Art Honeymoon-Phase, dann ist alles super, ich könnte ewig so weitermachen. Doch irgendwann, meist ohne Vorwarnung, erwischt mich das Heimweh.

In Thailand passiert mir das nach circa zwei Monaten. Neben meiner Unterkunft, wo ich drei Tage bis zur Weiterreise überbrücken muss, ist ein Thai-Massage-Salon. Aus Langeweile buche ich eine Detox-Massage. Da werden die Gedärme (von außen) ordentlich geknetet und gedrückt, man muss auf Kommando ein- und ausatmen und denkt, man stirbt jeden Moment an Darmverschluss oder Blinddarmdurchbruch. Damit wird alles Üble in einem drin gelöst und kommt irgendwie raus. Aber nicht nur körperlich. Man wird auch ein bisschen heulig. Ich zumindest. Sehr. Rolle mich anschließend auf meinem Hostel-Bett unterm Moskitonetz zusammen, weine einen Fluss und habe schlimmes Heimweh nach meinem Zuhause. Ich vermisse meine Familie, Klein-Nichte und Klein-Neffe, meine Besties, Frühstück mit Vollkornbrötchen, Bitterschoki, Latte Macchiato, gemischten Salat, Erdbeeren, Herbstwetter, den Flughafen mit meinen Lieblingskolleginnen, mein Bett, meine Wohnung, die olle Kleinstadt. ALLES fehlt mir. Ich schaue mein kleines Fotoalbum an. ALLE fehlen mir.

Zum Glück erwischt mich das nicht eiskalt. Ich weiß: Heimweh geht vorbei. Und ich weiß, was hilft: ein Nickerchen machen, dem Körper Ruhe gönnen, mal gepflegt weinen. Feel it out. Nach und nach sorge ich für die Erfüllung weiterer Bedürfnisse. Aus dem Internetcafé rufe ich die Mama über Skype an, lasse sie fröhlich plaudern und bin schon davon getröstet, ihre Stimme zu hören. Ich sauge alle Neuigkeiten von zu Hause auf. Dann gehe ich in ein richtiges Restaurant (mal keine Garküche) und bestelle mir was Besonderes: zum ersten Mal auf dieser Reise nicht vegetarisch, sondern ganz crazy ein Curry mit Hühnchen. Ich nehme meinen Schmerz ernst und sorge für mich, so wie ich das für eine gute Freundin oder mein Kind tun würde. Ich tröste mich selber. Guck an, es wird ein kleines bisschen leichter. Musik hörend schlendere ich nach Hause und mache Stopp am Tempel. Dort atme ich Räucherstäbchen, knie mich hin wie die Locals und verneige mich. Ich bleibe eine Weile mit der Stirn auf dem Boden liegen. Mir tut das gut. Meinem Kopf auch. Die Haltung erinnert mich, dass ich klein vor etwas Großem bin und dass alles gut so ist, wie es ist. Zurück in meinem Zimmer schlafe ich amtliche zwölf Stunden. Am nächsten Morgen sieht die Welt tatsächlich wieder anders aus. Die zweite Detox-Massage – man muss immer zwei machen – tut nicht halb so weh, mein Bauch ist viel weicher als gestern, der Meister sagt, das hat sich gelohnt.

Was hilft also bei Heimweh? Noch mal zum Mitschreiben.

Erstens: Nimm es ernst. Nimm *dich* ernst. Man darf auch als erwachsene Person Heimweh haben, es ist nicht nur für Kinder reserviert. Wenn du gerne schreibst, schreib deine Gefühle auf. Oder sprich dir eine Notiz aufs Handy. Solltest du einen Kloß im Hals haben, bitte nicht runterschlucken. Du darfst jetzt mal weinen, es ist ausdrücklich erlaubt. Ich gestatte es.

Zweitens: Atme. Das meine ich ernst, atme tief. Übung dazu? *4711* – hatten wir schon. Damit sorgst du im Nervensystem für Beruhigung. Du kannst auch laut seufzen. Das geht vermutlich auf deinem Zimmer oder bei einem stillen Waldspaziergang besser als an der vollen Bushaltestelle. (Außer dir ist nix peinlich, dann nur zu.) Seufzen vorm Einschlafen lässt übrigens auch sonst noch einmal am Tag alles raus. Probier es mal.

Drittens: Erinnere dich an Situationen, in denen du stark warst, in denen du Freude hattest, wo du ganz mit dir und der Welt im Reinen warst. Wo du so richtig glücklich warst. Dazu bekommst du gleich noch ein Hilfsmittel an die Hand. Stichwort *Anker*.

Viertens: Nimm dich selbst in den Arm. Virtuell oder in echt. Sei dein bester Freund oder deine beste Freundin. Du bist der Mensch, der dir am nächsten ist, du bist die einzige Person, die mit dir groß geworden und immer bei dir gewesen ist. Du kennst dich selbst am besten und kannst am besten für dich sorgen. Sollte dir das schwerfallen, weil *Selbstliebe* jetzt auch nicht jedem so selbstverständlich von der Hand geht, dann fang eine Stufe drunter an: Tu deinem Körper etwas Gutes. Gönne deinen Sinnen etwas Angenehmes zum Fühlen. Ein gutes Essen oder eine Wellness-Massage. Das ist eins a *Selbstfürsorge*. Das würdest du deiner besten Freundin auch raten. Vorsicht mit Alkohol oder anderen Drogen, die deine Empfindungen betäuben könnten – jetzt ist nicht der Moment, wo du das Zepter aus der Hand geben solltest. Du würdest deinem Kind auch keinen Joint reinpfeifen, und hoffentlich auch keinen Liter Bier. Schau dir deinen Schmerz bewusst an, dafür ist Nüchternheit hilfreicher als Benommenheit. Einen trinken kannst du, wenn es dir wieder gut geht.

Fünftens: Wenn du alles »rausgefühlt« hast und denkst: »Och joa, es geht bergauf«, dann kannst du mal diese Übung hier probieren. Die kannst du überall machen, und ich garantiere: Sie kann nicht *nicht* funktionieren. Sie dauert eine Minute, und am besten gehst du kurz wohin, wo du nicht beobachtet wirst. Zur Not aufs Klo. Du ziehst eine Minute lang deine Mundwinkel in Richtung Ohren, so als ob du sehr ambitioniert grinsen möchtest. Dafür kannst du auch einen Stift in den Mund nehmen. Los, ab jetzt, eine Minute! Die Gesichtsmuskeln, die du gerade benutzt, aktivieren einen Nerv, der aus purer Gewohnheit dem Gehirn signalisiert: »Mein Mensch lächelt, er hat offenbar gute Laune.« Das Gehirn nimmt die Message an, *glaubt* sie und – jetzt kommt das Beste – schüttet nach gut dreißig Sekunden diejenigen Botenstoffe aus, die wir bei einem echten Lächeln auch freisetzen. Glücksgefühle herbeigeblufft! Ich mache das beim Joggen, weil ich Joggen meistens ganz, ganz doof finde. Das Glücksgefühl, von dem alle richtigen Läufer sprechen, stellt sich bei mir einfach nicht ein. Mit dem Lächeltrick geht's, und nach kurzer Zeit finde ich Joggen sogar gar nicht mehr so schlecht. Mit dieser Übung kannst du dir immer notfallmäßig behelfen, wenn du in einer Heimweh-, Krisen- oder anderen Stresssituation gelandet bist. Das Tückische ist, dass du dich ausgerechnet *dann* vielleicht nicht daran erinnerst, dass du sie im Repertoire hast. Vielleicht magst du dir eine Erinnerung einrichten und das mal ein paar Tage am Stück üben … Vielleicht irgendwo, wo dich keiner kennt? Vielleicht auf REISEN?

Jetzt wird's gefühlig: Abschiedsschmerz

Wenn das Heimweh schon losgeht, ehe du weg bist, und was ein Anker da bewirken kann

Am Ende dieses Teils gehen wir nun noch mal ganz nach vorn, vors Losfahren. Das hier betrifft jetzt weniger den zweiwöchigen Inselurlaub, sondern eher die Fernreise, gerne auch mehrmonatig. Obwohl ich sagen muss, dass ich immer – IMMER! –, wenn ich alleine losziehe, auch wenn's nur für knapp zwei Wochen ist, am Tag vor der Abreise schlimmen Abschiedsschmerz und vorbeugendes Heimweh habe. Hatte ich schon als Kind, ist so drin.

Auf meiner großen Rucksackreise im Sabbatjahr findet in den letzten Wochen vor Tag X ganz viel zum letzten Mal statt. Andauernd wird irgendwo Abschied genommen und mir tief in die Augen geschaut, und das macht das Ganze unheimlich groß. Letzte Sitzung mit meinen Kollegen, Abschiedsfeier im Büro, letztes Treffen mit der Family, große Party … selbst das letzte Mal im Supermarkt (wo mich niemand verabschiedet – verstehen wir uns richtig) ist plötzlich mit Wehmut behaftet. Das letzte Mal auf der kleinen Brücke gegenüber am Bach, das letzte Telefonat mit ganz vielen. Es ist ja die Zeit vor WhatsApp und Facebook, und lange vor Insta oder Tiktok, also niemand wird mich sehen und kaum jemand mich hören in den kommenden Monaten. Es ist ein nicht enden wollender Abschied, und der macht mich fertig. Am Abend vor der Abreise bin ich so fahrig, dass ich Sachen irgendwo hinlege und mir nicht merke, wo. Sodass ich am Morgen der Abreise heulend vor meinem Rucksack und Handgepäck stehe, weil ich mein kleines Musikding (MP3-Player – kennt das noch wer?) nicht finden kann. Ohne will ich nicht los, das ist (ohne dass ich es wüsste) *mein Anker.* Erkläre ich gleich. Doch das Flugzeug wird nicht warten, also muss ich ohne los. *Noch* ein Abschied mehr. (Der winzige MP3-Player findet sich auf der Fahrt zum Flughafen in meinem Sonnenbrillenetui, wo ich ihn reingelegt habe, um ihn BLOSS NICHT ZU VERGESSEN.)

War dieses Drama unnötig? Wegen einem verschwundenen Musikgerät in Tränen ausbrechen? Nein, sage ich heute. Daran haben sich alle Gefühle und Ängste entladen. Die Angst vor dem Unbekannten, dem langen Alleinsein, der Nichterreichbarkeit, dem Nichtmehrgebrauchtwerden, die Angst vor Heimweh, der Trennung von meiner Familie und meinen Freunden und von meinem gesamten bisherigen Leben. Irgendwas musste sich ja dafür zur Verfügung stellen. Nun war der ganze Abschiedsschmerz jedenfalls raus.

Und nun zum Anker. Ob MP3-Player, Plüschhase oder Schnuffeltuch – alles ist erlaubt! Ich habe im zweiten Teil ja gemahnt, dass mir niemand über etwaige Stofftiere lachen darf, ohne die manch anderer nicht wegfahren würde. Ein Anker kann hilfreich sein, wenn man zum Beispiel mit Heimweh oder Unsicherheit zu tun hat. Ankern ist ein Begriff aus der Psychologie, eine Art Technik, und die geht so: Ich *programmiere* einen heilenden, stärkenden Satz und verbinde diesen mit einem Objekt meiner Wahl, das vielleicht damit zu tun hat: ein Leuchtturm als Schlüsselanhänger, ein Herz aus Gold oder ein Plüschobjekt. Was eben gut zu dem positiven Gedanken passt. Wann immer ich den Anker dann später in die Hand nehme, erinnere ich mich an diesen stärkenden Satz. Er dient mir als Gedankenstütze, aber auch als Gefühlsstütze für das, was ich eventuell gerade vergessen habe – zum Beispiel, dass ich nicht wirklich allein bin, auch wenn ich mich gerade einsam fühle, dass ich geliebt bin, dass ich stark bin und so weiter. Dadurch sorgt der Anker für gute Gefühle, Trost, neues Vertrauen oder manchmal einfach nur für ein Lächeln, sobald man ihn in die Hand nimmt (oder in der Tasche entdeckt). Und wie gesagt, alles kann ein Anker sein: ein (Kunst-)Stofftier (Jahrmarktgröße ist eher unpraktisch zum Mitnehmen), ein Schmusetuch, ein Motiv-Schlüsselanhänger, ein Schutzstein, das T-Shirt mit den Unterschriften aller Freunde, ein Minikompass, das Taschenmesser von Opi – völlig egal. Wichtig ist der kraftvolle Gedanke, das gute Gefühl, das man damit verbindet. Meine Anker 2007 sind das (vorübergehend verloren geglaubte) Musikteil (natürlich nicht das Gerät an sich, sondern die Songs darauf) und ein winziges Fotoalbum all meiner Lieblingsmenschen. Heute hätte ich natürlich beides auf dem Handy. Ein Anker, den jeder dabeihat (und als solchen programmieren kann), ist übrigens der eigene Atem (Supersache: immer dabei, wiegt nix und sorgt zuverlässig dafür, dass man lebt). Ist halt ein bisschen mehr yogastyle. Dazu kann man die Hand aufs Herz legen und eine Weile ruhig werden. Nach einer Weile so sitzen, stehen oder liegen und *tief atmen* kommt vielleicht eine Welle neuen Vertrauens. Und zack: geht's wieder. Der Anker in Form einer *Sache* ist die pragmatische Variante davon. Und deshalb ist für den auch immer Platz im Gepäck.

Und jetzt steht deiner Reise wirklich nichts mehr im Weg.

Teil 4

In fremden Welten

Rezeptbox fürs freundliche Unterwegssein

Benimm dich ein bisschen und sei überall willkommen

Wie funktioniert das hier eigentlich?

Es ist so weit! Du bist im Geiste schon fertig mit Packen, das Abenteuer hat (fast) begonnen. Mittlerweile hat sich der Abreisetrubel etwas gelegt, und du kannst die täglichen Gedankenschleifen, ob du wohl etwas immens Wichtiges übersehen oder vergessen hast oder einfach nicht mehr schaffst, aus dem Hirn fegen. Du hast genau das dabei, was du brauchst. Und genau das liegen gelassen, was wohl nicht so wichtig ist. (Außer es sind Pass, Kreditkarte oder lebenswichtige Medikamente, dann nehm ich das zurück …)

Ab jetzt wird mit Bordmitteln gearbeitet!

Dein wichtigstes Bordmittel ist dein Mindset. Das allein entscheidet darüber, wie sehr du deine Reise genießen wirst. Dazu möchte ich dir gerne noch ein, zwei Ideen mit auf den Weg geben. Letztlich wird deine Haltung darüber entscheiden, wie viel Freude du unterwegs empfindest – unabhängig vom Wetter, deinen Begegnungen oder den Umständen vor Ort. Je positiver gestimmt du in jeden Tag startest, desto besser ist deine Ausgangslage. Das haben wir ja alles psychomäßig im dritten Teil durchgekaut, das ist abgehakt, das reist jetzt mit dir mit. Check.

Nun gibt es noch eine Sache, die dir das Zurechtkommen im (In- und) Ausland erleichtern könnte. Das ist dein Umgang mit den Menschen, denen du begegnest. Ich mache mir in neuen Umgebungen, wenn es mal unbequem wird und ich nicht sofort begreife, wieso die Dinge nicht nach meiner Vorstellung laufen, gerne bewusst: *Die große Fremde, das bin ich.* Nicht die anderen. *Ich* bin hier zu Gast, *ich* bin hier anders, vor allem für die Einheimischen. Das hilft mir dabei, mir ab und zu den eigenen Kopf geradezurücken. Sobald ich *das* nämlich wirklich verstanden habe, kann ich anfangen, mich mit allem *für mich* Ungewohnten zu beschäftigen. Und da ich ja, wie wir von *Ostwärts* wissen, amtierende Weltmeisterin im Fettnäpfchenjumping bin, also aus Fehlern lerne, kann ich hier einiges an Erfahrung einbringen, dann musst du nicht alle Fehler selbst machen.

Nonverbale Kommunikation

Um zu verstehen, wie die Dinge anderswo laufen, ist es ja durchaus sinnvoll, mit den Leuten zu reden. Aber wie kommuniziere ich überhaupt, wenn ich die Sprache gar nicht kann? Was transportiere ich möglicherweise unbewusst nonverbal? Und könnte ich das bewusst nutzen?

Du wirst nicht jede Landessprache beherrschen, nehme ich an. Je nach Alter und Wohnort in der Jugend wirst du in der Schule Russisch oder Englisch als erste Fremdsprache gelernt haben. Von den beiden gehe ich jetzt mal aus. War es Englisch, kannst du es halten wie viele Engländer und US-Amerikaner und einfach drauflosreden. Die höflichere Variante wäre allerdings, vorab zu fragen: »Is English okay?«

Wenn du mit Russisch in der Schule aufgewachsen bist: Egal, wie eingerostet dein Russisch auch sein mag, du darfst es in allen Staaten der ehemaligen Sowjetunion getrost rausholen und aufpolieren. Vom Baltikum im Westen über Georgien und die »Stan-Länder« im Süden bis zur Mongolei im Osten war Russisch mindestens fünfzig Jahre lang erste oder zweite Amtssprache. Besonders Menschen ab fünfzig sprechen es noch, denen brauchst du mit Englisch nicht zu kommen. Hab bitte keine Hemmungen, weil du denkst, ach, jetzt haben die sich so mühevoll und tapfer von der sowjetischen Klammer befreit, da wollen die doch mein »Strasdvuitje« nicht hören. Nach all meinen Erfahrungen stimmt das nicht. Vielmehr kommst du mit deinem Schulrussisch recht weit, vor allem in den Herzen. Weil man dir wahrscheinlich anhören wird, dass Russisch nicht deine Muttersprache ist, brauchst du dir auch keine Sorgen zu machen, dass jemand, der keine freundlichen Gedanken in Bezug auf Russland hegt, dich das spüren lässt.

Wenn du aber (gefühlt) gar keine Fremdsprache gelernt hast oder eben in sprachlicher Hinsicht unfassbar schüchtern bist und deshalb lieber bei Deutsch bleiben möchtest, sei so höflich und frage, ob Deutsch okay ist. Vielleicht hast du ja auch Glück und triffst Menschen, die unsere Sprache sprechen, das ist im Baltikum und in Polen zum Beispiel gar nicht so unwahrscheinlich, in seltenen Fällen sogar in Tadschikistan.

In vielen Ländern, vor allem fern der Großstadt, kann es dir allerdings passieren, dass nur die Landessprache oder vielleicht sogar nur eine Regionalsprache wie Katalan oder Gälisch gesprochen wird. So wie in manchen Dörfern in Deutschland eben tief Mundart gesprochen wird. Viel Spaß beim Kommunizieren! Aber auch dafür gibt es eine Lösung: Denn *eine* Sprache hast du immer dabei: die nonverbale. Deine Hände und Füße, dein Gespür für Höflichkeit, dein freundliches Lächeln. Benutze deine Mimik, deine Gestik, deinen ganzen Ausdruck! Damit kannst du sehr viel ausrichten (und gar nicht so sehr viel anrichten …). Stell dir dazu einfach vor, du würdest Scharade spielen und dein Team liegt vorne. Wo gibt's hier (zwei Finger zum Mund und zurück) was zu essen, ich suche (die Hände spitz über dem Kopf) eine Unterkunft (wobei, »Hotel« oder »Pension« versteht sowieso jeder), ich bin (zwei Hände unter schräg gelegten Kopf) müde, wo (fragende Geste) geht es zum Bahnhof (»tschtschtsch«), ich muss zum Flughafen (fliegende Arme) und (aufs Handgelenk tippen) habe es eilig. Hmmmm (Hände über Bauch reiben und zufrieden dreinschauen), das war aber lecker, jetzt noch ein (zapfen nachahmen, »zschhh«) kleines (Daumen und Zeigefinger parallel horizontal) oder großes (zwei Arme parallel horizontal) Bierchen, ich möchte zahlen (Achtung! Bitte mit der An-die-Tafel-schreiben-Geste, nicht mit der Wie-viel-kostet-das-Geste, die ist höflicher und Kellner reagieren viel netter darauf).

Dazu brauchst du übrigens nicht zu schweigen wie bei der echten Pantomime. Peppe das Ganze mit der Sprache auf, die du gerade verfügbar hast. Bei kniffligen Fragen wie »Ich habe das gestern in M anprobiert, da saß es ganz gut, aber nach dem opulenten Abendessen und dem üppigen Frühstücksbuffet würde ich es doch lieber eine Größe größer nehmen, haben Sie auch L?« kann man natürlich auch die Übersetzungs-App vom Handy benutzen, je nach Sportsgeist. Und bei Sachlagen wie »Mein Großonkel hier hat seine Diabetes-Typ-2-Tabletten bei der Floßfahrt in den Fluss fallen lassen und ist dabei zu unterzuckern, wir brauchen also ganz schnell ein Stück Schokolade oder 'ne Cola, müssten dann dringend zu einem Arzt, und wo ist denn eigentlich die Apotheke« *muss* man die Übersetzungs-App benutzen! Ist klar.

Noch ein so ernst wie nett gemeintes Wort zum Umgang mit Gastropersonal. (Das übrigens auch in Deutschland gilt.) Es gibt ja unterschiedliche Herbeiwinke-Gesten in verschiedenen Kulturkreisen. Arm hoch und herbeiwinken wird von vielen als sehr unhöflich, weil von oben herab, wahrgenommen. Wem das wurscht ist, weil der Kunde ohnehin König ist – der darf von mir aus gerne warten. Wer gerne möchte, dass das Gastropersonal sich nicht als Leibeigene, sondern als wertgeschätzte Spezies, die dankbarerweise hier für uns Konsumierende arbeitet, fühlen soll, sucht freundlich den Blickkontakt, lächelt und winkt dann einmal kurz mit wackelnden Fingern. Herbeiwedeln à la »Hopphopp du könntest schon dreimal hier sein« oder wie die Hexe im Märchen mit dem gebogenen Zeigefinger locken, sieht man glücklicherweise nur noch selten. (Aber dann springt in mir neben der Empörung ein voyeuristisches Element an, dann will ich wissen, wie sie oder er *jetzt* reagiert.) Weil wir nette Menschen sind: nicht machen. Übrigens soll man auch nicht für das Personal schon mal die Teller auf dem Tisch zusammenschieben. So wurden wir diesen Sommer im Elbsandsteingebirge von einer ehrverletzten Kellnerin publikumswirksam, aber durchaus unterhaltsam zurechtgewiesen. Offensichtlich kann es als übergriffig missverstanden werden, außerdem bringt es das höchst individuelle Abräumsystem des Fachpersonals durcheinander. Das Gastro-Servicepersonal ist mitunter ein zartes Pflänzchen und zudem vom Aussterben bedroht, also lasst uns einfach sorgsam damit umgehen.

Was wir manchmal unbewusst kommunizieren

So, wie wir ganz gezielt nonverbal Gesicht und Hände nutzen können, um zu »sagen«, was wir sagen wollen, tun wir auch manchmal das Gegenteil – möglicherweise ohne es zu beabsichtigen. Wenn ich nichts Bewusstes mit meinem Gesicht mache und in der letzten Viertelstunde mal nicht gelacht haben sollte (was vorkommt), geht mein Gesichtsausdruck manchmal in Richtung traurig. Obwohl ich das dann gar nicht bin. Mir ist das auf Fotos aufgefallen. Eine meiner Schwestern hingegen hat festgestellt, dass sie bisweilen wütend aussieht, selbst wenn sie es nicht ist. Keine Sorge, wir brauchen deshalb nicht alle rund um die Uhr mit einem aufgesetzten Lächeln herumzulaufen, aber wir dürfen uns bewusst machen, dass wir die ganze Zeit kommunizieren, auch wenn wir es vermeintlich nicht tun! Und dass wir ab und zu etwas aussenden, ohne es zu beabsichtigen. Oder zu merken. Auf Reisen könnte das noch mehr zum Tragen kommen, weil da vielleicht sogar eine Mimik, die uns ganz normal vorkommt, missverstanden wird. So hält man in manchen Ländern (ich denke an Asien) seine Gefühle etwas mehr im Zaum als in anderen (ich denke an Südosteuropa). Anders als bei uns wird da nicht laut geflucht, wenn einem die Einkaufstüte am Henkel abreißt. Und das gilt auch für Konfliktsituationen. Wenn du in eine missliche Lage geraten bist, in der du zum Beispiel ganz offensichtlich betuppt wurdest, kannst du ja gepflegt ausrasten und deiner Wut Luft verschaffen. Lass es raus. Besser fürs Herz. Sei dir aber im Klaren darüber, dass du möglicherweise in dem Moment des Ausrastens (je nachdem, wo auf dem Globus du gerade bist) »dein Gesicht verlierst«. Mir ist das mal im Vor-Smartphone-Zeitalter in der Mongolei passiert, in einem Internetcafé. Da habe ich gerade die lange E-Mail an Familie und Freunde fertig, die nach drei Wochen Funkstille ein Lebenszeichen sein soll, dass es mir gut geht und der Film voraussichtlich schön wird. Kurz vor Absenden kommt die Besitzerin des Ladens, schaut mich an, und zieht *mit Absicht* den Stecker vom Rechner. Ich ringe mit meiner Fassung und einer spontanen Gewaltbereitschaft, weil ich nicht zwischengespeichert habe und weiß: Die kostbare abgezwackte Zeit war jetzt umsonst. Und: Die Frau hat das extra gemacht, weil wir vorab nur für eine halbe Stunde bezahlt haben und die angeblich jetzt rum ist. Ich kann mit ihr nicht kommunizieren (zumindest nicht verbal, und nonverbal könnte ins Auge gehen), obwohl ich es auf Englisch versuche. Sie antwortet aber nur knapp auf Mongolisch und wendet sich dabei demonstrativ an meinen einheimischen Begleiter (mehr Wut bei mir), dem das alles herzlich wurscht ist. »Du hast halt nur für eine halbe Stunde bezahlt«, sagt er und zuckt mit den Schultern (noch mehr Wut bei mir). Ich bin förmlich am Implodieren und stürme aus dem Laden. Kurz darauf sitze ich schimpfend und heulend auf einer Mauer und brülle dem BEWUB meinen Unmut ins Telefon (der kann das ab, er tröstet mich), als ein paar Kinder vor mir stehen bleiben und mich anschauen wie eine Attraktion im Zirkus. Und es IST Zirkus, was ich für sie hier mache. In der

Öffentlichkeit weinen und schimpfen, das geht hier gar nicht. (Ich möchte zu meiner Verteidigung anfügen, dass sich mit dem Wutanfall auch noch einiges des über drei Wochen angestauten Ärgers über den Umgang mit uns entlädt, vermischt mit tiefer körperlicher Erschöpfung – Hintergründe und Tathergänge sind in meinem ersten Buch genüsslich beschrieben.)

Was ich sagen will: Selbst, wenn ich zehnmal das Recht hätte, hier amtlich auszuflippen, weil mir ein ganz offensichtliches Unrecht geschehen ist – das macht es hier bloß schlimmer. Jetzt (draußen, bei den Kindern) habe ich nämlich neben dem Kontakt zu meiner Familie auch noch mein Gesicht verloren. In diesem Fall ist es mir wurscht (lieber das als ein Magengeschwür). Wenn ich nun aber auch im Internetcafé ausgeflippt wäre (im schlimmsten Fall mit Wut-Tränen), hätte nicht nur ich mein Gesicht verloren, sondern vermutlich auch mein mongolischer Gastgeber. Und der will sicher noch mal wiederkommen.

Nicht falsch verstehen: Niemand muss seine Persönlichkeit ändern, bloß weil woanders andere ungeschriebene Gesetze gelten. Ich werde das auch nicht tun. Aber ein bisschen Aufmerksamkeit für die Gepflogenheiten eines Landes hilft, zu verstehen, wieso mich gerade alle so geschockt anstarren …

Darüber hinaus macht es (mir jedenfalls) übrigens großen Spaß, im Ausland zu beobachten, wie andere kommunizieren. Welche Gesten für bestimmte Dinge benutzt werden, von denen wir vielleicht denken, es gibt nur unsere. In Thailand ist die Komm-mal-bitte-hierher-Geste zum Beispiel eine Art »Herbeischaufeln« mit herunterhängenden Fingern wie beim Fegen, das ich nicht einmal nachmachen kann. In Japan tippt man sich für »ich« nicht etwa auf die Brust, sondern auf die Nasenspitze.

Mit deinem Hände-und-Füße-Vokabular wirst du vermutlich nicht in philosophischer Tiefe über Politik oder den Allgemeinzustand der Erde sprechen können, aber du kommst definitiv mit der Kommunikation deiner Grundbedürfnisse klar. Und wenn du dann noch über deine Mimik eine unausgesprochene, freundliche Botschaft mitschickst, die so etwas transportier wie: »Du bist okay – ich bin okay«, dann ist ganz viel gewonnen. Dann bist du als winziges Rädchen im System aktiv am Weltfrieden beteiligt.

Ein paar Benimmregeln auf die Schnelle

Vorne bei der Reisevorbereitung habe ich dir ja schon empfohlen, vor der Abreise herauszufinden, was in deinem Reiseland die großen Dos und Don'ts sind. Steht in vielen Blogs und im Reiseführer. Wenn dich so was aber stresst oder du keine Zeit vorab dafür gefunden hast, machst du nichts falsch mit einer freundlichen Grundhaltung. Und vielleicht ein paar Last Minute Goodies aus Julias bunter Erfahrungsschatzkiste:

Anständig guten Tag sagen. In vielen Ländern, zum Beispiel in Russland oder vielen muslimisch geprägten Ländern, geben sich Männer untereinander die Hand, Frauen und Männer untereinander aber nicht. Da nickt man freundlich. In Russland meine ich einmal, besonders schlau zu sein, weil ich meinen einheimischen Begleiter Anatoly beobachte und es ihm dann nachtue. Das sorgt für viel Schmunzeln, weil ich mich damit, ohne es zu beabsichtigen, wie ein Mann verhalte.

In der Mongolei gibt es eine schöne Geste, wo sich Begrüßende gegenseitig die Hände auf die Unterarme legen. Die jüngere Person greift (stützt) von unten die Ellenbogen der älteren Person, dann küsst man sich auf die Wange. Wir Filmleute umarmen ja sowieso gerne und viel. Das ist so ein Branchen-Ding, glaube ich. Wenn die Stimmung passt und man vertraute Kollegen begrüßt und dabei umarmt, nimmt man neue Leute im Raum meist auch gleich in den Arm und drückt sie mal ordentlich – wo man doch schon mal dabei ist, gell! Mir fällt auf, dass das Umarmen von »eigentlich« Fremden aber auch hier manchmal irritierend aufgenommen wird, weil manche Menschen das als Eindringen in ihre physische Privatsphäre oder ihren Wohlfühlraum empfinden. Da schadet ein wenig Aufmerksamkeit für die Bereitschaft des Gegenübers zur Berührung auch hierzulande nicht. Und dient gleichzeitig als Übung.

In Estland – so hatte ich sorgfältig recherchiert – soll man die Leute auf keinen Fall umarmen. Das wird bei der ersten Begegnung direkt widerlegt: Meine estnische Gastgeberin drückt mich gleich zur Begrüßung ans Herz (sie hat allerdings auch viel mit ausländischen Journalisten zu tun, vielleicht ist sie mit dem Filmumarmevirus infiziert). Bei späteren Aufeinandertreffen mit Esten stimmt's dann wieder. Gut, dass ich was darüber gelesen habe, sonst würde ich es vielleicht persönlich nehmen.

In Japan lässt man bei der Begrüßung die Arme eher hängen oder legt die Hände auf die Oberschenkel, verneigt sich mit Blick zu Boden, nimmt dann – bitte nicht allzu offensiv – Blickkontakt auf und flötet dabei freundlich: »Hadschimé mash'té, Julia-san!« Das heißt so viel wie: »Zum ersten Mal, ich bin Frau Julia.« Immer genauso weit runter beugen wie das Gegenüber, sonst ist es respektlos.

In arabischen Ländern legt man sich eine Hand aufs Herz und sagt freundlich: »Salaam Aleikum.«

Das sind nur ein paar Beispiele, und ich weiß, dass es nicht immer leicht ist, sich fremdländische Höflichkeiten und die Sätze dazu zu merken. Was du aber immer tun (oder nicht tun) kannst, und das empfinde ich persönlich als unsere heilige Pflicht, wenn wir zu

Gast in einem fremden Land sind: nicht allzu offensiv sein; niemanden berühren, wenn man nicht etwa durch eine ausgestreckte Hand dazu eingeladen wird; ein echtes Lächeln aufsetzen und die Hände zeigen – auf den Beinen, auf dem Herz, vor der Brust zusammengelegt, aber niemals in der Tasche behalten. Dann ist der Rest zweitrangig. Dazu irgendein Hallo, Hello, Hola oder Ähnliches, und ein guter Start ist gemacht!

Einladungen nach Hause. Regel Nummer eins: Auf keinen Fall pünktlich kommen! Regelzusatz: wenn du in eine kirgisische Jurte eingeladen wirst. Das gilt als unhöflich. (Leute, mein Land!) Auch in Italien kann man locker eine Viertel- bis halbe Stunde draufgeben. In Schweden? Nicht machen. Und bei uns ja schon mal gar nicht.

Unbedingt ein Geschenk mitbringen. Da kann man viel richtig machen, wenn man sich vorher erkundigt (findet ihr alles online). Blumen sind zum Beispiel fast überall willkommen, außer in arabischen Ländern. Und nicht so richtig in Lateinamerika. Dafür in China. Dort bitte unbedingt eine gerade Anzahl kaufen, in Polen hingegen eine ungerade Zahl. Ebenso wie in Russland, dort aber keine weißen oder gelben Blüten, es ist ja keine Trauerfeier. In Japan und China nichts schenken, das aus vier Teilen besteht oder sonstwie mit dieser Zahl zu tun hat – *vier* bringt Unglück. (*Vier gewinnt* zu verschenken wäre hier blöd.) Deutscher Wein ist willkommen, außer in arabischen Ländern. In China nichts Essbares mitbringen, dann fühlt sich der Gastgeber auf den Schlips getreten, weil er denkt, ihr denkt, ihr würdet bei ihm nicht satt. In anderen Ländern wiederum sind landestypische, essbare Mitbringsel, auch Süßigkeiten, wiederum okay. Keine Pralinen mit Alkohol in arabischen Ländern, die Pulle Schnaps nehmt ihr lieber mit nach Schweden. Ist außer mir noch jemand verwirrt? Ist noch jemandem schwindlig? Möchte noch jemand wie früher Urlaub bei Omma machen? Schachtel Weinbrandbohnen, ein paar Blumen und was Selbstgebasteltes mitnehmen?

Schuhe ausziehen. Das ist sogar in meiner eigenen Familie ein Reizthema. Ich gehöre zur dominierenden Mehrheit der Ist-ja-wohl-selbstverständlich-Anhänger, aber es gibt eben auch die empörte Opposition, die sich dagegen sträubt, weil: wir das früher nicht so gemacht haben, die Schuhe zum Outfit gehören, es untenrum kalt wird, die Füße eventuell nicht knackfrisch riechen oder anderweitige Sockensorgen bestehen, die mit Löchern oder fragilen Stellen zu tun haben könnten. Für diese Minderheit gilt: Im Ausland bei Leuten eingeladen zu werden heißt, Schuhe ausziehen zu müssen. In der Jurte, in der südostasiatischen Bambushütte, im skandinavischen Blockhaus, im sibirischen Holzhaus. Meistens werden sogar Gästeschlappen angeboten. Also macht euch einfach mal frei untenrum.

Alles probieren, nichts ablehnen. Es gilt als mega unhöflich, etwas Angebotenes abzulehnen. Warum weiß ich das? Weil ich's (falsch) gemacht habe. Nicht nur einmal. Lieber auf den Teller geben lassen oder annehmen und dann nur ein wenig probieren (oder nippen). Damit wird die Geste der Gastfreundschaft quasi gewürdigt. Das Kleingedruckte: In manchen Ländern, zum Beispiel Tadschikistan oder Ägypten, nicht alles aufessen! Wenn du satt bist, lass unbedingt noch etwas auf dem Teller liegen. Du bekommst sonst so lange nachgelegt, bis du platzt (weil sich die Gastgeber sonst geizig fühlen könnten). Sollte die Küche vorher nichts mehr hergeben, hast du die Köchin oder den Koch bereits brüskiert. Nicht machen. Auf keinen Fall darf man seinen Gastgebern das Gefühl geben, zu wenig oder nicht gut genug gekocht zu haben. Deshalb muss man in *anderen* Ländern wiederum auch brav aufessen … du wirst das schon herausfinden und hoffentlich Freude daran haben.

Und wenn du zum Schluss die Köchin ausgiebig lobst und dir versonnen übers Bäuchlein streichst, sind sicher alle froh. Ach, wo wir gerade beim Essen sind …

Essen essen. Jetzt kommt ein Appell an die internationale Essdiplomatie: Reisen geht durch den Magen! Es ist ein offenes Geheimnis, dass ich gerne esse, und ein (bis hierher) wohlbehütetes, dass ich leider nicht alles vertrage. Perfektes Dilemma. Auf der einen Seite bin ich neugierig und mag den Sinnesreiz von neuen Geschmäckern, andererseits habe ich auf meinen Reisen nicht überall nur gute kulinarische Erfahrungen gemacht. Meine persönlichen Reinfälle hatten meistens mit Hackfleisch zu tun. Heute weiß ich: Histaminintoleranz. (Übrigens auch blöd für Alkoholgenuss, jetzt erklärt sich einiges.) Beim Durchzählen komme ich aus dem Stand auf fünf amtliche Brechdurchfälle zwischen 1999 und 2020 nach Genuss von Faschiertem, in alphabetischer Reihenfolge: Ägypten, Montenegro, Sibirien, Türkei, Usbekistan. Achtzig Prozent davon hatten unmittelbar mit Hackfleisch zu tun – Köfte, Ćevapčići, Buuz, Dürüm. Die waren nicht alle ultralecker, aber die waren auch bei Weitem nicht eklig. Irgendwas dazwischen eben, auf das ich nicht gehört habe, so ein leises Bauchflüstern: Das ist nichts für dich. Jedenfalls lerne ich anscheinend nur sehr langsam dazu. Meist spachtele ich vor der Kamera und bin dadurch irgendwie abgelenkt, weswegen ich vertrauensvoll zugreife und mich unbemerkt für die gute Sache – den Film – opfere. Man braucht daraus nicht zwingend abzuleiten, dass das Essen vor Ort immer schlecht war, denn das war es nicht, und allen andern ging es prima, aber mein zartes Mägelchen ist halt nicht dafür gemacht. Deshalb mein Appell: Kenne deine Grenzen. Fang langsam an, gib deinem Darm Zeit beim Umtopfen, der ist vielleicht auch ein zartes Pflänzchen.

Hier hilft es wirklich, die Rubrik *Essen* im Reiseführer zu studieren: Da wird beschrieben, was sich hinter bestimmten Spezialitäten verbirgt und was da so drin ist. Erstens kann man dann schon ahnen, wie etwas schmeckt (wenn es nicht ohnehin beschrieben ist), eventuell auch, wie scharf etwas ist, und zweitens kann man vorher Dinge ausschließen, die man eben nicht verträgt. Außerdem erschließt sich, wie die Landesküche so tickt. Ist sie eher schweinefleischlastig wie in Masuren, bohnenbreilastig wie in Mexiko, einseitig-tierisch wie in der Mongolei, vielfältig-Fleisch-Weißbrot-gemüsig wie in Georgien?

Wenn du vegetarisch oder vegan lebst, kannst du vorab *unauffällig* in Erfahrung bringen, was es denn dort für dich zu essen gibt. Da könnte dann die Rubrik *Beilagen* Trumpf werden. Ich sage es gleich: Es kommt nicht in jedem Land gut an, kein Fleisch zu essen. Auch nicht, wenn du versuchst, deine Beweggründe zu erklären, vor allem wenn es ethische Gründe hat (was ich persönlich sehr respektabel finde). In Ostanatolien, wo wir auf Drehortsuche für einen Spielfilm sind, stößt es jedenfalls auf großes Unverständnis, dass ich kein Fleisch essen mag (schon gar nicht das, was ich gerade in der ungekühlten Auslage entdeckt habe, von Fliegen belagert). Ich gebe mir keine Mühe, meinen Ekel zu verbergen, das NEIN DANKE rutscht zu schnell und mit einem leicht hysterischen Lachen raus, für das man kein Psychologiestudium braucht, um zu wissen: Madame ist sich also zu fein für unser Essen. Absoluter Fauxpas. NICHT MACHEN, GAST! Die »kosmische Strafe« für mein unhöfliches Verhalten folgt am nächsten Tag mit einem *Dürüm*, helles Fladenbrot dünn mit Lammhack bestrichen und aufgerollt, sehr lecker! Nur viel zu groß, sodass meine Kollegin und ich nicht sofort aufessen, sondern (weil wir doof sind) erst NACH STUNDEN die Reste verspeisen, die wir zwischenzeitlich auf der Hutablage im Auto gelagert haben. Schön in Alufolie. Wer sehr schnell zu einer Laufsteg-Bikinifigur kommen möchte, kann das mal versuchen, aber zehn Tage Durchfall und schlimme Bauchkrämpfe wären der Preis.

Ein diplomatischer Kniff, den ich dir ans Herz legen möchte: Sag nicht: »Das möchte ich nicht« und transportiere nonverbal die Botschaft mit: »Weil ich es mega eklig finde, wie das da schon hängt«. Ebenso wenig empfehlenswert sind Erklärversuche wie: »Das esse ich nicht, weil mir Tierwohl wichtig ist, wissen Sie, ich bin nämlich Vegetarierin.« An vielen Orten der Welt sehen die Menschen das einfach ganz anders. Selbst wenn dir das Thema sehr wichtig ist: Lebe damit, an dieser Stelle die Welt nicht verändern zu können. Belehre niemanden ungefragt, bestell dir schöne Beilagen und iss diese mit sichtbarem Genuss. Höre auf eine, die es vergeblich versucht hat … Und nimm mal den Gedanken ins Herz, dass die jeweilige Landesküche mit ihren Zutaten und Rezepten ein wichtiger Bestandteil der kulturellen Identität einer Gegend oder einer Volksgruppe ist. Sie abzulehnen ist ein Affront, im übertragenen Sinne lehnst du damit auch ein Stück weit dein Reiseziel oder seine Menschen ab. Aus deren Sicht. Zum Reisen gehört Perspektivwechsel.

Wie macht man es nun aber, wenn man als Vegetarier in einem Land ist, wo alle immer Fleisch essen, und wo man andauernd welches vor die Nase gesetzt bekommt? Wie wäre es mit einem freundlichen: »Das sieht unglaublich verlockend aus, riecht auch wirklich lecker, aber es tut mir so leid, *ich* vertrage das leider nicht.« Mit Hand auf Bauch. Zack fertig, weiße Lüge. Schwindeln ist erlaubt, wenn es der Diplomatie nützt. Daher: Lächeln, Beilagen bestellen. Punkte fürs Diplomaten-Seepferdchen sammeln.

Verabschieden. Mittlerweile habe ich gelernt, dass mein stürmisches Umarmen zum Abschied oft Schmunzeln hervorruft. Ich bereue nichts! Für eine ehrlich gemeinte Herzlichkeit am Ende eines längeren Besuches braucht man sich nicht zu schämen, auch wenn man dafür aus den Regeln ausgeschert sein sollte. Das wird dann schon richtig aufgenommen. Ich mache das nicht aus Kalkül, sondern aus Reflex. Mir wachsen Menschen halt schnell ans Herz. Wenn wir ein paar intensive Stunden zusammen verbracht haben und mir jemand einen Einblick in sein Leben offenbart hat (in Form der Jurte, der Tiere, der Küche, der Gastfreundschaft oder eines persönlichen Austauschs), empfinde ich fast immer tiefe Dankbarkeit. Die äußert sich unter anderem in festem Umarmen. Es gehört zu meinem *default mode* und: Ich lass das jetzt so.

Etwas beschämt hat es mich aber einmal, als ich in Tadschikistan als Gast ein Abschiedsgeschenk bekomme, selbst jedoch keins geben kann. Ich hatte zwar ein Geschenk aus *Germany* zur Begrüßung dabei, aber an den Abschied hatte ich nicht gedacht. In manchen Ländern überreicht man verrückterweise am Ende des Besuches etwas. (Dort hat *Gäste bekommen* einen sehr hohen Stellenwert, und einen noch höheren, wenn die Gäste aus dem Ausland sind – es ist eine Art Aufwertung.) Ich bin nach diesem Erlebnis mittlerweile darauf eingestellt. Zum Abschied kann man seine Dankbarkeit natürlich auch mit etwas Geld ausdrücken. Das erfordert etwas Fingerspitzengefühl, damit es nicht als »bezahlen« rüberkommt oder man ungewollt die Augenhöhe verlässt. Es geht (mir zumindest) eher darum, einen Ausgleich zu schaffen, wenn ich erlebe, dass eine Familie sich ein Bein für uns oder mich ausgerissen und alles auf den Tisch gepackt hat, was der Vorrat hergibt, obwohl sie nicht im Überfluss lebt. In der Jurte in Kirgistan zum Beispiel war es mir ein großes Bedürfnis, der Familie Geld zu geben, ich wusste aber, dass das doof ankommen könnte, also habe ich meine kirgisische Begleiterin Guldana um Rat gefragt, und sie hat mir ein paar entscheidende Tipps gegeben: Die Summe legst du selbst fest. Lass es keinen winzigen Münzbetrag werden, »weil es ja ein armes Land ist«. Es soll aber auch keine übermäßig hohe Summe sein, mit der du, wie gesagt, die Augenhöhe verlässt. Höre mal in dich hinein, was angemessen sein könnte. Dann nimmst du den Schein (oder die Scheine) in beide Hände und sagst, du möchtest dich bedanken und *für die Kinder* etwas Geld dalassen. Das drückst du der Hausfrau in die

Hand. Sie wird sich weigern und empört sein. Versuch es bei der Großmutter. Und sag dazu, notfalls mit Gesten: »Für die Kinder.« Rechne damit, dass du Abwinken und weitere Empörung erntest und deine Geste *mindestens dreimal abgelehnt* wird. Das gehört zur Augenhöhe und Gesichtswahrung dazu. Sei freundlich, spiele mit, und zur Not drückst du das Geld am Ende den Kindern direkt in die Hand oder klemmst es sichtbar irgendwohin.

Und der ist von mir: Sieh es nicht als Bezahlen an – es war ja eine Einladung –, sondern als eine Art *Ausgleich*. Wenn du die Geldübergabe mit tief empfundener Freundlichkeit verbindest, kann da nichts schiefgehen. So bist du ein wunderbarer Botschafter für dein Land.

Trinkgeld geben. Das ist wieder knifflig, weil es so unterschiedlich gehandhabt wird. Bitte schau für jedes Land deiner Reise nach, wie viel man so gibt und wie man das macht. In Deutschland wird ja die Summe aufgerundet und dann bezahlt. In Spanien dagegen lässt man sich das Restgeld herausgeben und dann davon etwas auf dem Tisch liegen. Hier hilft Beobachten. Und eben Einlesen.

Meine Schwester, die als Studentin in den USA im Restaurant gearbeitet hat, nimmt mich nach einem gemeinsamen Essen in Nordamerika auf die Seite und klärt mich auf, dass man in den USA und in Kanada zwischen zwanzig und fünfundzwanzig Prozent Trinkgeld gibt. What? Immer! Selbst wenn das Essen oder der Service (unwahrscheinlich) nicht gut war, müssen es mindestens fünfzehn Prozent sein, das ist das absolute Minimum. Ich frage meine Schwester empört, was man denn machen soll, wenn man sich das nicht leisten kann. Ihre lapidare Antwort: »Nicht essen gehen.« Aha. Sie erklärt, das Personal bekomme nur einen winzigen Sockelbetrag als Stundenlohn, oft nur fünf oder sechs Dollar, und lebt allein vom Trinkgeld. Das mögen wir hier finden, wie wir wollen: anderes Land, andere ungeschriebene Gesetze. Und die Kellerinnen und Kellner können nichts dafür. Ich habe es mir jedenfalls zu Herzen genommen.

No-Budget-Travelling versus Unterstützung lokaler Reiseunternehmen. Wo wir gerade vom lieben Geld sprechen: Es gibt ja die Spezies der hartgesottenen Traveller, die machen gerne alles auf eigene Faust, aber vor allem ohne Bezahlung. Mit null Euro um die Welt couchzusurfen macht sich irre cool in den Storys.

Wir sind in Georgien in Alvani – einem Ort, von dem aus nach der Schneeschmelze im späten Mai die Fahrten in die abgelegene Gebirgsregion Tuschetien abgehen. Dort werden wir von einem irre lässigen Backpacker angesprochen, ob er bei uns mitfahren kann (wir haben zwei Autos für uns gebucht). Unser Fahrer sagt, wenn das Filmteam einverstanden ist, passt noch einer rein, und nennt seinen Preis. Alle Fahrer auf dieser Strecke nehmen ungefähr das Gleiche, circa zwanzig Euro für eine sechs- bis achtstündige Fahrt bergauf. Wenn man die Benzinkosten und den auf dieser Strecke extrem hohen Verschleiß für die Geländewagen abzieht, bleibt für die Fahrer faktisch nichts übrig. Der Backpacker erwidert, ach so, nee, er würde aus Prinzip nichts bezahlen, das sei sein Reisemotto. Bei meinem Freund Gia und unserem Fahrer (dem er das übersetzt) kann man dabei zusehen, wie die Halsader schwillt, und der Fahrer lässt dem Backpacker ausrichten, *er* nehme keinen Gast mit, der die Fahrt nicht bezahlen will. Das sei *sein* Motto. Ein Beispiel sehr unschöner Reise-Kommunikation. Ich glaube, wenn der Tourist glaubhaft vermitteln würde, dass er kein Geld (mehr) hat, und einen Vorschlag machen würde, was er stattdessen als Gegenleistung anbieten kann, würde ihn kein einziger georgischer Fahrer jemals stehen lassen. Aber *aus Prinzip* ohne Geld zu reisen (womöglich noch dazu mit guten Outdoorklamotten und schickem Equipment) ist ein bisschen wie schwarzfahren. Ich finde es mindestens mal gedankenlos, wenn nicht sogar etwas egozentriert. Was der *Schnorrende Reisende* nämlich leider vollkommen außer Acht lässt, ist, dass man Ausgaben spart zum Preis, den es andere kostet. Viele Menschen in den Urlaubsgebieten dieser Erde leben vom Tourismus und sind darauf angewiesen, Gäste zu transportieren, zu beherbergen oder zu verköstigen. Indem man mit Ansage schnorrt, nimmt man deren Einnahmeverluste schulterzuckend in Kauf. Dann lieber vorher ein bisschen mehr Geld zusammensparen oder zwischendurch als Erntehelfer arbeiten, dann kann man für in Anspruch genommene Leistungen einen Ausgleich schaffen. Ist doch schön.

Fettnäpfchen-Treten ist menschlich

Jetzt hab ich ganz schön viel mit dem erhobenen Zeigefinger gewedelt, dabei habe auch ich lange noch nicht alle Qualifikationen für das Abzeichen »Einwandfreie Rucksackdiplomatin« erfüllt. Es gibt einfach so viele große und kleine Fettnäpfchen, in die man in fremden Ländern so treten kann. In der Stadt Osh in Zentralasien darf ich für *Ostwärts* mit dem Onkel meiner kirgisischen Gastgeberin Plov zubereiten. Dieses Gericht kochen dort kurioserweise die Männer, weil es so besonders ist. Poplige Alltagsspeisen und Küche-in-Originalzustand-Zurückführen übernehmen die Frauen, ist klar. An diesem Nachmittag lachen wir viel beim Schnippeln und Brutzeln in der Garten-Küche, und unser Reis-Fleisch-Knoblauch-Gericht wird nach Abzug aller Bescheidenheit sen-sa-tio-nell. Dazu gibt's ein paar Schnäpschen, und dementsprechend gelöst ist auch die Stimmung, als wir uns schließlich verabschieden. Ich umarme (wie immer) die Frau des Hauses, und sie drückt mir ein dickes Küsschen auf die Wange. Macht man hier so. Ich denke natürlich, *generell.* Also drücke ich dem Herrn des Hauses einen vergnügten Schmatzer auf die Backe, woraufhin er in verlegenes Kichern ausbricht. Ich denke, was hat er denn, und werde von »meiner« Kirgisin Guldana aufgeklärt, dass es äußerst unüblich ist, in Kirgistan (muslimisches Land!) einen fremden Mann zu küssen. Ups! Na ja, das war wohl eher die Kategorie Kleines Fettnäpfchen. Fremde Frau macht Fehler, es geschieht in guter, herzlicher Stimmung, einheimischer Mann trägt keinen seelischen Schaden davon, alle haben was zu lachen, fremde Frau lernt wieder was dazu.

Ich kann aber auch Große Fettnäpfchen. So geschehen in Tadschikistan. Wir sind auf einer Hochzeit, ich sitze mit meiner tadschikischen Gastgeberin in der Frauenecke und beantworte brav die Fragen der anderen Frauen, die Suhro für mich übersetzt. Wie so oft kommt die Frage: »Hat sie Kinder?« Hat sie nicht. Das ist hier nicht gut. In Tadschikistan keine Kinder zu haben ist ausgeschlossen. Zur Not wird adoptiert. Jetzt zu erklären, dass es in Europa Frauen gibt, die sich bewusst gegen Kinder und zum Beispiel für eine Karriere entscheiden, oder andere, die ihre Kinderlosigkeit als gegeben akzeptieren, ebenso wie die Tatsache, dass Frauen und Männer als Single leben (und trotzdem überleben), ist müßig. Spare ich mir. Stattdessen trete ich mit Anlauf ins Fettnäpfchen, als ich erzähle, dass es in meinem Land nicht wenige kinderlose Paare gibt, die sich einen Hund kaufen. Meine tadschikische Freundin übersetzt den Satz noch, bevor bei ihr der Schock einsetzt, der sich auch in den Gesichtern der Frauen widerspiegelt. Dazu muss man wissen, dass in einigen Ländern Hunde als sehr unrein gelten, niemand würde dort auf die Idee kommen, einen Wauzi als Haustier zu halten. Suhro nimmt mir das Versprechen ab, die Frage nach Kindern nie mehr so zu beantworten. Aus ihrer Sicht habe ich mit meiner Antwort das Gesicht verloren.

Als international erfahrene Fettnapf-Expertin kann ich also bestätigen, dass du, selbst wenn du alles beachtest, was du dir vorher sorgfältig angelesen hast, trotzdem in irgendein Fettnäpfchen treten wirst. Stell dich am besten schon mal drauf ein. Und dann mach Frieden damit. Wenn du nicht gerade im Diplomatischen Dienst anfangen willst, mach dich locker. Was hilft, wenn dir ein Fauxpas passiert, ist eine freundliche, ehrlich gemeinte Bitte um Verzeihung oder eine entschuldigende Geste, ein Lächeln, ein wenig Humor. Und Milde mit dir selbst. Du bist ein Mensch und keine Höflichkeitsmaschine. Also darfst du dich auch menschlich verhalten.

Unterwegs als Botschaftspersonal

Was mir mit den Reisejahren klar geworden ist: Wo auch immer ich hinfahre, ich bin dort automatisch Botschafterin für mein Land. Das lässt sich gar nicht abstellen. Egal, wo ich hinkomme, bin ich als Erstes »die Deutsche«. Vielleicht noch »die große Deutsche«, oder »die Deutsche mit dem Filmteam«. Immer aber »die Deutsche«. Alles, was du tust und wie du dich verhältst, wird in erster Linie damit konnotiert. Freundlichkeit, Umgang mit Konflikten, Verhalten in der Öffentlichkeit, Essmanieren, Trinkgeld, allgemeiner Habitus – du kannst nicht *nicht* kommunizieren. Dabei bist du natürlich immer erst mal du selbst. Aber rufe dir ruhig ab und zu ins Gedächtnis, dass du ungewollt auch stellvertretend für dein Land agieren könntest. Rufe freundlich in den Wald hinein. Geh mit einem Lächeln in den Spiegelsaal. Nicht nur wirst du dann hoffentlich eine leichte, fröhliche Zeit voller guter Verbindungen haben, sondern du trägst auf wunderbare Weise zur Völkerverständigung und ein klitzekleines bisschen zum Weltfrieden bei.

Und jetzt kommst du!

Es ist spät geworden. Zeit, uns zu verabschieden. Nun habe ich dir alles um die Ohren gehauen, was mir von meinen sorgsam gesammelten Reiseerfahrungen im Gedächtnis geblieben ist. Ab sofort steht *deiner* Traumreise, dem Gap Year oder deinem Sabbatical nichts mehr im Weg. Hab ich was vergessen? Bestimmt! Da ist noch Platz.

Jetzt ist es an dir, deine Erfahrungen zu machen! Schreib deine eigenen Geschichten in Dein Großes Reisebuch Des Lebens und befülle Dein Persönliches Album mit sagenhaften Bildern, die du nie mehr vergessen möchtest. Dafür wünsche ich dir von ganzem Herzen berückende Naturerlebnisse, unvergessliche, bereichernde Begegnungen und wunderbare neue Einsichten – über die Welt, die Menschen und über dich als unverzichtbarer Teil des großen Ganzen.

Ich winke dir noch lange nach, wenn du jetzt losziehst. Irgendwann schließe ich seufzend die Tür und räume lächelnd die leeren Gläser und die Krümel weg. Plötzlich ist da so ein leichtes Ziehen in der Herzgegend.

Fernweh? Unbedingt.

Und vielleicht ein bisschen Reisefieber.

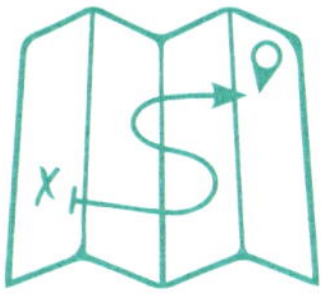

Anhang

Extras, Sonstiges und Emotionales

Niemand wird zurückgelassen

Ein fröhliches GLOSSAR für den sprachlichen Horizont

In diesem Buch verwende ich hin und wieder Abkürzungen wie *aka* oder *DIY*. Manchmal auch Fremdwörter wie *Serendipität*. Das tue ich im ersten Fall, um mich jung und modern zu fühlen, und im letzteren Fall, um mich sprachgewandt und klug zu geben. Außerdem habe ich einfach unglaublich Freude an Sprache. Ein Teil meiner Familie lebt in Kanada und den USA – für uns ist *Denglisch,* also die Mischung aus Deutsch und Englisch, ganz normal. Wir merken es nicht einmal beim Quatschen. Da kommt dann eben auch mal so etwas wie »man riskiert very hot feet« heraus.

Beim Fernsehen werden wir darauf geeicht, Anglizismen zu meiden wie der Teufel das Weihwasser, sowohl beim Texten als auch beim Sprechen vor der Kamera, damit es keine empörten Anrufe oder Zuschriften gibt. Hier kann ich mich nun eins a austoben und bitte herzlichst darum, dem mit Milde zu begegnen.

Was mir aber noch wichtiger ist: Es soll sich niemand blöd vorkommen, wenn er oder sie das eine oder andere Mode- oder Kunstwort nicht kennt. Ich habe da meine Mutter im Ohr, die immer mal eins von uns Kindern oder Enkelkindern mit der Einleitung »Du denkst jetzt bestimmt, ich bin bekloppt« fragt: »Was ist eigentlich *woke*? Und wie spricht man das aus?« Dann merkt sie sich das und verwendet es bei nächster Gelegenheit selbst (und zwar treffsicher). Und erntet dafür allergrößte, heitere Anerkennung. Indessen freue *ich* mich über jeden neuen Ausdruck von den *noch* jüngeren Familienmitgliedern und schreibe ihn mir hinter die Ohren (und ins Handy …).

Alle Begriffe hier kommen aus dem Englischen. Ich gebe etwas Lautschrift mit, eine Übersetzung und den Versuch einer Nutzungserklärung:

aka gesprochen »aka« oder »äi-käi-äi«
englische Abkürzung für *also known as*
bedeutet *auch bekannt als*

badass »bähd-äss«
wird mittlerweile benutzt, wenn man so was sagen will wie *sehr gekonnt oder beeindruckend*
wörtlich übersetzt *Schlimm-Arsch*

crazy »kräisi«
verrückt

DIY »Di-Ai-Whai«
selbst gemacht/zum Selbermachen
Abkürzung für *do it yourself*

fancy »fänzi«
schick, ausgefallen
Ich benutze es auch, wenn ich *cool, schön* oder *modern* meine, aber nicht sagen möchte

Life-Hack »Laif-Häck«
Lebens-Kniff – ein schlauer Tipp, den jemand mal für sich herausgefunden hat und bereitwillig mit anderen teilt

nice »naiß«
nett, schön, freundlich, angenehm

oldschool »ould-skuul«
nach alter Schule, na ja eben so, wie es früher war
wird als Adjektiv benutzt

Rooky »Rukieh«
Neuling, Anfänger (nett gemeint)
Ein *rooky mistake* ist ein Anfängerfehler.

woke »whouk«
wird – übrigens schon seit 1930 – benutzt als Begriff für jemanden, der sich gesellschaftlich (und in der Folge sprachlich) *korrekt* verhält, und zwar aus eigener Sicht und der einer vorwiegend jungen, oft studentischen Gesellschaftsschicht. Will heißen, *woke* ist, wer sämtliche in jüngerer Zeit erkämpften gesellschaftlichen Bewegungen zur Neunormierung politischer Korrektheit in Bezug auf Fragen wie Gleichstellung von Geschlecht und Herkunft immer auf dem Schirm hat und ein (jetzt zitiere ich kurz aus Wikipedia) »›wachsames‹ Bewusstsein für mangelnde soziale Gerechtigkeit und Rassismus« pflegt.
wörtlich *aufgewacht, wachsam*

WTF spreche ich deutsch aus
what the f… (jetzt bin ich verlegen)
heißt so viel wie *ach, was soll's*

Mir ist bewusst, dass das Benutzen dieser Begriffe vielleicht nicht jedem schmeckt. Auf meinem Instagram-Kanal gibt es – wenn auch nur äußerst selten – ab und zu mal eine leise Nachfrage (oder nennen wir es ruhig Beschwerde) deswegen.

»Was bedeutet Life-Hack?«

»Kurz gegoogelt: Lebenstipp, Lebenskniff.«

»Warum sagen Sie das dann nicht? WARUM VERWENDEN SIE DEN BEGRIFF LIFE-HACK?«

»Weil er gut passt und weil er mir gefällt.« (Kein Grund zu schreien.)

Wenn ich mir also etwas wünschen darf, möge sich bitte niemand darüber ärgern. Im Gegenzug freue ich mich über JEDEN neuen Begriff, den ich noch nicht kenne. Vielleicht über Instagram? Egal, her damit!

Dank

Wofür ich dankbar bin, frage ich mich jeden Tag im Stillen. Hier möchte ich jetzt mal ganz laut »Danke!« brüllen!

Und das geht an:

Antonia Bürger, Victoria Salley und Christin Nase, stellvertretend für alle irre fleißigen und rasend netten Mitarbeiterinnen vom Knesebeck Verlag. Es macht solche Freude, mit euch zu arbeiten! Caroline Kaum, für deine Ideen und deinen Enthusiasmus. Du verstehst auf einen Schnips, was ich meine, und jedes Telefonat mit dir ist wie eine Gute-Ideen-Dusche. Zack fertig: Buch entwickelt. Nina Schiefelbein, beste Lektorin ever. Nicht nur bist du die personifizierte Effizienz (was ja wichtig ist), nein: Du teilst auch meinen Wortwitz (was ja wichtig ist) und hast mich mit deinen Kommentaren und Vorschlägen x-mal zum Lachen oder tiefen Verneigen gebracht. Die Video-Calls mit dir werden mir fehlen.

Christina Herßebroick, Jochen Vinzelberg und euch anderen top Medienschaffenden beim MDR: für euren Vertrauensvorschuss und dafür, dass ihr mich immer wieder auf die Reise schickt und dort wurschteln lasst. Für die Filme, die wir zusammen geschaffen haben, und neuerdings den Podcast. Meinen *Ostwärts*-Drehkollegen auf den Reisen, allen voran an den Fels in der Brandung, Michael Matz. Für deine schöne Kameraarbeit und Weitsicht danke ich dir. Immer wieder.

Auch für meine Reisebegleiterinnen und -begleiter der letzten 195 Jahre bin ich dankbar wie blöde. Was haben wir alles erlebt! Danke an euch Nepal-Mädels, meine Sabbatjahr-Mitreisenden, allen voran meine Motorsägen-Zikade-Gefährtin, sämtliche mir *so* ans Herz gewachsenen *Ostwärts*-Gastgebenden aus Georgien, dem

Baltikum, Polen, Russland, Kirgistan, Tadschikistan, Usbekistan, der Mongolei und Montenegro, die Tauchbuddies der Riffsäuberungsaktion, die Pilgerkumpane, meine Urlaubsbekanntschaftturns-Best-Friend-Ever, alte und neue Freundschaften. Wandernde am Wegesrand. Meine Coaching-Kolleginnen und Menschenbegleitungs-Sparringspartnerinnen, meine Lehrcoaches Anne und Harald Heintze und die mutigen Menschen (aka Klientinnen), die ich bisher auf ihrem Weg begleiten durfte. Ihr alle seid großes Kino.

Meine Eltern! Danke, dass ihr meine Schwestern und mich mit in die Berge genommen und uns neben so vielem anderen das Wandern und Reisen ans Herz gelegt habt, dass wir Sprachen *vor Ort* lernen durften und dass ihr uns insgesamt viel zugetraut habt. Mein Vater hat sich in der Natur am wohlsten gefühlt und war ein reiselustiger Wandervogel, danke für dieses Erbe. Doch nun wird nicht mehr getippelt … nun wird sanft geruht. Meine Schwestern, Halbschwestern, alle zugehörigen Mütter, Schwager, Nichten und Neffen, Patenkinder, Großfamilienverwandtschaft – für die *weltklasse* Unterhaltung mit/durch euch und (fast alle) modischen Tipps. Kurz: Danke, Familie!

Liebster. (Aka BEWUB.) Dir danke ich dafür, dass auch du ab und zu mit mir verreist, dass du meine aspergeresken Die-Schnalle-muss-zu-Anwandlungen grinsend wegatmest, dass du die Schlange am Leben gelassen hast (und sie dich) und dass du, wenn du mal nicht dabei bist, geduldiger Fernmelde-Erstabnehmer für all meine Reisegeschichten bist.

Mein wichtigster Dank geht heute aber an euch da draußen: Ihr, die so treu meine Filme schaut, meine Bücher lest und/oder verschenkt und zu den Veranstaltungen kommt. Ich freue mich über unsere schönen Begegnungen und kurzen Gespräche am Rande der Lesungen, über die coole Instagram-Community (eure Tipps sind drin!). Mit dem Filmemachen, Schreiben und Erzählen stille ich *mein* Bedürfnis nach Ausdruck. Aber erst durch euer Interesse, euren Applaus und eure Kommentare bekommt mein Ausdruck überhaupt eine Resonanz. Diese zu spüren ist eine tiefe, glucksende Freude für mich. Von Herzen danke.

Ihr alle inspiriert mich, fordert mich, unterhaltet mich (und ich euch). Ihr geht ein Stück des Wegs mit mir auf dieser abgefahrenen und irgendwie nicht immer planbaren Wanderung durchs Leben. Ich bin froh über jeden gemeinsamen Schritt, den wir tun oder getan haben. Es gibt keine schlechten Erfahrungen, bloß eine Menge zu lernen. Dafür bin ich dankbar. Und lerne von jeder und jedem von euch.

Mit dem Rucksack-Packen in zwei Minuten wird's aber in diesem Leben nichts mehr. Dass ihr's nur wisst.

Deutsche Originalausgabe
1. Auflage 2025

Ein Unternehmen der Média-Participations

Projektleitung: Victoria Salley, Knesebeck Verlag
Lektorat: Nina Schiefelbein, Holzminden
Korrektorat: Christoph Nettersheim, Stein

Umschlaggestaltung: Favoritbüro, München
Umschlagmotiv: Foto Autorin: © Penelope Minton-Novotny
Esel: © Shutterstock/usmanify #2413916673; Bus: © Shutterstock/yodamclaren #1346759237; Berge: © Shutterstock/EvaL Miko #2477366629; Gewässer: © shutterstock/MikhailPopov #2492488263; Säulen: © Shutterstock/ Gail Johnson #2518579575; Bäume: © Shutterstock/Alyona Roshchenko #2491835167; Wolken: © FAVORITBUERO, München; Regenbogen: © Shutterstock/Oleksandr Boiarin #2495193015
Hintere Klappe: Foto Autorin: © Kirsten Nijhof
Fotografien Innenteil: © Julia Finkernagel, Offenbach; ausgenommen: © Penelope Minton-Novotny (S. 6 oben), © Matthias Amann (S. 6 unten), © Marcus Cebulla (S. 8 alle), © Christian Cyfus (S. 10 das zweite, S.11 das zweite), © Michael Eisinger (S. 11 untere beiden)
Illustrationen Innenseiten: Bus: © Shutterstock/tuliart24 #2403094695; Globus: © Shutterstock/Net Vector #455029942; Karte: © Adobe Stock/AnyaLi #690784047; Kompass: © Shutterstock/Tzubasa #287711987; Wanderschuh: © Yuriko Gerullis/Rothwild GbR
Layoutanpassung, Satz und Herstellung: Arnold & Domnick, Leipzig
Druck: Livonia Print, Riga
Printed in Latvia

ISBN 978-3-95728-926-1

www.knesebeck-verlag.de

FSC www.fsc.org MIX Papier | Fördert gute Waldnutzung FSC® C002795